КЕННЕТ Е. ХЕЙГИН

ПОБЕДОНОСНАЯ ЦЕРКОВЬ

Владычество над всеми силами тьмы

Санкт-Петербург
2007

Кеннет Е. Хейгин
Победоносная Церковь. — СПб.: МРО ХВЕП «Христианская миссия», 2007. — 320 с.
ISBN 978-5-8445-0170-8

Перевод с английского

Издание третье, исправленное

The Triumphant Church
by Kenneth E. Hagin

ISBN 0-89276-520-8

Ответственный редактор *А. И. Шапошников*
Редактор *В. С. Волкова*
Корректоры: *Д. Г. Вдовин, Н. А. Акинина*
Компьютерная верстка: *А. Б. Кодак*

Издательская лицензия ЛР № 030808 от 25.02.98.
Подписано к печати 31.08.2007. Формат 60 х 88 $^{1}/_{16}$.
Печать офсетная. Объем 20 печ. л.
Тираж 5000. Заказ № 1509

МРО ХВЕП «Христианская Миссия»
198215, Санкт-Петербург, ул. Подводника Кузьмина, 46

Отпечатано с готовых диапозитивов
в ГУП «Типография „Наука“»
199034, Санкт-Петербург, 9-я линия, 12.

Глава 1
Сатана и его царство

Место верующих — со Христом на небесах *превыше* всех сил и начальств тьмы. Никакой демон не может удержать верующего, который сидит со Христом превыше всех дел врага! Наше пребывание и правление со Христом на небесах — это позиция власти, чести и триумфа, а не депрессии, поражения и неудачи.

Поскольку Церковь Господа Иисуса Христа торжествует и побеждает дьявола и его когорты при каждом столкновении с ними, почему так много верующих попадаются на обман сатаны?

Будут ли верующие победителями над дьяволом, зависит от того, какими они видят себя как Церковь — воинствующей, побежденной или победоносной. А это все зависит от того, насколько хорошо они понимают свою позицию во Христе.

Воинствующая церковь представляет собой верующих, которые еще не посажены на Небесах во Христе, а продолжают сражаться, пытаясь одержать победу над врагом, еще не побежденным Господом Иисусом Христом.

Побежденная церковь являет собой картину церкви, которая не осведомлена о том факте, что верующие посажены со Христом на Небесах и что они должны править в жизни через Иисуса Христа. Поскольку они не знают о своей позиции во Христе или никогда не использовали власть, которой обладают, эти верующие постоянно поддаются на уловки сатаны и пребывают в состоянии неудачи и поражения.

Но *победоносная Церковь* — это библейская перспектива Тела Христова, посаженного со Христом на Небесах *превыше* всех сил и начальств (см. Еф. 1:3; 2:6). Победоносная Церковь представляет, в соответствии с Писанием, верующих, которые не только *знают о* своей власти во Христе, но и *применяют ее*, а потому правят в жизни через Иисуса Христа и властвуют над сатаной, поверженным противником (см. Рим. 5:17).

В наше время, когда бесовская активность усиливается по всему миру, жизненно важно, чтобы верующие знали, на что они имеют право благодаря искуплению во Христе. Мы должны быть полностью уверены в той власти, которая дана нам победой Иисуса, которую Он *уже* одержал для нас над всеми силами врага. Мы можем быть уверены в нашей власти над врагом, только когда мы *знаем* о свете написанного Слова Божьего и *ходим* в нем.

И с этим введением давайте перейдем к первой книге Писания — Книге Бытие и начнем с исследования происхождения сатаны и его царства.

Намеки на возможное существование царства до Адама

Происхождение и падение сатаны, или Люцифера, в Писании показано весьма ясно. Он был назван *Люцифером* до своего изгнания и падения с Небес, но *сатаной* — после изгнания и падения. Происхождение демонов, бесов и злых духов показано не так ясно.

Некоторые богословы верят, что миллионы лет разделяют события, описанные в первом и втором стихах первой главы Бытия. А некоторые верят, что, возможно, существовало оригинальное земное царство *до* сотворения описанного в первой главе Бытия.

БЫТИЕ 1:1, 2

1 В начале сотворил Бог небо и землю.

2 Земля же была безвидна и пуста, и тьма над бездною; и Дух Божий носился над водою.

Злые духи, которые сегодня обитают на земле, возможно, были частью того изначального царства, созданного до Адама. Многие богословы согласны с тем, что это царство существовало до потопа, поскольку мы знаем из археологических раскопок, что динозавры и мамонты когда-то жили на земле.

Откуда они взялись? Может, эти создания произошли от другого творения, которое существовало на земле до Адама? В четырнадцатой главе Книги пророка Исаии мы видим в Писании намек на существование некоего царства до Адама.

КНИГА ПРОРОКА ИСАИИ 14:12-14

12 Как упал ты с неба, денница, [Люцифер] сын зари! разбился о землю, попиравший народы.

13 А говорил в сердце своем: «взойду на небо, выше звезд Божиих вознесу престол мой, и сяду на горе в сонме богов, на краю севера;

14 Взойду на высоты облачные, буду подобен Всевышнему».

Очевидно, у Люцифера был своего рода трон, который символизирует некую власть. Вероятно, Люцифер правил *ниже* облаков и звезд, потому что стих 13 говорит: *«выше звезд Божиих вознесу престол мой»*, что подразумевает, что трон Люцифера находился ниже звезд, то есть его власть была наземным миром.

Возможно, что Люцифер правил здесь, на земле, неким царством, которое существовало до Адама, когда доисторические животные бродили по земле. Может, сатана провел в своем царстве тот период творения, который был до Адама, и злые духи, обитающие сейчас на земле, — это падшие духовные существа из того времени творения. В Писании нет прямого указания на это, но, с другой стороны, Писание и не опровергает этого. В Библии имеются лишь намеки.

Мы также знаем, что сегодня на земле *есть* злые духи. Так откуда же они взялись? Есть и другая возможность их появления: злые духи включают тех ангелов, которые пали во время бунта Люцифера (см. Отк. 12:4, 9).

Человек *не* был частью того первичного творения, ибо Библия утверждает, что Адам был первым человеком: *«Так и написано: “первый человек Адам стал душею живущею”»* (1 Кор. 15:45). Но некоторый вид творения мог существовать до Адама — даже совершенно иной вид творения, чем известный нам сегодня.

Я не представляю эту теорию как определенное утверждение, потому что у нас нет достаточной ясности в Писании по этому предмету, чтобы она стала догматом. Мы не можем провозглашать догматом то, что мы не можем поддержать Писанием. Иногда нам хотелось бы иметь больше ясности о происхождении злых духов, но, очевидно, Бог сказал нам в Своем Слове то, что Он хотел, чтобы мы знали.

Начальное положение Люцифера и его падение

Мы с уверенностью можем сказать, что дьявол и бесы — падшие существа, потому что так говорит Библия. Они утратили то положение, которое вначале занимали (см. Отк. 12:4, 9). И Библия проливает свет на происхождение сатаны, или Люцифера, как он вначале назывался.

Откуда же появился сатана? Исаия (глава 14) и Иезекииль (глава 28) дают нам картину существования Люцифера в начале, когда Бог создал его, а затем — его бунта и падения. Мы знаем, что Бог не сотворил сатану таким, каков он сегодня, потому что Бог создал все в начале, и все созданное Им было хорошо (см. Быт. 1:10, 12, 18, 21, 25; Иак. 1:17).

В Книге пророка Иезекииля (глава 28) Библия описывает Люцифера до его изгнания и падения с Небес.

КНИГА ПРОРОКА ИЕЗЕКИИЛЯ 28:12-16

12 Сын человеческий! плачь о царе Тирском и скажи ему: так говорит Господь Бог: ты печать совершенства, полнота мудрости и венец красоты.

13 Ты находился в Едеме, в саду Божием; твои одежды были украшены всякими драгоценными камнями; рубин, топаз и алмаз, хризолит, оникс, яспис, сапфир, карбункул и изумруд и золото, все искусно усаженное у тебя в гнездышках и нанизанное на тебе, приготовлено было в день сотворения твоего.

14 Ты был помазанным херувимом, чтоб осенять, и Я поставил тебя на то; ты был на святой горе Божией, ходил среди огнистых камней.

15 Ты совершен был в путях твоих со дня сотворения твоего, доколе не нашлось в тебе беззакония.

16 От обширности торговли твоей внутреннее твое исполнилось неправды, и ты согрешил; и Я низвергнул тебя, как нечистого, с горы Божией, изгнал тебя, херувим осеняющий, из среды огнистых камней.

В этом отрывке Библия говорит о Люцифере как о творении — «помазанный херувим», но не как о человеке: *«Ты совершен был в путях твоих со дня сотворения твоего, доколе не нашлось в тебе беззакония»* (ст. 15).

Бог не создавал Люцифера таким, каким мы его знаем сейчас. После изгнания Люцифера и его падения с Небес он стал *дьяволом*, но он не был создан таковым. Бог создал Люцифера совершенным в своих путях (ст. 15), полным мудрости и совершенной красоты (ст. 12). Библия также говорит, что Люцифер был *«на святой горе Божией»* (ст. 14), то есть мы знаем, что у него был некий доступ к Богу.

А вот еще одна интересная мысль о Люцифере, каким он был изначально сотворен. Иезекииль говорит нам: *«Все искусно усаженное у тебя в гнездышках и нанизанное на тебе, приготовлено было в день сотворения твоего»*.

Вероятно, Люцифер имел отношение к музыке. Видимо, он был главным музыкантом на Небесах до его изгнания и падения с Небес. Заметили ли вы, какую роль играет музыка в плане и программе Бога, так же как и в плане сатаны?

Хорошая музыка подготавливает нас к восприятию Духа Божьего, а плохая — к капитуляции духу дьявола. Дьявол воздействует через плоть или невозрожденную душу, но Бог через Святого Духа оказывает влияние на твой дух.

Библия говорит, что в Люцифере «нашлось беззаконие» (Иез. 28:15). И в чем же состоял его грех?

КНИГА ПРОРОКА ИЕЗЕКИИЛЯ 28:17, 18

17 От красоты твоей возгордилось сердце твое, от тщеславия твоего ты погубил мудрость твою...

18 Множеством беззаконий твоих в неправедной торговле твоей ты осквернил святилища твои...

Люцифер вознесся в гордыне из-за своей великой красоты. Из-за своей гордыни он захотел стать, как Бог, и вознестись на Небеса, чтобы захватить власть Божью. Библия упоминает о беззаконии Люцифера и в Книге пророка Исаии (глава 14), где Бог говорит нам, что злые намерения Люцифера раскрываются в пяти его заявлениях типа «я сделаю это».

КНИГА ПРОРОКА ИСАИИ 14:13, 14

13 А говорил в сердце своем: «взойду на небо, выше звезд Божиих вознесу престол мой, и сяду на горе в сонме богов, на краю севера;

14 Взойду на высоты облачные, буду подобен Всевышнему».

Очевидно, Люцифер имел свободу морального выбора и мог свободно изъявлять свою волю, ибо сказал: «Я сделаю то-то и то-то». Он мог выбирать. И он сделал неправильный выбор; он попытался превознести свой трон выше трона Божьего. И поэтому Бог сказал Люциферу: *«Ты согрешил»* (Иез. 28:16).

Затем заметьте, как у пророка Иезекииля Бог ответил на пять заявлений Люцифера пятью изъявлениями Своей воли. Когда Бог объявил, что Он «сделает это», Он совершил праведный суд над бунтовщиком Люцифером, что привело к изгнанию и падению Люцифера с Небес.

КНИГА ПРОРОКА ИЕЗЕКИИЛЯ 28:16-18

16 От обширности торговли твоей внутреннее твое исполнилось неправды, и ты согрешил; и Я низвергнул тебя, как нечистого, с горы Божией, изгнал тебя, херувим осеняющий, из среды огнистых камней.

17 От красоты твоей возгордилось сердце твое, от тщеславия твоего ты погубил мудрость твою; за то Я повергну тебя на землю, пред царями отдам тебя на позор.

18 Множеством беззаконий твоих в неправедной торговле твоей ты осквернил святилища твои: и Я извлеку из среды тебя огонь, который и пожрет тебя: и Я превращу тебя в пепел на земле пред глазами всех, видящих тебя.

Мы видим изгнание и падение Люцифера с Небес в этих отрывках (Ис. 14 и Иез. 28) и в том, как это описывает Иисус (Лук. 10).

КНИГА ПРОРОКА ИСАИИ 14:12

12 Как упал ты с неба, денница, [Люцифер] сын зари! разбился о землю, попиравший народы.

КНИГА ПРОРОКА ИЕЗЕКИИЛЯ 28:16, 17

16 ...Я низвергнул тебя, как нечистого, с горы Божией...

17 Я повергну тебя на землю...

ЕВАНГЕЛИЕ ОТ ЛУКИ 10:18

18 Он [Иисус] же сказал им: Я видел сатану, спадшего с неба, как молнию.

Имена сатаны раскрывают его природу и характер

Люцифер, или сатана, как он называется после падения и изгнания с Небес, впервые предстает перед нами в Эдемском саду. В описании этого события Библия также вскрывает природу сатаны и его характер после падения. Библия говорит: *«Змей был хитрее всех зверей полевых, которых создал Господь Бог»* (Быт. 3:1). Поддавшаяся искушению Ева сказала Богу: *«Змей обольстил меня, и я ела»* (Быт. 3:13), эти слова раскрывают хитрую и обманчивую природу сатаны.

Сатана был помазанным херувимом на горе Божией, но был проклят Богом и принял форму змея: *«И сказал Господь Бог змею: за то, что ты сделал это, проклят ты пред всеми скотами и пред всеми зверями полевыми; ты будешь ходить на чреве твоем, и будешь есть прах во все дни жизни твоей»* (Быт. 3:14).

Библейские имена, данные сатане, вскрывают его природу, характер, а также показывают пределы его власти на земле.

Противник: *«...противник ваш дьявол ходит, как рыкающий лев, ища кого поглотить»* (1 Пет. 5:8).

Вор: *«Вор приходит для того, чтобы украсть, убить и погубить»* (Иоан. 10:10).

Убийца и лжец: *«Ваш* [книжников и фарисеев] *отец дьявол, и вы хотите исполнять похоти отца вашего; он был человекоубийца от начала и не устоял в истине, ибо нет в нем истины; когда говорит он ложь, говорит свое, ибо он лжец и отец лжи»* (Иоан. 8:44).

Клеветник братьев: *«...низвержен клеветник братий наших, клеветавший на них пред Богом нашим день и ночь»* (Отк. 12:10).

Обольститель: *«И низвержен был великий дракон, древний змий, называемый дьяволом и сатаною, обольщающий всю вселенную»* (Отк. 12:9).

Ангел света: *«...сам сатана принимает вид Ангела света»* (2 Кор. 11:14). Будучи обманщиком, сатана принимает вид *ангела света.*

Князь мира сего: *«Ныне суд миру сему; ныне князь мира сего изгнан будет вон»* (Иоан. 12:31; 14:30; 16:8,11).

Князь, господствующий в воздухе: *«В которых вы некогда жили, по обычаю мира сего, по воле князя, господствующего в воздухе, духа, действующего ныне в сынах противления»* (Еф. 2:2).

Бог века сего: *«Для неверующих, у которых бог века сего ослепил умы»* (2 Кор. 4:4).

Если бы люди поняли, что сатана — бог века сего, то это сняло бы много вопросов по поводу того, почему на этой земле существует зло.

Некоторые люди так озабочены злом, наполнившим мир, что думают, будто Вселенная, вообще говоря, зла, а не добра. Некоторые люди обвинили Бога, считая, что Он и есть создатель зла. Например, я читал некоторое время назад статью, написанную известным газетным обозревателем из Америки. Он заявил, что не исповедует никакой религии, не принадлежит никакой церкви и никогда не посещал церквей. Он не верит, что Библия — Слово Божье, и он не знает, есть Бог или Его нет.

В своей статье он писал: «Христиане говорят, что все сотворено Богом и Бог управляет Вселенной. Логически рассуждая, это значит, что некое Высшее Существо сотворило Вселенную. Но если Бог — Хозяин этой Вселенной и Он правит всем, то наверняка у Него все перепуталось. Почему Он не положит конец войне и бедности и не прекратит смерть невинных детей?»

Он пытался понять, почему добрый Бог, который правит миром, позволяет существовать злу. Но этот обозреватель услышал только одну сторону вопроса — он не знал, что Библия говорит: бог этого мира — сатана (см. 2 Кор. 4:4).

Если бы этот журналист знал Библию и верил в нее, то он понял бы, что Бог сотворил этот мир прекрасным (см. Быт. 1:10, 12, 18, 21, 25, 31; Иак. 1:17). Бог сотворил человека и дал ему власть над творением Своих рук.

БЫТИЕ 1:26, 28

26 И сказал Бог: сотворим человека по образу Нашему, по подобию Нашему; и да ВЛАДЫЧЕСТВУЮТ они над рыбами морскими, и над птицами небесными, и над скотом, и НАД ВСЕЮ ЗЕМЛЕЮ, и над всеми гадами, пресмыкающимися по земле...

28 И благословил их Бог, и сказал им Бог: плодитесь и размножайтесь, и наполняйте землю, и ОБЛАДАЙТЕ ЕЮ, и ВЛАДЫЧЕСТВУЙТЕ над рыбами морскими, и над птицами

небесными, и над всяким животным, пресмыкающимся по земле.

ПСАЛОМ 8:5-7

5 То что есть человек, что Ты помнишь его, и сын человеческий, что Ты посещаешь его?

6 Не много Ты умалил его пред ангелами; славою и честию увенчал его;

7 Поставил его владыкою над делами рук Твоих; все положил под ноги его.

ПСАЛОМ 113:24

24 Небо — небо Господу, а землю Он дал сынам человеческим.

Сатана завладел потерянным хозяйством человека

В начале Адам владычествовал над этим миром, и в этом смысле Адам был сотворен «богом» этого мира. Но когда Адам и Ева съели запретные плоды, их глаза открылись и они познали добро и зло (см. Быт. 3:6, 7). Бог сказал Адаму и Еве, что в тот день, когда они отведают этот плод, они умрут. Адам и Ева не умерли физически, они умерли духовно. Когда они умерли духовно, они были отрезаны, или отделены, от Бога. Через этот акт неповиновения Адам потерял свое владычество над землей и отдал его дьяволу.

Библия ясно показывает, что Адам продал свое хозяйство сатане через непослушание и позволил сатане стать богом этого мира. Посмотрите на описание того, как сатана искушал Иисуса.

ЕВАНГЕЛИЕ ОТ ЛУКИ 4:1, 2, 5-8

1 Иисус, исполненный Духа Святого, возвратился от Иордана и поведен был Духом в пустыню.

2 Там сорок дней Он был искушаем от диавола и ничего не ел в эти дни; а по прошествии их, напоследок взалкал.

5 И возвед Его на высокую гору, диавол показал Ему все царства вселенной во мгновение времени,

6 И сказал Ему диавол: Тебе дам власть над всеми сими царствами и славу их, ибо она предана мне, и я, кому хочу, даю ее;

7 Итак, если Ты поклонишься мне, то все будет Твое.

8 Иисус сказал ему в ответ: отойди от Меня, сатана; написано: «Господу Богу твоему поклоняйся и Ему одному служи».

Здесь важно отметить несколько важных моментов. Служители говорили мне: «Сатана просто врал Иисусу, говоря, что отдаст Ему власть над земными царствами, потому что у сатаны не было власти над ними». Но сатана имел эту власть, потому что царства мира сего были переданы сатане Адамом, когда тот согрешил против Бога.

А «Расширенный перевод Библии»* показывает это еще яснее:

ЕВАНГЕЛИЕ ОТ ЛУКИ 4:5, 6

5 Затем диавол взял Его на высокую гору и показал Ему все Царства обитаемого мира в мгновение времени — в мгновение ока;

6 И сказал Ему: «Тебе я отдам всю эту силу и власть и их славу... ибо она была передана мне, и я отдаю ее, кому хочу».

Кто передал царства этого мира сатане? Был ли это Бог? Нет, Бог отдал их Адаму в начале, но когда Адам согрешил и не послушался Бога, он потерял свое право на них, и управление перешло к сатане.

Мы знаем, что у сатаны не было власти над миром, пока Адам не отдал ее, потому что сатана отпал от того управления, которое он имел (см. Иез. 28:16-18; Лук. 10:18).

Итак, Адам вначале имел власть над землей, но он отдал ее в руки сатаны, когда не послушался повеления Бога (см. Рим. 5:14). Так сатана стал богом этого мира.

Кроме того, если сатана не имел власти над царствами этого мира, то Библия лжет, говоря, что Иисус был *искушаем* дьяволом (Лук. 4:2). Если у сатаны не было власти и реального господства над земными царствами, то это не было бы настоящим искушением Иисуса. Но Библия называет это искушением. *«Иисус... поведен был Духом в пустыню. Там сорок*

---

* «Расширенный перевод Библии» (The Amplified Bible) — весьма популярный в Америке современный перевод, включающий в основной текст и толкования к нему. — *Примеч. перев.*

дней Он был искушаем от диавола» (Лук. 4:1, 2). Следовательно, сатана имел власть и владычество на земле, поскольку он мог искушать Иисуса.

Итак, сатана занял позицию власти и господства на земле, которая была у Адама. И это все? Конечно, нет! Бог послал Иисуса на землю, чтобы искупить человечество и *восстановить* его господство и власть на земле, которые были потеряны. И когда человек применяет ту власть, которая дана ему во Христе, он выполняет Божий план и волю на земле.

Однако пока не истечет «срок аренды» земли у Адама, то есть пока время, как мы знаем его, не подойдет к концу и сатана не получит свое окончательное осуждение, он имеет власть быть здесь.

Вспомните в Новом Завете, когда Иисус приходил в синагогу, одержимые бесами люди кричали: *«...что Тебе до нас, Иисус, Сын Божий? пришел Ты сюда прежде времени мучить нас»* (Мат. 8:29).

Сатана знает, что его время на земле подходит к концу, и знает, что его неминуемые муки и судьба определены в пророчествах книги Откровение (см. Отк. 20:10).

Господство сатаны после его падения охватывает также и небеса

В Послании к Ефесянам (6:12) говорится, что царство сатаны охватывает не только области этого *мира*, но оно включает и регионы, известные в Библии как «высокие места», или «поднебесье».

ПОСЛАНИЕ К ЕФЕСЯНАМ 6:12

12 Потому что наша брань не против крови и плоти, но против начальств, против властей, против мироправителей тьмы века сего, против духов злобы поднебесных.

А потому мы знаем, что сатана правит в поднебесных сферах.

Трое небес

Что имеет в виду Библия под словом «поднебесье»? Фактически Библия говорит о трех небесах. Мы видим прямое упоминание о более чем одном небе во Втором послании к Коринфянам (12:2). Большинство богословов согласны с тем, что апостол Павел говорил о себе в этих стихах.

ВТОРОЕ ПОСЛАНИЕ К КОРИНФЯНАМ 12:2-4

2 Знаю человека во Христе, который назад тому четырнадцать лет, — в теле ли — не знаю, вне ли тела — не знаю: Бог знает, — восхищен был до третьего неба.

3 И знаю о таком человеке, — только не знаю — в теле, или вне тела: Бог знает, —

4 Что он был восхищен в рай и слышал неизреченные слова, которых человеку нельзя пересказать.

Выглядит логичным, что если есть *третье* небо, то должно быть и первое, и второе, иначе нет основания упоминать в Писании *третье* небо.

Первое из трех небес находится прямо над нами — это то, что мы называем атмосферным небом, или «поднебесьем». А дальше в космосе, где звезды, солнце, луна и планеты, там находится звездное небо, или космос, — то, что можно назвать «вторым небом».

А еще дальше, вне того, что знает наука или что она смогла открыть, находится третье небо — Небо небес, — где находится трон Бога.

Нам дана некоторая информация о третьем небе в Писании. Например, мы знаем из Нового Завета, что рай находится на третьем небе (см. Лук. 23:43; 2 Кор. 12:4; Отк. 2:7). Мы знаем, что Иисус находится на Небесах по правую руку от Бога (см. Мар. 16:19; Евр. 1:3; 4:14).

И Библия говорит нам, что Иисус готовит место для верующих на Небесах: *«В доме Отца Моего обителей много; а если бы не так, Я сказал бы вам: "Я иду приготовить место вам"»* (Иоан. 14:2, 3).

И мы знаем с уверенностью, что верующие идут на Небеса, чтобы быть с Иисусом, когда они умирают. Иисус сказал: *«И когда пойду и приготовлю вам место, приду опять и возьму вас к Себе, чтоб и вы были, где Я»* (Иоан. 14:3).

Павел также говорил нам, что верующие идут на Небеса, когда они умирают: *«Ибо для меня жизнь — Христос, и смерть — приобретение... Влечет меня и то и другое: имею желание разрешиться и быть со Христом»* (Фил. 1:21, 23).

Поднебесье, или «высокие места»

Библия упоминает не только о небе, но она говорит и о «поднебесье». В Послании к Ефесянам (6:12) сказано, что мы сражаемся не против плоти и крови, но боремся против начальств, властей, мироправителей тьмы века сего и против духовной злобы в *поднебесье,* или «в высоких местах».

В 1952 году Иисус явился мне в видении, о котором я подробно расскажу в другой главе. Он говорил мне около полутора часов о сатане, бесах и одержимости бесами. В частности, Он сказал мне, что есть четыре типа, класса или категории демонов, или злых духов, как Павел перечислил их в шестой главе Послания к Ефесянам.

Иисус сказал мне, что, перечисляя бесовские силы, Павел начал с конца списка, с низшего класса демонов, и выписал их в соответствии с их рангом: начальства, власти, мироправители тьмы века сего, духовная злоба в высоких местах (или как в других переводах говорится: «духи злобы поднебесные»).

ПОСЛАНИЕ К ЕФЕСЯНАМ 6:12

12 Потому что наша брань не против крови и плоти, но против начальств, против властей, против мироправителей тьмы века сего, против духов злобы поднебесных.

Ниже они перечислены в порядке их ранга от высших до низших по силе с некоторыми пояснениями по поводу их ранга:

1. Злые духи, или духовная злоба, в высоких местах: этот высший класс существует в поднебесье, а не на земле.
2. Мироправители тьмы века сего: высший класс демонов, с которыми верующим приходится иметь дело на земле.
3. Власти: следующий класс, или категория. Они управляются мироправителями тьмы века сего и получают от них инструкции.
4. Начальства: низший класс. Они управляются и находятся в подчинении у других классов и имеют мало собственной свободы.

Я верю, что у нас есть библейские основания, чтобы полагать, что первые три класса демонов и злых духов — *началь-*

ства, власти и мироправители тьмы века сего — существуют на первом небе, которое включает в себя воздух и атмосферу прямо над нами.

Это место обитания демонов, потому что Библия называет сатану «князем, господствующим в воздухе» (см. Еф. 2:2). Это его территория. Вы не можете их увидеть, но они находятся там, и они управляют и господствуют над любым человеком, который позволит им это делать.

А вне атмосферы, или воздуха, находится звездное небо, то есть второе небо, где расположены звезды и планеты.

Я лично верю, что второе небо — это то, что Библия называет «высокими местами» (см. Еф. 6:12). И это — территория, где правят *злые духи*, или «духовная злоба в высоких местах».

А еще дальше находится третье небо, или Небеса небес, зона рая, где стоит трон Бога. Конечно, в зоне Бога нет злых духов.

Двойное царство

Итак, мы знаем, что *«поднебесье»* — это территория начальств, властей и мироправителей тьмы века сего. И когда ты понимаешь, что Адам передал свое хозяйство дьяволу, то становится легче понять то, что мы видим в Писаниях, — двойное царство.

Двойное царство — это злое царство в поднебесье, которое поражает жизнь людей на земле. *Невидимые* духовные силы господствуют над людьми, которые правят земными *видимыми* царствами, — если люди позволяют им это.

Послание к Ефесянам (глава 6) утверждает, что мы сражаемся не против плоти и крови, но против природы и личностных качеств *человека* на земле. А потому двойное царство — это такое царство, которым правят на земле люди, сами находящиеся под управлением и влиянием духовных правителей в поднебесье.

Мы видим примеры этого двойного царства в Писании. Например, Библия дает нам картину этого двойного царства в Книге пророка Иезекииля (глава 28).

КНИГА ПРОРОКА ИЕЗЕКИИЛЯ 28:2

2 Сын человеческий! Скажи начальствующему в Тире: так говорит Господь Бог: за то, что вознеслось сердце твое и ты говоришь: «я бог, восседаю на седалище божием, в сердце мо-

рей», и будучи человеком, а не Богом, ставишь ум твой наравне с умом Божиим...

В Библии (Иез. 28:1-10) дается пророческое послание через пророка Иезекииля принцу Тира, человеку, который вознесся в гордыне. Мы знаем, что это говорится о реальном принце Тира, который правил царством, потому что Бог сказал «но ты человек» (Иез. 28:2). Ангелы и злые духи — это не люди. А потому этот *принц Тира* был *человеком*, который правил царством на земле в то время.

И в той же самой главе (Иез. 28:11-19) дается другое пророческое слово через Иезекииля, но это уже адресовано *царю Тира*, который *не* был человеком. Царь Тира был злой духовной силой, правящей в поднебесье.

КНИГА ПРОРОКА ИЕЗЕКИИЛЯ 28:12, 13

12 Сын человеческий! плачь о царе Тирском и скажи ему: так говорит Господь Бог: ты печать совершенства, полнота мудрости и венец красоты.

13 Ты находился в Едеме, в саду Божием; твои одежды были украшены всякими драгоценными камнями; ...все искусно усаженное у тебя в гнездышках и нанизанное на тебе, приготовлено было в день сотворения твоего.

Мы уже видели, что это место говорит о Люцифере. Принц Тира, человек, не мог, видимо, быть в Эдеме, саду Божьем. Он тогда еще и не родился. Но «царь Тира» — это не человек, это сотворенное существо, Люцифер, падший дух, который правил земным царством со своей позиции лидерства в поднебесье (см. Иез. 28:13, 14, 15).

Через эти два существа — принца Тира, *человека*, и царя Тира, *духовное существо* (сам Люцифер) — Библия дает представление о двойном царстве. Естественное царство на земле управляется людьми, но оно находится под господством духовного царства, которое управляется духовной злобой в поднебесье.

Двойное царство в Книге Даниила

В Книге Даниила мы находим еще один пример двойного царства. Даниил постился и искал Бога. Ему явился ангел и дал ему откровение от Бога.

КНИГА ПРОРОКА ДАНИИЛА 10:12, 13

12 Но он [Ангел] сказал мне: «не бойся, Даниил; с первого дня, как ты расположил сердце твое, чтобы достигнуть разумения и смирить себя пред Богом твоим, слова твои услышаны, и я пришел бы по словам твоим,

13 Но князь царства Персидского стоял против меня двадцать один день; но вот, Михаил, один из первых князей, пришел помочь мне, и я остался там при царях Персидских«.

Князь Персидский — злой правитель в поднебесье — противостоял ангелу Божьему в поднебесье, чтобы препятствовать ему пробраться к Даниилу с посланием Божьим, хотя ангел отправился с посланием в тот самый день, как Даниил начал свою мольбу. Ангел сказал: *«...князь царства Персидского стоял против меня»* (Дан. 10:13).

Ангел говорил о битве, которая произошла в духовном мире, в поднебесье. Ангел не говорил о человеке, живущем на земле, который противостоял ему, но о злом правителе в поднебесье.

На земле было физическое, земное царство Персидское с человеком (царем) во главе. Но прямо над этим царством в поднебесье было духовное царство тьмы, также называемое царством Персидским.

Духовным царством правил злой дух, называемый князем Персидским, и этот злой дух управлял *земным руководством* Персии. Итак, это место в Писании говорит о духовном существе в поднебесье, которое правило определенным регионом на земле через человека, который покорился ему.

Почему этот злой дух в поднебесье не захотел пропустить ангела с посланием от Бога к Даниилу? По той же причине, по которой злые духи не хотят, чтобы сегодня люди получали послание Божье. Сатана и его войска не хотят, чтобы воля Божья стала известной на земле, и по этой причине сатана ослепляет умы людей, и те не видят истину Евангелия (см. 2 Кор. 4:4).

В случае с Даниилом сатана хотел не дать ангелу открыть Даниилу Божьи планы и цели. Когда князь Персидский противостоял ангелу Божьему, Бог послал подкрепление в виде другого ангела, Михаила, чтобы помочь в ведении битвы:

«...но вот, Михаил, один из первых князей [ангел Божий], *пришел помочь мне»* (Дан. 10:13).

И наконец через двадцать один день ангел пробился через поднебесье к Даниилу с посланием Божьим в качестве ответа на его молитву. Бог хотел открыть Даниилу, что должно случиться на земле и что произойдет в будущем.

Итак, мы видим, что злые духи руководят земными царствами и правительствами. А теперь давайте посмотрим на влияние демонов на жизнь отдельных людей на земле.

Мироправители тьмы

Давайте пристально посмотрим на один класс злых духов, о которых говорил мне Иисус, — о так называемых мироправителях тьмы века сего (см. Еф. 6:12). Иисус пояснил: «Высший класс демонов, с которыми тебе придется иметь дело на земле, это *мироправители тьмы века сего*. Они являются именно тем, что говорит о них Слово, — они *правители*. Они правят тьмой этого мира, и они правят теми, кто находится во тьме».

Иисус пояснил, что правители тьмы также пытаются править верующими, которые не ходят во свете своего искупления или не знают о своих правах и привилегиях во Христе, или не применяют их.

Иисус сказал мне, что, в соответствии с Его Словом, верующие должны брать власть над первыми тремя классами демонов: начальствами, властями и над мироправителями тьмы века сего. Он сказал, что если мы на земле свяжем деятельность первых трех классов демонов, то, в соответствии со Словом, Он разберется с четвертым классом демонов — духовной злобой в «высоких местах».

Он указал мне на стих из Евангелия от Матфея (18:18), чтобы доказать это.

ЕВАНГЕЛИЕ ОТ МАТФЕЯ 18:18

18 Истинно говорю вам, что вы свяжете на земле, то будет связано на небе [в поднебесье]; и что разрешите на земле, то будет разрешено на небе [в поднебесье].

Мы должны во имя Иисуса связывать деятельность злых духов против нас, основываясь на авторитете Слова Божьего (см. Лук. 10:19; Фил. 2:9, 10; Ис. 54:17; Отк. 12:11). Вот об этом и говорится у Матфея (18:18). И мы используем нашу власть во Христе и связываем деятельность первых трех классов злых духов здесь, на земле, и они не могут действовать против нас. Когда мы это сделаем, то, как сказал Иисус, Он разберется с высшим классом демонов — духовной злобой, правящей в высоких местах.

Иисус продолжал объяснять, что мироправители тьмы века сего фактически имеют самый высокоразвитый интеллект из всех злых духов, с которыми приходится иметь дело верующим.

Иисус пояснил: «Именно один из таких мироправителей тьмы века сего обладает человеком. Кроме того, мироправители тьмы века сего руководят другими духами и поручают им конкретные задания.

Например, они руководят *властями* и говорят им, что делать. А власти, в свою очередь, руководят *начальствами* и определяют задания для них. Низший тип демонов имеет очень мало власти сам по себе, и они очень немногое решают самостоятельно, им говорится, что нужно делать».

Иисус сказал мне, что всякий ходящий во тьме может контролироваться мироправителями тьмы. Они руководят всеми неспасенными людьми и всеми, кто ходит во тьме, включая верующих, остающихся во тьме.

И вот почему порой даже спасенные люди могут уступить этим духам и позволить им контролировать себя, если они ходят во тьме, если они не пребывают в общении с Богом и не ходят во свете Его Слова. Злые духи будут контролировать верующих, если те позволяют им это через *согласие, невежество* или *непослушание*. И вот почему люди, включая верующих, делают некоторые вещи, не понимая, *почему* они их делают.

Иисус сказал: «Вот почему порой люди, совершающие дела тьмы, говорят: "Я не знаю, что заставило меня делать это!" Или вот почему хорошие люди говорят о ком-то другом: "Я бы никогда не сделал этого", а незадолго до этого они сделали нечто худшее».

Иисус сказал, что поэтому иногда даже в семье кто-то из домашних делает что-то странное или неподходящее к его характеру, а другие члены семьи говорят: «Что же на самом деле заставило его сделать это? Я ничего подобного не видел!»

А причина этого состоит в том, что они контролируются мироправителями тьмы — демонами и злыми духами.

Иисус привел мне Первое послание Иоанна (5:19) для иллюстрации того, о чем Он говорил: *«Мы знаем, что мы от Бога и что весь мир лежит во зле»* (1 Иоан. 5:19).

Иисус сказал мне: «Каждый неспасенный — мужчина или женщина, вне зависимости от того, кем они являются, будь то твои родные или близкие, брат, сестра, мать или отец, — каждый неспасенный человек находится в царстве тьмы. И он контролируется или мотивируется в той или иной степени этими демонами и злыми духами, которые есть мироправители тьмы века сего».

Затем Иисус сказал: «Хотят они это признать или нет, хочешь ты или кто-то иной признать это или нет, но это абсолютная истина. Те, кто не был рожден свыше и кто не вошел в Тело Христово, пребывают еще в царстве тьмы. Итак, каждый человек, который не в Царстве Света, контролируется и управляется до некоторой степени этими демоническими силами в царстве тьмы, хотя они могут и не знать этого (см. Еф. 2:1-3). И в этом причина, почему люди делают и говорят то, чего бы они никогда не сделали».

Мы видим много примеров, когда поступки неспасенных людей совершаются под влиянием злых духов. Однажды я проповедовал в Калифорнии и прочел в газете, что двадцативосьмилетний мужчина умышленно утопил в ванне своего четырехлетнего сына.

Когда представители власти допрашивали этого молодого человека, они обнаружили, что он психически здоров. У него не было злодеяний в прошлом, он имел хорошую работу, жил в отличном доме. У него не было финансовых проблем, он рос в хорошей семье, из которой унаследовал часть своего состояния, и работал в семейном бизнесе.

Он сказал следователям, что у него не было психических расстройств; он не был озабочен, у него не было проблем, и ребенок был хорошим. «Но, — сказал он, — когда я купал его, я внезапно почувствовал неконтролируемый приступ желания нанести ему вред, и голос сказал мне утопить его.

Я поддался ему, а когда пришел в себя, я уже держал ребенка под водой. Я закричал: "О Боже, почему же я сделал это!"».

Видите ли, он был во власти злых духов — мироправителей тьмы века сего, — потому что он был во тьме: он не был спасен. Но верующих не должны контролировать злые духи, потому что мы были освобождены из царства тьмы и переведены в Царство Света (см. Кол. 1:13). Мы в свете, где Иисус — наш Господь. Он Тот, Кто призван контролировать нас. Он наш Правитель. Он наша Глава, а не мироправители тьмы.

Сатана — глава тех, кто не спасен. Если бы неспасенные люди сего мира действительно познали истину, то они побежали бы к христианам, чтобы узнать, как спастись, чтобы уйти от владычества сатаны.

Существует духовный мир, который еще более реален, чем физический мир. Люди должны знать это. Когда вы говорите о духовном мире, вам надо осознать, что Бог — это Дух (см. Иоан. 4:24) и что дьявол, демоны и злые духи так же существуют в духовном мире, как и ангелы — и хорошие, и плохие. Но верующие имеют власть над злыми духами; неспасенные ее не имеют, ибо их бог — сатана.

Мироправители тьмы не могут править в свете

Новый Завет — это откровение великого Божьего плана искупления. В Послании к Колоссянам (1:13) нам говорится, что Иисус пришел избавить нас от силы и власти демонов и злых духов, которые правят в царстве тьмы: «...[Бога и Отца], *избавившего нас от власти тьмы и введшего в Царство возлюбленного Сына Своего*».

Единственное место, где не правят мироправители тьмы, это там, где сияет свет. Какой свет? Свет образования? Свет науки? Нет. Свет Евангелия.

Слово говорит, что верующие — сыны света, а не тьмы (см. 1 Фес. 5:5), потому что мы были рождены свыше в *Царство Света*. И вот почему так важно ходить в свете! Хождение в свете Слова Божьего обеспечивает защиту от всех злых армий сатаны.

Иисус указал мне, что поскольку верующие — сыны Божьи, или сыны света, и находятся в мире, но не от мира (см. Иоан. 17:14-16), то они избавлены от дьявольского контроля. Однако они позволяют дьяволу править собой, если ходят во тьме, а не в свете.

Дьявол может править нами, если мы *неосознанно*, из-за незнания Слова Божьего, или *осознанно* даем ему разрешение руководить нами. И по этой причине Библия увещевает верующих ходить в свете. Мироправители тьмы не могут руководить в свете и не могут руководить теми, кто ходит в свете!

Посмотрите на контраст между царством тьмы и Божьим Царством Света.

ЕВАНГЕЛИЕ ОТ ИОАННА 8:12
12 Опять говорил Иисус к народу и сказал им: Я свет миру; кто последует за Мною, тот не будет ходить во тьме, но будет иметь свет жизни.

ЕВАНГЕЛИЕ ОТ ИОАННА 12:35, 36, 46
35 ...Еще на малое время свет есть с вами; ходите, пока есть свет, чтобы не объяла вас тьма, а ходящий во тьме не знает, куда идет:
36 Доколе свет с вами, веруйте в свет, да будете сынами света...
46 Я свет пришел в мир, чтобы всякий верующий в Меня не оставался во тьме...

ПОСЛАНИЕ К ЕФЕСЯНАМ 5:14
14 Посему сказано: встань, спящий, и воскресни из мертвых, и осветит тебя Христос.

ПОСЛАНИЕ К РИМЛЯНАМ 13:12
12 Ночь прошла, а день приблизился: итак отвергнем дела тьмы и облечемся в оружия света.

ВТОРОЕ ПОСЛАНИЕ К КОРИНФЯНАМ 6:14
14 Не преклоняйтесь под чужое ярмо с неверными. Ибо какое общение у праведности с беззаконием? Что общего у света со тьмою?

ПЕРВОЕ ПОСЛАНИЕ ИОАННА 1:5-7
5 И вот благовестие, которое мы слышали от Него и возвещаем вам: Бог есть свет, и нет в Нем никакой тьмы.
6 Если мы говорим, что имеем общение с Ним, а ходим во тьме, то мы лжем и не поступаем по истине;

7 Если же ходим во свете, подобно как Он во свете, то имеем общение друг с другом, и Кровь Иисуса Христа, Сына Его, очищает нас от всякого греха.

Слава Богу! Демонические силы не имеют власти править верующими, которые ходят в свете Слова Божьего, и не дают сатане касаться их. Верующие могут ходить в свете, и тогда они не станут добычей сатаны.

Воистину, когда верующие обретают знание Слова Божьего, приходят свет и свобода. Знание Слова Божьего дает свет (см. Пс. 118:130), и именно знание Слова Божьего освобождает нас в каждой области.

Глава 2
Человек: дух, душа и тело

Злые духи — это падшие существа, или развоплощенные (лишенные тела) духи. Будучи развоплощенными, они ищут, как бы вселиться в человека, чтобы иметь большую возможность выразить себя. Будучи падшими существами, злые духи стремятся *угнетать человека,* обладать им или даже превращать его в *бесноватого (одержимого).*

Чтобы понять, как демоны и злые духи могут поражать человека, надо понять разницу между духом, душой и телом человека. И надо понять разницу между демоническим *угнетением, обладанием и одержимостью.*

Давайте начнем с рассмотрения различий между духом, душой и телом человека. Когда мы поймем, что человек — это дух, что он имеет душу, а живет в теле, то мы сможем понять, как верующие могут давать место дьяволу в своих *душах* и *телах* (см. Еф. 4:27).

Человек — духовное существо

Кто-то сказал, что человек — это троичное существо: одна часть — дух, другая — душа, а третья — тело. Но мне не нравится так говорить, потому что это сбивает с толку. Фактически человек — это дух, он не *«частично дух»*. Он духовное существо. У него *есть* душа — ум, воля и эмоции, — и *живет* он в теле.

Когда мы так говорим, истинная природа человека обретает иное звучание, чем когда мы просто говорим: «часть» его есть дух, «часть» его есть душа, «часть» его есть тело.

В Библии мы видим, что *Бог* разделяет человека. Бог различает дух, душу и тело человека. Если дух, душа и тело человека — это одно, то почему Библия разделяет их?

ПЕРВОЕ ПОСЛАНИЕ К ФЕССАЛОНИКИЙЦАМ 5:23
23 Сам же Бог мира да освятит вас во всей полноте, и ваш дух и душа и тело во всей целости да сохранится без порока в пришествие Господа нашего Иисуса Христа.

ПОСЛАНИЕ К ЕВРЕЯМ 4:12

12 Ибо слово Божие живо и действенно и острее всякого меча обоюдоострого: оно проникает до разделения души и духа, составов и мозгов [тела], и судит помышления и намерения сердечные.

Нам нужно понять природу человека, потому что дьявол работает через пять физических чувств и через его неискупленную душу и тело, чтобы попытаться поразить его. Когда верующий поймет это, он сможет закрыть дьяволу дверь, обновив свой ум, свою душу и держа свое тело (свою плоть) под властью возрожденного духа. Вот это и существенно, чтобы победно выступить против дьявола.

Верующие должны научиться, *как* позволить реальному человеку — духовному человеку внутри — контролировать свою душу и тело. Это решит множество проблем, когда дело касается дьявола. Когда верующие позволят доминировать своему возрожденному духу, они научатся, как *не* давать места дьяволу — в духе, душе и теле.

Видите ли, то, что в церковной среде сегодня называется «дьяволом», или «демонической активностью», на самом деле вовсе не является демонической деятельностью. Это — превосходство невозрожденной души и плоти над возрожденным духом. Когда верующий поймет это, он уже легко сможет определить, где есть демоническая активность, а где ее нет, и препояшет свою душу, чтобы она крепко противостояла вражеским атакам.

ВТОРОЕ ПОСЛАНИЕ К КОРИНФЯНАМ 5:17

17 Итак, кто во Христе, тот [его дух — внутренний человек] новая тварь; ДРЕВНЕЕ ПРОШЛО, теперь все новое.

Вам нужно понять, что *не* внешний человек становится новым творением. Но внутренний человек — дух человека — становится новым творением во Христе. Если у вас были рыжие волосы до рождения свыше, то и после они останутся рыжими. Если вы были лысым до того, как спаслись, то вы и останетесь лысым.

Внешний человек не меняется при новом рождении, так же как и душа человека — его ум, воля и эмоции. Изменяется только внутренний человек. Старое прошло, и все стало новым в возрожденном *духе* человека, когда он рождается свыше, а не в его душе и теле.

Поскольку не все стало новым в вашем теле или душе во время рождения свыше, это значит, что вам еще придется иметь дело с внешним человеком. Пока вы в своем теле, у вас останутся желания плотской, телесной природы и неискупленной души, которые придется контролировать. Именно в этой сфере сатана пытается получить доступ к человеку.

Разделение души и духа

Легко различать *тело* и *душу* человека, потому что эта разница очевидна. Но более трудно разделять или различать *душу* и *дух* человека. Библия говорит, что душа и дух человека — это не одно и то же (см. 1 Фес. 5:23).

Если вы поймете разницу между духом и душой, это неизмеримо поможет вашему духовному росту, потому что для сильного противостояния дьяволу вам потребуется освоить, как обновлять свой ум и питать свой дух.

Обретение лучшего понимания своей природы поможет вам осмыслить этот процесс.

Своим духом я контактирую с духовным миром.

Своей душой я контактирую с интеллектуальным и эмоциональным миром.

Своим телом я контактирую с физическим миром.

В Послании к Евреям (4:12) говорится, что только Слово Божье может разделять *душу* и *дух* человека: *«Ибо слово Божие живо и действенно и острее всякого меча обоюдоострого: оно проникает до разделения души и духа, составов и мозгов...»*

Ни одна другая тема не вызвала столько разговоров и объяснений, как определение различий между *духом* и *душой* человека. Я читал учебники богословских семинарий, и то, как они преподносят этот материал, порождает путаницу. Некоторые учителя Библии говорят, что душа и дух — это одно и то же. Но Библия разделяет их, так что есть основания думать, что они — это не одно и то же. Было бы просто не по Писанию говорить, что *дух* и *душа* — это одно и то же, точно так же, как и говорить, что *тело* и *душа* — одно и то же.

Душа человека

ПОСЛАНИЕ ИАКОВА 1:21
21 Посему, отложивши всякую нечистоту и остаток злобы, в кротости примите насаждаемое слово, могущее спасти ваши души.

Послание Иакова также делает различие между душой и духом человека. Также заметьте, что наш *дух* спасен, или возрожден, но в том же стихе мы видим, что наша *душа* не спасена в новом рождении.

Видите ли, Иаков писал свое послание христианам — людям, чей *дух* был уже возрожден, когда они были рождены свыше. Но здесь Иаков говорит этим рожденным свыше верующим, что их *души* еще не рождены свыше.

Почему наши души не спасены, когда мы рождаемся свыше? Потому что рождение свыше — это *духовное* рождение. Это не интеллектуальное рождение — не возрождение ума человека. Это не душевное рождение — не возрождение души человека и его эмоций. И это не физическое рождение — не возрождение тела человека.

Рождение свыше — это только возрождение духа человека, это не ментальное или физическое переживание. Крещение Святым Духом — это не физическое или ментальное переживание. Это — *духовные* переживания, которые очевидно затрагивают и физические, и ментальные сферы человека.

Хотя дух верующего возрождается в новом рождении, он должен сам что-нибудь сделать со своей душой. Если он этого не сделает, он даст врагу доступ к своей жизни.

Спасение души

Иаков говорит, что Слово Божье — это единственное, что может спасти душу верующего — его ум, волю и эмоции. Затем Иаков продолжает говорить верующим, *как* спасти, или обновить, их души.

Иаков говорит верующим, что принятие «насаждаемого слова» спасет их *души*. Что Библия понимает под «насаждаемым словом»?

В соответствии с «Толковым библейским словарем» Вайна слово *насаждаемое* означает «внушенное», «имплантированное». Слово «насаждаемое» несет в себе идею семени, укоренившегося и давшего побеги. Таким образом, Слово Божье внушено, имплантировано, или насажено, в душу человека, и оно несет способность и силу изменять или «спасать» ее.

Этот стих беспокоил меня, потому что я думал, что душа человека уже спасена во время рождения свыше. Но затем я обнаружил, что есть разница между духом человека и его душой и что душа не возрождается вместе с духом. В сущности, спасение души человека — это длительный процесс, продолжающийся всю его жизнь.

Почему, изучая демонов и их влияние на человека, верующий должен знать, что душа еще не спасена? Потому что многое из того, что некоторые христиане приписывают сатане, на самом деле проблема их души, которая еще не спасена, — их умы и эмоции еще не обновлены Словом Божьим.

Необновленный ум — это большое поле, куда верующие могут дать доступ сатане. А потому христианин должен понимать, как принять насаждаемое Слово, чтобы спасти свою душу. Таким образом он сможет закрыть дверь дьяволу.

Слово «спасти» в Послании Иакова (1:21) в греческом оригинале — *sozo*. Это слово имеет значение «спасти», «избавить», «защитить», «вылечить», «сохранить», «сделать счастливым» и «исцелить». Итак, мы можем читать в Послании Иакова (1:21): «В кротости примите насаждаемое слово, могущее спасти, избавить, защитить, вылечить, сохранить, сделать счастливым и исцелить вас».

Это означает, что если вы активно питаетесь Словом Божьим, то оно спасает, избавляет, защищает, исцеляет, сохраняет и вылечивает вашу душу, и это является одной из лучших защит против дьявола.

Как видите, если обновление, или восстановление, должно произойти внутри верующего, то это будет происходить в его душе — в его разуме и эмоциях, а не в его возрожденном духе. Если дух человека был возрожден во Христе, то этот человек не нуждается ни в каком восстановлении своего духа.

Принятие насаждаемого Слова — это все, что верующий должен сделать для спасения своей души? Нет, взгляните на следующий стих: *«Будьте же исполнители слова, а не слышатели только, обманывающие самих себя»* (Иак. 1:22).

Надо не только *услышать* и *принять* Слово, но также и *действовать* в соответствии с ним, чтобы оно сделало свое дело для вас.

Слышание Слова и действие в соответствии с ним — это мощная защита против дьявола, потому что Библия говорит: *«Итак покоритесь Богу; противостаньте диаволу, и убежит от вас»* (Иак. 4:7). Когда вы подчинены Слову Божьему, вы подчинены Богу. И когда вы содержите свою душу сильной и обновленной, то проще противостоять дьяволу на всех фронтах.

ПЕРВОЕ ПОСЛАНИЕ ПЕТРА 1:22

22 Послушанием истине [Слову] чрез Духа очистивши души ваши...

Исполнение Слова принесет благо вашей душе: она будет спасена, избавлена, защищена, исцелена, сохранена, вылечена и счастлива через принятие *и* исполнение Слова.

Если что-то происходит с душой, за это несет ответственность верующий, не так ли? И если сатана собирается совершить набег на верующего через его собственную душу, это возлагает ответственность на самого верующего.

И именно об этом говорит Библия. Христиане сами должны предпринять усилия по спасению собственной души. Когда они препояшут душу Словом, сатана не найдет открытой двери, чтобы войти в них.

Основной способ, которым верующие могут закрыть дверь перед врагом, — это содержать свой разум обновленным Словом и действовать в соответствии со Словом. Многие пытаются изгнать беса из верующих, когда проблема не связана с демонами. Верующий просто не научился обновлять свой ум и продолжает думать так же, как и до искупления, и находится под контролем сатаны. Затем он начинает действовать в соответствии со своим старым мышлением и скоро попадает под контроль дьявола, вместо того чтобы использовать свою власть и противостать ему.

Воистину величайшая нужда в Церкви сегодня — спасение, или обновление души, а не изгнание бесов из верующих. Поскольку дух верующего — это единственная часть его личности, которая рождена свыше, или возрождена, а душа и тело остались неизмененными, с ними еще предстоит разбираться, если человек намерен успешно противостоять бесовским атакам.

Если верующий не занимается своим телом и душой, он постепенно откроет дверь врагу. Только сам верующий может что-либо сделать для обновления души и приведения тела в подчинение своему духу. И на этом поле ведутся основные битвы верующего.

Множество христиан, спасенных и исполненных Святого Духа годы назад, остаются с неспасенными душами. Некоторые христиане жили и умерли, и их души так и не были спасены, и дьявол бросал их из-за этого из стороны в сторону. Это абсолютная истина! Их души не были обновлены, восстановлены или исцелены Словом Божьим, так что они не смогли успешно противостоять атакам дьявола.

Не поймите меня превратно. То, что христиане не обновили свой ум, не означает, что они не пошли на Небеса, когда умерли. Конечно, они пойдут на Небеса, потому что их дух рожден от Бога — они дети Божьи. Но христиане, которые не сумели обновить свой ум, потеряли свою привилегию, пока они были еще здесь, на земле, войти во владение всем тем, что им принадлежит во Христе. И хотя они имеют победу над дьяволом во Христе, они никогда не поймут, как успешно стоять в этой победе, из-за необновленного ума.

«Он подкрепляет душу мою»

Давайте посмотрим на другой стих в связи со спасением души. Мы все читали Псалом 22 много раз. Псалмопевец говорит: *«[Он] подкрепляет душу мою»* (Пс. 22:3). Псалом 22 — это пророческий псалом, который принадлежит Церкви. Он был написан царем Давидом для Церкви Господа Иисуса Христа. Обещанное в псалме исполнилось, потому что в нем сказано: *«Господь — Пастырь мой»*, а в Новом Завете Иисус называет Себя «добрым пастырем» (см. Иоан. 10:11).

Фактически в греческом оригинале Послания к Римлянам (12:2) слово «обновление» значит почти то же, что и «подкрепляет» из Псалма 22. К слову «подкреплять» даются пояснения: *восстановить, спасти, выздоравливать, обра-*

щать. А «обновить» означает: *восстановить* или *сделать, как новое.*

Если у вас есть ценный антикварный стул, то вы, вероятно, захотите отреставрировать его. Он, возможно, даже выглядит так, словно не стоит много. Но после того, как он восстановлен, это все тот же стул, но он *обновлен*, то есть сделан, как новый, и он выглядит, как только что изготовленный.

Человеческий дух не восстанавливается и не обновляется, он, в сущности, рождается свыше, или возрождается. Но эмоциональные и ментальные сферы человека должны быть восстановлены Словом Божьим. Величайшая нужда Церкви сегодня в том, чтобы ум и эмоции верующих были обновлены или восстановлены при помощи Слова. Слово, которое есть дух и жизнь (см. Иоан. 6:63), имеет возможность *восстановить, обновить, спасти, защитить, избавить и исцелить* душу человека.

«Внутреннее исцеление»

Порой отдельные члены Тела Христова впадают в духовные «чудачества» так же, как люди впадают в разные причуды в других областях. Например, несколько лет назад Церковь с энтузиазмом приняла учение о «внутреннем исцелении». Это учение, похоже, выдохлось сегодня, поскольку люди увидели, что оно не дает долговременных результатов.

Термин «внутреннее исцеление» по сути ошибочно употребляется, если речь идет об исцелении духа, потому что дух христианина не нуждается в *исцелении* — он был *возрожден.* Если вам нужно исцеление или избавление от внутренних страданий, то это будет происходить не в вашем рожденном свыше духе, потому что он сделан совершенно новым. Нет, в помощи нуждается ваша душа. И как же вам получить исцеление всех этих прошлых ран в душе? Через *мышление* в соответствии со Словом.

Найдите стихи в Писании, которые подходят к вашим нуждам. Размышляйте над Словом относительно вашей особой нужды. Говорите о себе то, что говорит Слово, ибо у Слова есть сила преобразовать ум и эмоции. Провозглашайте избавление! И этим путем вы сможете быть исцелены и избавлены! Действительно, подлинное библейское избавление или восстановление в самом полном смысле включает в себя гораздо больше, чем просто избавление от бесовской деятельности, и оно начинается в душе человека.

Иногда внутреннее исцеление бывает результатом того, что люди пытаются совместить психологию и Божьи дела. Словарь определяет психологию как *науку (и исследование) о мыслях и поведении*. Но дела Божьи и дух человека — это *духовное*, а не ментальное.

Для обычного человека в том, что говорят психологи, может содержаться некая истина. Но для рожденного свыше человека открытия психологов — это не обязательно библейская истина. Например, ученые находят, что у человека есть что-то помимо ментального сознания, и они называют это подсознанием. Но в действительности Библия не упоминает о *подсознании*. То, что обнаружили ученые и во что они проникли, это дух человека, но они не знали этого.

Однако с психологией все в порядке, если психолог — верующий человек, который понимает подлинную природу человека и принимает в расчет его *дух*, а не только *ум*. Разумеется, имея дело с обычным человеком (с *неспасенным*), психология может играть свою роль, потому что такие люди находятся в естественной сфере, поскольку их дух не был возрожден. А следовательно, с ними можно разбираться обычными средствами, такими, как психология.

Но вы не сможете разобраться с *духовным* человеком так же, как и с *неспасенным*. Верующий — это не просто природное, плотское существо, потому что его дух был возрожден по образу и подобию Божьему. А для верующего Божье высшее желание состоит в том, чтобы душа его была восстановлена, сделана полноценной и исцелена Словом Божьим через силу Святого Духа. А поскольку верующий — это не просто душа или ум, то недостаточно разбираться только с умом человека верующего.

ПЕРВОЕ ПОСЛАНИЕ К КОРИНФЯНАМ 2:14 (Расш. перев.)

14 Но природный, недуховный человек не принимает (не приглашает, не признает в сердце) даров и учений (и откровений) от Духа Божьего, ибо они глупость (бессмысленная чепуха) для него; и он не в состоянии узнать их (изучить,

2 Зак. 1509

понять и лучше познакомиться с ними), потому что они различаются (и оцениваются и одобряются) духовно.

Слово Божье говорит, что недуховный человек не может воспринимать истин Духа Божьего.

Поэтому-то с верующим нельзя обходиться, как с природным человеком этого мира, — основываясь на логических рассуждениях и человеческом интеллекте. Психология сама по себе не может адекватно судить об уме духовного человека, она не может разобраться и с возрожденным духом человека, который сотворен по образу и подобию Божьему.

Следовательно, поскольку человек — это дух, имеет душу, живет в теле, то учение «о духах» более важно для верующего. Я называю спиритологию учением о духе человека и о том, что связано с Духом Божьим.

Поскольку человек — это духовное существо, Тело Христово должно знать, что может сказать Слово о духе человека. Слово Божье — это духовная пища для возрожденных духовных существ, для верующих.

Однажды я проводил собрание в Калифорнии, а пастор и его жена занимались проблемами, связанными с постройкой нового, красивого здания церкви. Но жена пастора перетрудилась, и нервное напряжение привело ее в конце концов к физическому и нервному срывам. Она пошла к доктору, и тот посоветовал ей сходить к психиатру.

Жена пастора воспитывалась в семье пятидесятников, где не пили спиртного, не курили и не посещали дискотеки. Этот психиатр решил, что проблема женщины состояла в том, что она никогда ничего такого не делала, и он посоветовал ей начать курить, выпивать и ходить на танцы. Это было *его* лечение для жены пастора!

Она приняла его совет и в конце концов совершенно потеряла рассудок, и ее пришлось госпитализировать. Фактически эта женщина открыла дверь дьяволу, разбираясь со своими проблемами мирскими методами, хотя она была новым творением во Христе.

Этот конкретный психиатр не был рожден свыше и ничего не знал о духовном мире. Он даже не знал, что человек — духовное существо. И таким образом, он ничего не знал о своей собственной природе и не мог ничем помочь себе самому, тем более этой бедной жене пастора!

Нам нужно быть осторожными при смешивании человеческой мудрости с Божьими законами: Писание учит, что делать с нашим природным умом и нашим физическим телом — содержать ум и эмоции обновленными Словом и представить наши тела в качестве живой жертвы Господу. Это Божий путь — держать дверь закрытой для дьявола.

Это означает, что вам придется держать свое тело — свою плоть с ее аппетитами — под контролем возрожденного духовного человека внутри вас.

Содержание тела в подчинении у духа — это один из главных способов защитить себя от врага и, по сути дела, важнейший.

А что должен человек предпринять в отношении своего духа? Как верующий сможет сохранить свой дух сильным против атак врага? Ему надо питать свой возрожденный дух Словом Божьим, Слово Божье — это духовная «пища» для духовного существа.

ЕВАНГЕЛИЕ ОТ ЛУКИ 4:4

4 Написано, что не хлебом одним будет жить человек, но всяким словом Божиим.

ЕВАНГЕЛИЕ ОТ ИОАННА 6:63

63 Дух животворит, плоть не пользует ни мало; слова, которые говорю Я вам, суть дух и жизнь.

Иисус использует человеческое понятие «хлеб», чтобы выразить духовную мысль: чем является хлеб, или пища, для тела, или для природного человека, тем является Слово Божье для внутреннего, духовного человека. Верующий должен *кормить* свой дух Словом, чтобы он был сильным.

Затем вам нужно заряжать свой возрожденный дух, назидая его в Духе Святом: *«А вы, возлюбленные, назидая себя на святейшей вере вашей, молясь Духом Святым»* (Иуд. 1:20). Молитва на языках заряжает твой дух, как зарядное устройство заряжает аккумулятор. Это обеспечивает покой и обновление даже посреди любого испытания или беды, которые дьявол пытается принести в вашу жизнь, и вы сможете выстоять против его атак.

Вот так ваш дух будет оставаться сильным, представляя собой мощную защиту против дьявола. А теперь решите, как вы собираетесь помочь своему уму, воле и эмоциям? Копаясь в прошлом? Обращаясь к кому-то помолиться за вас? Обращаясь к кому-то с просьбой изгнать из вас демона? Нет, это не поможет, когда настоящая проблема в том, что ваш ум и эмоции должны быть обновлены Словом Божьим.

Это всего лишь трата времени — пытаться изгнать демона из кого-то, чья реальная проблема — необновленный ум. Давайте вернемся к Слову! Давайте узнаем, что может сказать Слово о душе человека, об уме человека, где атаки сатаны особенно сильны.

Ум человека

Библия много говорит об уме человека. Вы начинаете говорить об уме, и некоторые люди думают, что вы говорите о «христианской науке». Но Бог дал нам особые инструкции относительно ума, а также указал, что человеку надо делать, чтобы содержать свой ум сильным, чтобы он мог противостать сатане, врагу его души.

КНИГА ПРОРОКА ИСАИИ 26:3

3 Твердого духом Ты хранишь в совершенном мире; ибо на Тебя уповает он.

ПОСЛАНИЕ К ФИЛИППИЙЦАМ 4:6-8

6 Не заботьтесь ни о чем, но всегда в молитве и прошении с благодарением открывайте свои желания пред Богом, —
7 И мир Божий, который превыше всякого ума, соблюдет сердца ваши и помышления ваши во Христе Иисусе.
8 Наконец, братия (мои), что только истинно, что честно, что справедливо, что чисто, что любезно, что достославно, что только добродетель и похвала, О ТОМ ПОМЫШЛЯЙТЕ.

Другими словами, Бог говорит нам именно то, что мы должны делать со своим умом, на чем мы должны сосредоточить наши умы и мысли.

Чтобы добиться этого, мы должны вложить Слово Божье в свой ум, размышляя над ним. Тогда наше мышление будет идти в унисон со Словом Божьим, и сатана не сможет найти место, куда поставить ногу в наших мыслях.

Библия говорит нам точно, какие мысли у нас должны быть, — те, которые истинны, честны, справедливы, чисты, любезны и достославны. Думайте о том, что соответствует Слову, а не вражеские мысли сомнения, беспокойства и обескураженности.

Вы уже перестали размышлять об этом? Первое, что Бог требует от вас после вашего рождения свыше, — это изменение мышления.

Бог знает, что если вы собираетесь продолжать *думать* так, как до своего искупления, то вы откроете дверь дьяволу. И вскоре вы будете *поступать* так, как и прежде, когда вы были контролируемы дьяволом до своего рождения свыше.

Причина, по которой Бог велит нам изменить мышление, состоит в том, что ум человека — это первое место, куда дьявол хочет забраться, даже ум христианина, если тот позволит ему это сделать.

Обновленный ум преобразует тебя!

ПОСЛАНИЕ К РИМЛЯНАМ 12:1, 2

1 Итак умоляю вас, братия, милосердием Божиим, представьте тела ваши в жертву живую, святую, благоугодную Богу, для разумного служения вашего;

2 И не сообразуйтесь с веком сим, но преобразуйтесь обновлением ума вашего, чтобы вам познавать, что (есть) воля Божия, благая, угодная и совершенная.

Вот видите, Бог хочет, чтобы тела были *подчинены* Ему, а умы *преобразованы.* И для этого есть причина. Он знает, что это — ваша самая сильная защита против дьявола.

Когда ваш ум обновлен в соответствии со Словом, ваше мышление преобразовано. Когда мышление преобразовано, то преобразовано и ваше поведение. Вы больше не *думаете* и не *поступаете* так, как делали это раньше, когда были под контролем сатаны. Когда ваше мышление и поведение преобразованы, то преобразованы и *вы.*

Павел писал рожденным свыше, исполненным Духом христианам, что им что-то надо сделать с их *телами, умами* и *душами.* Он говорил верующим, что они должны представить свои тела как живую жертву Богу и смотреть за тем, чтобы их умы были обновлены Словом Божьим.

ПОСЛАНИЕ К ЕФЕСЯНАМ 4:23

23 А обновиться духом ума вашего.

Библия утверждает, что когда ваш ум обновлен, вы узнаете, в чем состоит благая, угодная и совершенная воля Божья для вашей жизни (см. Рим. 12:2). Чтобы обновить ум, вам придется размышлять над Словом Божьим, поскольку Слово есть «дух и жизнь» и оно способно обновлять умы людей.

Размышлять над Словом Божьим означает активно читать, думать, говорить и пребывать в Слове. Мы должны размышлять над Словом Божьим, и не только духом, но и умом. Мы должны заполнить наши умы и наше мышление Словом Божьим. В Ветхом Завете Бог объяснил Иисусу Навину, как быть успешным во всем, и это означало просто оставаться наполненным Словом. Слово будет работать и для нас, и нам не придется тратить так много времени на дьявола.

КНИГА ИИСУСА НАВИНА 1:8

8 Да не отходит сия книга закона от уст твоих; но поучайся в ней день и ночь, дабы в точности исполнять все, что в ней написано: тогда ты будешь успешен в путях твоих и будешь поступать благоразумно.

Другой перевод гласит: «Ты сможешь мудро разбираться в жизненных вопросах». А как придет успех? Через размышление над Словом. А как придет победа над дьяволом? Через размышление над Словом Божьим.

Успех и победа в любых условиях приходят через Слово Божье, которое постоянно должно быть в ваших устах, и через действие по Слову. Поэтому пребывайте в нем, а не в своих проблемах, — и у дьявола будет мало шансов начать свою работу в вашей жизни.

Если душа не обновлена Словом, внешний человек будет командовать и управлять духом через душу. Сатана имеет доступ к внешнему человеку через пять физических чувств. И поэтому нужно обновить ум Словом Божьим, чтобы дух, истинный «вы», работая с умом, смог управлять телом.

Успех в жизни и победа над дьяволом приходят не в результате бесконечных попыток изгнать неких злых духов, это результат работы ума, наполненного Словом Божьим и сотрудничающего с духом. А дух христианина управляется

Святым Духом, и Он поведет вас во всех жизненных делах, включая уход от ловушек и сетей дьявола.

Вы должны активно размышлять над Словом Божьим, чтобы мышление могло быть изменено или преобразовано (см. Пс. 1:1-3). Если мышление не преобразовано, вы можете подхватить дьявольские мысли и начать действовать, как неспасенные люди. Но в Послании к Римлянам (12:2) говорится, что обновление ума преобразует *вас!* И именно этим путем, как говорит Библия, *вы* будете преобразованы, а не попытками изгнать из себя демонов.

Многое из того, что называется демонической активностью, отнюдь не вызвано демонами. В сущности, это плод неискупленного, необновленного ума верующего, когда тот думает и поступает по-мирски. А неискупленный, необновленный ум дает доступ дьяволу, потому что ум — это дверь, через которую дьявол добирается до людей.

Неправильное мышление открывает дверь дьяволу

Не замечали ли вы, что одной из причин, по которой люди впадают в депрессию, являются их неправильные мысли? Неправильные мысли могут дать злым духам доступ в область души. Например, иногда верующие начинают думать о прошлом и том, как «такой-то» плохо обошелся с ними. Да, рожденные свыше, исполненные Духом люди могут впасть в депрессию. Конечно, дьявол пытается помочь им в этом, принося им угнетение.

Но верующие могут впасть в депрессию, просто позволяя себе иметь неправильные мысли. Сатана действует в области пяти чувств, используя неверные предположения, мысли и чувства, чтобы попытаться заставить людей творить зло.

Но Библия говорит: *«И не давайте места диаволу»* (Еф. 4:27). Мы не должны позволять дьяволу входить в наше мышление. Имея ошибочные мысли, верующие дают место дьяволу в них — через свой ум, мысли и эмоции. Мысли вины, осуждения, заботы и беспокойства — это мысли дьявола, и он будет помогать верующим думать о негативной стороне жизни.

Мысли вины и осуждения позволяют сатане использовать верующих и держать их в узах лжи. Негативные мысли мешают верующим стоять в позиции власти во Христе и применять эту законную власть по отношению к дьяволу. В действительности верующие имеют победу над дьяволом и его оружием осуждения, потому что Иисус восторжествовал над сатаной на Кресте (см. Кол. 2:15). Но если верующие не используют эту власть, дьявол будет контролировать их.

Христиане, постоянно думающие о негативном, могут даже дойти до того, что захотят совершить самоубийство. Да, даже верующие! А затем некоторые «знающие» люди скажут: «Давайте-ка изгоним из них беса!» Однако здесь проблема вовсе не в бесе. Это результат искаженного мышления.

Конечно, сатана пытается уговорить верующих сделать злое. Но если христиане обновят свой ум Словом Божьим, то у них не будет проблем с депрессией, поскольку их умы будут закрыты для дьявола.

Если бы верующие при каждом удобном случае спрашивали себя: «А что говорит Слово?» — они не стали бы добычей дьявольских уз депрессии, вины и осуждения в первую очередь. Они торжествовали бы во Христе, побеждая хитрости и трюки сатаны.

Множество проблем, даже касающихся дьявола, было бы решено, если бы христиане просто задавали вопрос: «А что говорит Слово о моей ситуации?» Верующим надо тренировать свой ум, чтобы думать в унисон со Словом, а не в унисон с дьявольскими мыслями. *Обновленный* ум думает в соответствии со Словом Божьим — вот как вы можете противостоять дьяволу. *Необновленный* ум думает по схеме дьявола — и вот так вы становитесь слабым и даете дорогу мыслям сомнения, заботы, страха, вины, осуждения и тому подобного.

Другой областью, где верующие могут открыть дверь дьяволу, является непрощение, укоренившееся в их сердцах. Верующим необходимо научиться перестать углубляться в свои прошлые ошибки и в прошлые ошибки других людей, потому что враг их душ, сатана, снова использует их, чтобы войти в их жизнь.

КНИГА ПРОРОКА ИСАИИ 43:25

25 Я, Я Сам изглаживаю преступления твои ради Себя Самого, и грехов твоих не помяну.

Размышление над прошлыми грехами, неудачами и ошибками дает дьяволу доступ к вашему мышлению и эмоциям. Если вы совершили ошибки, но попросили прощения у Бога, то Бог не вспоминает, что вы сделали что-то плохое (см. 1 Иоан. 1:9). Почему же должны это делать вы?

Обновите свой ум в вопросе Божьего милосердия и прощения, иначе сатана использует вас. Знайте, если сатана сможет внушить вам негативные мысли, он попытается все прочнее и прочнее укорениться в вашем уме и душе. Вот почему вы не можете позволить себе уступить ему! Когда сатана придет искушать вас, чтобы вы лелеяли его негативные мысли, напомните ему, что говорит Слово Божье. Не становитесь добычей депрессии или других негативных мыслей.

Держите свой ум обновленным Словом! Не возвращайтесь в прошлое и не пытайтесь откапывать прошлые дела, размышляя над ними. Слово учит нас забыть прошлое и стремиться к своему высшему призванию во Христе (см. Фил. 3:13, 14).

Дьявол всегда будет пытаться принести вам на *ум* картину прошлых грехов. Но когда ум обновлен для Божьей любви и прощения, вы просто посмеетесь над ним и скажете: «Мистер Дьявол, Слово говорит, что я прощен. Исаия (43:25) говорит, что Бог изгладил мои прегрешения! Ты просто показываешь мне фото моих прошлых неудач, но их больше не существует». А затем вы можете ходить в победе.

Когда вы ставите дьявола на место Словом Божьим, вы исполнитель Слова (см. Иак. 1:22)! Библия говорит, что благословен будет исполнитель Слова (см. Иак. 1:25). Бог сотворил и снарядил вас, так что просто следуйте тем инструкциям, которые Он дает в Своем Слове о том, как держать дверь закрытой для дьявола. Тогда вы сможете стать успешным во всех сферах жизни.

Как злые духи могут воздействовать на сферы души

Я уже упоминал о том, что был поднят с постели во время болезни. Но жизнь моей матери была трагичной. Демоны беспокойства, депрессии и угнетения вошли в ее душевные, или эмоциональные, сферы и держали ее в узах. Да, она была спасена, но она не знала о своих правах и привилегиях во Христе. Она не знала, как обновить свой ум, чтобы закрыть дверь дьяволу. Печально признать, но будучи чадом Божьим, она жила ниже своих привилегий во Христе.

Отец оставил нас, когда мне было около шести лет, а у матери было четверо маленьких детей, которых ей предстояло вырастить, полагаясь только на себя. И беды, которые выпали на ее долю, в конце концов надломили ее физически, ментально и эмоционально.

Она стала терять зрение и в итоге совсем ослепла. Доктора не могли найти в ее организме ничего плохого, но они сказали, что у нее не в порядке нервы. В течение нескольких лет у нее были серьезные проблемы, она даже пыталась убить себя.

Моя мать была христианкой, но она не знала, как верить в Бога и применять Его обетования. Это было так печально. Кто-то может спросить: «Если бы ей не повезло и она убила бы себя, была бы она спасена?» Конечно, она была бы спасена! Она была рождена свыше, но она просто позволила злым духам беспокойства и страха проникнуть в свои мысли, тело и чувства. Ее ум был болен точно так же, как у другого болит тело. А после того как все это прошло, у нее не осталось даже воспоминаний о попытках самоубийства.

В неведении о том, кем она была во Христе и как применять Слово Божье, она позволила демонам беспокойства и угнетения войти в свой ум и в эмоциональные сферы.

Освобождение в душевных сферах

Как видите, злые духи могут стать причиной проблем в эмоциональных сферах человека. Иногда мы ведем себя так, словно проблемы не существуют. Но Святой Дух, работая в унисон со Словом Божьим, имеет ответ на каждую проблему, когда плотский человек не может ее решить.

Однажды я проводил собрания, и три вечера подряд после богослужения у алтаря горько плакала молодая замужняя женщина. Я попросил Господа показать мне, как помочь ей. Внезапно мне было дано видение. Я увидел эту женщину девятилетним ребенком. Возвратившись домой из школы, она увидела свою мать в постели с другим мужчиной, а не с мужем. Вы можете представить, что это сделало с эмоциями девочки.

Когда я проводил собрания, этой женщине было за двадцать. Я увидел в Духе, что она замужем уже два года, но из-за полученного в детстве эмоционального потрясения оказалась заблокированной ее способность совершить брачный акт, и это грозило разрушить брак.

Я пошел к пастору той церкви и спросил его, знает ли он, что не в порядке у этой женщины. Он спросил, знаю ли я, и я сказал ему, как Господь показал мне ее проблему. Он предложил мне пойти и послужить ей. Я рассказал женщине, что Господь показал мне, и она подтвердила, что так оно и было. Она любила своего мужа, но не могла стать ему женой. Я объяснил ей, что это была ошибка ее матери — спать с мужчиной, за которым она не была замужем, но что ее *брак* не был ошибочным.

Показав ей соответствующие места из Писания и поговорив с ней о святости брака, я возложил на нее руки и изгнал из ее душевной сферы нечистого духа, который держал ее в узах прошлого. Затем я научил ее, как войти в Слово Божье и обновить свой ум, чтобы сатана не мог проникнуть в ее ум и эмоции.

На следующий год я вернулся, чтобы провести собрание в той же церкви, и у них с мужем был бойкий карапуз, которого они назвали моим именем. Они были счастливы в браке. Вот видите, в ее *духе* демона не было. Но нечистый дух забрался в ее эмоциональные сферы, когда ей было девять лет, он контролировал ее эмоции, и с ним нужно было разобраться.

Христианам не нужно идти к неспасенным за советом и помощью. Ищите помощь в Боге. А знание «демонологии» не сводится к тому, чтобы просто велеть людям изгонять демонов из первого встречного. Верующий должен сыграть свою роль и сам противостать дьяволу.

Тело человека

Важно осознать, что поскольку ваше тело не рождено свыше, то именно через тело — ваши пять физических чувств — вы контактируете с этим миром, в котором сатана — бог (см. 2 Кор. 4:4). Вот почему *вы*, внутренний человек, должны что-то сделать со своим телом.

Если вы позволите своему телу делать, что ему захочется, а уму думать о том, о чем тому захочется, дьявол сможет войти в ваш ум и тело и управлять ими.

Подумайте об этом. Но хочет ли ваше тело сделать то, что ошибочно? Конечно, хочет. Тело каждого хочет, вне зависимости от того, как давно вы были спасены или насколько вы духовны, поскольку тело не было возрождено. У нас есть обетования об искуплении наших тел (см. 1 Кор. 15:53). Но в этой жизни *нам* самим придется что-то сделать с нашими телами, или сатана использует нас через нашу плоть.

Писание дает инструкции, что верующему делать со своим телом:

1. *Вы* должны представить свое тело в качестве живой жертвы (см. Рим. 12:1).
2. *Вы* должны распять и умертвить дела тела (см. Кол. 3:5).
3. *Вы* должны держать свое тело в подчинении духовному человеку — внутреннему человеку — подлинному человеку внутри вас (см. 1 Кор. 9:27).

Вы контролируете свое тело так, что вы в силах удержать его от нечестивых желаний. Бог говорит, что вы можете. Вам нельзя позволять сатане использовать свое тело как орудие неправедности (см. Рим. 6:13).

Вспомните: Павел говорит (см. Кол. 1:12), что Бог призвал нас к участию в наследии святых во свете. Это значит, что мы можем ходить в духе, а не по плоти. Это означает, что нам не надо уступать искушениям дьявола через нашу плотскую натуру.

Чтобы понять, как слушаться Слова Божьего относительно вашего тела, вам придется признать, что Писание проводит грань между *телом* человека — внешним человеком — и настоящим человеком внутри — его *духом.*

О теле человека говорится, что это «дом»

Много раз в Писании о теле человека говорится, что это «дом». Вам нужно знать, что злые духи могут быть в *доме* человека — его теле — и при этом не быть в самом человеке в абсолютном смысле — в его *духе.* Это потому, что человек есть *дух*, а не *тело.*

Например, если вы жили в доме с термитами, то это не значит, что термиты живут в *вас*. Дом — это то место, где вы живете, но вы *сами* не имеете термитов. Конечно, злой дух может попытаться поразить ваше тело, но это не означает, что в *вас*, то есть в вашем духе, живет злой дух.

Писание подчеркивает тот факт, что тело человека — это его дом. Когда человек умирает физически, умирает *тело*, но *человек* остается живым.

Павел называет тело «земной наш дом, эта хижина».

ВТОРОЕ ПОСЛАНИЕ К КОРИНФЯНАМ 5:1, 2, 4

1 Ибо знаем, что, когда земной наш дом, эта хижина [тело человека], разрушится, мы имеем от Бога жилище на небесах, дом нерукотворенный, вечный [дух человека].

2 Оттого мы и воздыхаем, желая облечься в небесное наше жилище...

4 Ибо мы, находясь в этой хижине [тело], воздыхаем под бременем, потому что не хотим совлечься, но облечься, чтобы смертное поглощено было жизнью.

Библия говорит о *внутреннем человеке* и о *внешнем человеке. Внешний человек* — это наш земной дом, тело. Но есть также и *внутренний человек*, дом, который сделан не руками, и это дух человека, и он вечен. Павел размышляет о разнице между внешним человеком и внутренним человеком.

ВТОРОЕ ПОСЛАНИЕ К КОРИНФЯНАМ 4:16

16 Посему мы не унываем; но если внешний наш человек и тлеет, то внутренний со дня на день обновляется.

Духовный человек, или внутренний человек, — это то же, что и «сокровенный сердца человек».

ПЕРВОЕ ПОСЛАНИЕ ПЕТРА 3:3, 4

3 Да будет украшением вашим [украшением внешнего человека, или тела] не внешнее плетение волос, не золотые уборы или нарядность в одежде,

4 Но сокровенный сердца человек [внутренний человек] в нетленной красоте кроткого и молчаливого духа, что драгоценно пред Богом.

По тому, что сказал Павел, вы можете видеть, что тело человека отличается от внутреннего человека.

ПЕРВОЕ ПОСЛАНИЕ К КОРИНФЯНАМ 9:27

27 Но усмиряю и порабощаю тело мое, дабы, проповедуя другим, самому не остаться недостойным.

Кто, обозначенный как «я», должен усмирять и порабощать свое тело? Это внутренний человек, который стал новым творением во Христе! Павел проводит явную грань между «оно» — телом — и «я» — реальным человеком внутри.

Павел не говорит, что он усмиряет себя самого — внутреннего человека. Нет, он сказал, что внутренний человек должен усмирять свое *тело*.

Непослушание этому месту в Писании — одна из главных причин, почему верующие неосознанно дают сатане доступ в свою жизнь. Сатане удается закрепиться в жизни людей, когда они позволяют своим телам (или плоти) управлять ими, вместо того чтобы их обновленный дух управлял и контролировал их плоть.

Содержание тела в подчинении духу

В Первом послании к Коринфянам Павел говорит: «Я [содержу] мое тело в подчинении моему духу». Это значит, что Павел не позволял своему телу делать все, что оно захочет. Если уж апостолу Павлу, этому великому мужу Божьему, написавшему большую часть Нового Завета, приходилось держать тело под контролем духа, то, очевидно, его тело хотело сделать что-то неправильное. Павлу приходилось держать свое тело под управлением своего духа, как и мы делаем это.

Слишком часто верующие хотят изгнать демона, хотя имеет место проявление плоти! Вы не можете изгнать плоть! Или слишком часто люди хотят, чтобы Бог что-то сделал с их телом. Бог не собирается ничего делать с вашим телом. В конце концов это не *Его* тело, это ваше тело, и вы должны управлять им.

Когда вы рождаетесь свыше, ваш внутренний человек принадлежит Богу. Но затем *вы* должны принимать решение содержать свое тело под контролем своего духа, что возможно, если только вы представляете свое тело как живую жертву Богу.

Павел говорит (Рим.12:1) о важности того, чтобы верующие представили свои тела Богу.

ПОСЛАНИЕ К РИМЛЯНАМ 12:1

1 Итак умоляю вас, братия, милосердием Божиим, представьте тела ваши в жертву живую, святую, благоугодную Богу, для разумного служения вашего.

Когда я полностью осознал, о чем на самом деле говорят эти строки, это поразило меня. Павел не обращался к грешникам. Он писал святым — верующим. Он говорил христианам, что, хотя они рождены свыше, их тела остались прежними и им придется самим заняться своими телами.

Если вы не представите свое тело как живую жертву Богу, то оно захочет делать все то, что оно делало до того, как вы спаслись, когда вы еще были под контролем сатаны, бога этого мира (см. Еф. 2:2). Другими словами, если ваш внутренний человек, являющийся новым творением во Христе, не контролирует ваше тело, вы оставляете дверь открытой для дьявола, потому что демоны попытаются управлять вами через душу и тело.

Я видел, как это происходило в жизни одного служителя. Он был чудесным христианином — добрым и хорошим человеком, пионером в пятидесятническом движении. В течение долгих лет у него было отличное здоровье, но позднее появились физические проблемы. В конце концов три приступа, один за другим, поразили его разум.

Его частично парализовало, и временами он был не в себе. Он ругал матерными словами свою жену и колотил ее. Эта женщина и ее дочь молились и молились о его проблеме. Когда он сам молился на языках, то на какое-то время приходил в себя, но так и не получил избавления.

Его жена сказала, что после того, как она прослушала мое учение о власти верующего, она осознала, что должна была сделать. Приступ поразил мозг ее мужа, так что он не мог управлять больше своим умом и телом. И поэтому дьявол использовал его.

Он стал другим человеком, частично из-за приступа, конечно, но в его случае было также и участие злого духа. Спасенный или неспасенный, человек может быть *угнетаем* в уме или теле злыми духами. Его жена не умела противостоять им во имя Иисуса и брать власть над ними.

После того как ее муж умер и пошел к Господу, его жена осознала, что ей следовало противостать сатане и повелеть ему убрать свои руки от Божьей собственности. Я уверил ее, что сатана должен подчиняться Слову!

Защита от врага

Содержание своего тела в подчинении обновленному духу — это основная защита от сатаны. Библия говорит: «*Итак покоритесь Богу; противостаньте диаволу, и убежит от вас*» (Иак. 4:7). Когда вы подчините свое тело Богу и не позволите ему делать неправильные вещи, то вам будет гораздо легче противостоять дьяволу.

Бог говорит в Своем Слове, что без подчинения тела и преображения ума верующие не смогут следовать водительству Святого Духа, как им надлежит делать: *«Ибо все, водимые Духом Божиим, суть сыны Божии»* (Рим. 8:14).

Слово не говорит: «все, водимые телом, или пятью физическими чувствами, суть сыны Божии», или «все, водимые душой, суть сыны Божии». *Водимые Духом*, стоящие на Слове верующие имеют сильную защиту от сатаны. Водимые телом и водимые чувствами верующие являют собой открытую мишень для сатаны и его козней.

И если верующий не был правильно научен, то, когда его тело захочет сделать неправильные вещи, дьявол использует его и даже приведет его к мысли, что он не спасен. Затем, подведя верующего под осуждение, он сможет обмануть его и убедить отказаться от своего наследия во Христе, которое включает использование власти над дьяволом.

Но если христиане поймут, что их тело не рождено свыше и что *им* надо разобраться с телом, они сумеют представить его Богу как живую жертву, подчинив его обновленному духу. Это один из самых важных путей для христианина — занять свое место во Христе, чтобы с силой противостать дьяволу.

Если мы не обновим умы Словом Божьим, то наш *ум* восстанет с нашим *телом* против нашего *духа*. Это не обеспечит защиты от сатаны!

Не обвиняйте дьявола, когда виновата плотская природа

Что означает слово «плоть»? Словарь новозаветных слов Вайна объясняет, что оно означает «тело», которое чувственно, управляемо животными инстинктами и контролируемо человеческой природой, а не Духом Божьим.

Христиане должны жить верой в Слово Божье и быть водимы Святым Духом, а не чувствами. Человек может иметь все дары Духа, действующие в его жизни, и все же быть плотским, если он не учится, как содержать свое тело и душу под контролем духа.

Коринфяне были такими. Эти верующие были даже исполнены Духом, но все же они были во младенческом состоянии как христиане, потому что они были плотскими, или водимыми телом и чувствами (см. 1 Кор. 3:1, 3). Они позволяли своим пяти чувствам контролировать себя, а не Святому Духу.

Павел сказал коринфянам: *«Потому что вы еще плотские. Ибо, если между вами зависть, споры и разногласия, то не плотские ли вы, и не по человеческому ли обычаю поступаете?»* (1 Кор. 3:3). А Библия говорит: *«Ибо, где зависть и сварливость, там неустройство и все худое»* (Иак. 3:16).

Если христиане не развивают свой дух, но позволяют своему телу, уму и эмоциям руководить ими, то они останутся в плотском, или младенческом, состоянии. Плотские христиане легко становятся добычей дьявольских козней через зависть, споры и разделения.

А некоторые христиане думают, что из них надо постоянно изгонять злых духов, потому что сатана с легкостью сбивает их с пути. Но на самом деле им просто нужно вырасти, развиться и научиться, как не поддаваться зависти, спорам и разделениям.

Когда вы научитесь сдаваться Духу Божьему и будете основывать свою жизнь на Слове Божьем, а не на своих чувствах или плоти, вы вырастете из плотского состояния, и сатана не сможет управлять вами.

Сатана не имеет доступа к вам в области веры в Слово Божье, но он имеет доступ в область чувств, если вы позволяете своим чувствам взять над собой верх и вами руководят тело и душа.

Человек всегда ищет оправдания, а не полагается на то, что Бог уже изложил в Своем Слове. Например, в Своем Слове Бог дал нам инструкции о том, что делать с нашим *духом*, *душой* и *телом* для надежной защиты от дьявола.

Но человек всегда старается найти другой путь, отличный от Божьего, полагая, что может достичь духовной зрелости, успеха и победы над дьяволом в каждой ситуации.

И если появится возможность найти легкий путь для оправдания неудач, например, обвинить во всем дьявола, то он сделает это и не будет жить по принципам Слова Божьего.

Гораздо легче изгонять бесов, чем браться за настойчивое обновление ума Словом и содержать плоть в подчинении духу!

Один проповедник, которого я знал, понял плотскую природу человека. Он увидел объявление на рекламном щите: «Зверь и Я». Это вдохновило его на проповедь, которую он назвал: «Зверь, который живет в каждом из нас».

А вы знали, что в каждом из нас есть зверь? «Зверь» — это ваша плоть ваша невозрожденная человеческая природа, и вы должны подчинять эту плотскую природу, пока вы на земле.

В этом смысле мы могли бы сказать, что в каждом из нас живет зверь — это плотское в невозрожденной человеческой природе.

Однако плотской природе нет места в вашем духе, если вы рождены свыше. И слава Богу, однажды вы будете иметь и новое прославленное тело (см. 1 Кор. 15:42, 50-54). А пока Бог говорит вам в Своем Слове, как противостать врагу, сатане.

Глава 3
Дьявол или плоть

Некоторые вещи, которые люди приписывают дьяволу, на самом деле не что иное, как дела плоти. Важно осознать, что не все негативное в жизни является напрямую работой злого духа.

Когда Библия говорит о содержании плоти под властью духа, очень часто люди думают, что это относится только к удерживанию под контролем сексуальных желаний. Что ж, действительно, вам надо подчинять тело и в этой области тоже. Но, с другой стороны, знаете ли вы, что еще Библия называет делами плоти, или старой человеческой природы?

Дела плоти

ПОСЛАНИЕ К ГАЛАТАМ 5:17, 19-21

17 Ибо плоть желает противного духу, а дух — противного плоти: они друг другу противятся, так что вы не то делаете, что хотели бы...

19 Дела плоти известны; они суть прелюбодеяние, блуд, нечистота, непотребство,

20 Идолослужение, волшебство, вражда, ссоры, зависть, гнев, распри, разногласия, (соблазны), ереси,

21 Ненависть, убийства, пьянство, бесчинство и тому подобное...

То, что многие люди называют «делами дьявола», Библия называет делами плоти. В Послании к Ефесянам (4:25-32) Павел перечисляет некоторые черты «старого человека» — плоти, или невозрожденной природы человека: ложь, воровство, непристойные слова, горечь, гнев, ярость, возмущение, злые речи и злость. Он также описывает некоторые черты нового человека: истинность, сострадательность и способность прощать.

Вы можете видеть, что содержание плоти под контролем или владычеством нового человека во Христе включает в себя нечто большее, чем просто контроль над сексуальными желаниями. Это управление и владычество возрожденного духа над *всеми* злыми повадками плоти.

«Разденься» — «сними с себя» плоть

Библия учит, как разбираться с телом и душой — плотской, человеческой природой. Мы должны «снять с себя» старого человека с его плотскими похотями. И мы должны «облечься» в нового человека во Христе.

ПОСЛАНИЕ К ЕФЕСЯНАМ 4:22-24

22 Отложить [снять с себя] прежний образ жизни ветхого человека, истлевающего в обольстительных похотях.

23 А обновиться духом ума вашего

24 И облечься в нового человека, созданного по Богу, в праведности и святости истины.

Кто должен отложить природу старого человека и дела плоти? *Вы* должны! «Вы» — это христиане, к которым обращается апостол. Бог не собирается «отложить ветхого человека» за вас. Вам придется отложить ветхого человека с его завистью, горечью, гневом, яростью, возмущением и злыми речами. Вы не разбираетесь со злыми духами, когда откладываете эти злые повадки, вы просто разбираетесь с *плотью*.

Слишком часто верующие выбирают легкий путь и называют эти злые повадки плоти «демоном» или «злым духом». Тогда они не несут никакой ответственности; они во всем винят сатану. Но Библия прямо называет эти злые повадки человеческой плотской природой, а верующий *сам* должен что-то сделать с этим.

Единственный способ облечься в «нового человека» — это обновить ум Словом Божьим. Отложить образ ветхого человека и облечься в нового человека — это часть вашего «разумного служения», или вашего «духовного поклонения» (см. Рим. 12:1, 2).

Вам надо держать эти злые повадки и отношения под контролем духа — внутреннего человека — и позволить новому творению во Христе доминировать. Когда вы облечетесь во Христа, вы сможете ходить в Духе Божьем, а не во плоти, и тогда вы не станете легкой добычей для дьявола.

Если вам не доводилось разбираться со своей плотью и ее природой, то вы и не человек. А поскольку вы живете в теле, вы должны будете бороться со своей плотской природой. Например, если кто-то ударит вас, а вся ваша плоть не находится под контролем духа, она захочет дать сдачи и ударит обидчика. Так действует плотская природа без Бога. Если кто-то ранит вас, ваша плоть захочет поквитаться и отомстить и будет держать горечь и злобу на этого человека.

Это — старая, «дающая сдачи» природа плоти. Это — не дьявол и не демоническая деятельность. Это — просто плотская природа человека, оставшаяся без контроля. «Ты задел меня, и я дам тебе сдачи». Вы слышали, как христиане говорят нечто подобное? Плоть — это именно такой разговор, и именно поэтому мы должны держать ее под контролем внутреннего человека: *«...созданного по Богу, в праведности и святости истины»* (Еф. 4:24).

Облекитесь в Божественную любовь

Давайте откроем третью главу Послания к Колоссянам и посмотрим, как действует новое творение во Христе. Мы увидим, во *что* нам дается повеление облечься.

ПОСЛАНИЕ К КОЛОССЯНАМ 3:12-14

12 Итак облекитесь, как избранные Божии, святые и возлюбленные, в милосердие, благость, смиренномудрие, кротость, долготерпение,

13 Снисходя друг другу и прощая взаимно, если кто на кого имеет жалобу: как Христос простил вас, так и вы.

14 Более же всего облекитесь в любовь, которая есть совокупность совершенства.

В стихе 13 фраза «снисходя друг другу» означает «примиряясь друг с другом», «терпя друг друга». Когда мы начинаем возбуждаться и становимся нетерпеливыми, то это не обязательно работа дьявола. Нам лишь надо снисходить друг другу и прощать друг друга, как Христос простил вас.

Слово, переведенное как «любовь» в стихе 14, по-гречески звучит как «агапе» — Божественная любовь. Мы должны облечься в любовь. Облачение в любовь — это защита от врага, поскольку тогда мы не даем места дьяволу в нас (см. Еф. 4:27).

Когда мы рождаемся свыше, любовь Божья изливается на наши сердца Святым Духом (см. Рим. 5:5). Но мы собираемся взять ту любовь, что в наших сердцах, и излить ее на нашего *внешнего* человека, потому что любовь Божья не была излита на нашу *плоть*. Если мы не «наденем» любовь Божью на нашего внешнего человека, то сатана может восторжествовать в нашей жизни через нашу плоть.

Гнев — это плоть, а не «ирландский характер» и не дьявол

Я слышал, как один человек рассказывал о своем дедушке: стоило старика чуть-чуть задеть, и он выходил из себя и впадал в ярость. Этот дедушка всегда находил оправдание: «Что поделать, это мой ирландский характер». Нет, тут виновата не *Ирландия*, это проявлялась *плоть!*

ПОСЛАНИЕ К ЕФЕСЯНАМ 4:26

26 Гневаясь, не согрешайте: солнце да не зайдет во гневе вашем.

В соответствии с Посланием к Ефесянам (4:26) откладывание образа ветхого человека и облачение в нового — это выбор: *«гневаясь, не согрешайте»*. Это означает, что если вы прогневались по какому-то поводу, вы не обязаны позволить своей плоти взять верх. Вам нет нужды терять контроль над своим настроением. У *вас* есть выбор. Вам не надо поддаваться диктату плотской природы.

Если вы позволяете плоти управлять собой, вы можете выйти из-под контроля и начать делать и говорить то, о чем позднее пожалеете. Многие люди хотят обвинять дьявола, когда они впадают в ярость или приступы гнева. Но они просто сдаются плоти и позволяют ей доминировать. И, не удерживая свою плоть в узде, они открывают дверь дьяволу.

Некоторые думают, будто можно стать настолько святым, что больше не будет проблем с плотью и сатаной. Однако единственный способ избежать любых проблем с плотью и сатаной — это умереть и оставить этот мир!

Один христианин пришел ко мне после очередного моего утреннего собрания и попросил: «Брат Хейгин, я хочу, чтобы ты помолился, чтобы у меня больше не было проблем с дьяволом». Я спросил: «Ты хочешь, чтобы я помолился о твоей смерти?» Тот ответил: «Нет, я не хочу умирать». Я сказал: «Единственный способ избавиться от проблем с дьяволом — это умереть и оставить этот мир!»

Большая часть проблем, которые, по мнению этого человека, создавал дьявол, была всего лишь его плотью, но он не научился видеть разницу. Я хочу быть честным с вами — я убежден, что христиане имеют больше проблем со своей плотью, чем с дьяволом.

Часто христиане, имеющие проблемы с плотью, думают, что если они смогут куда-то «выбраться» или переехать в другой штат, или сменить работу, церковь, то все изменится. Но нельзя избавиться от плоти — переезд или смена церкви не решит проблему, если вы не разберетесь со своей невозрожденной плотью. Куда бы вы ни поехали, ваша плоть будет с вами. Вы можете остаться там, где находитесь, и научиться подчинять плоть своему возрожденному духу.

У плоти есть свои похоти, и это не дьявол

Вам следует осознать кое-что еще относительно плоти. Она имеет свои собственные похоти и инстинкты, и это не работа дьявола и даже не демоническая активность. Давайте еще раз обратимся к Посланию к Ефесянам.

ПОСЛАНИЕ К ЕФЕСЯНАМ 4:22

22 Отложить прежний образ жизни ветхого человека, истлевающего в обольстительных похотях.

Мы можем понять кое-что еще о похотях плоти из Послания к Римлянам.

ПОСЛАНИЕ К РИМЛЯНАМ 1:24-28

24 То и предал их Бог в похотях сердец их нечистоте, так что они сквернили сами свои тела;

25 Они заменили истину Божию ложью и поклонялись и служили твари вместо Творца, Который благословен во веки, аминь.

26 Потому предал их Бог постыдным страстям: женщины их заменили естественное употребление противоестественным;

27 Подобно и мужчины, оставивши естественное употребление женского пола, разжигались похотью друг на друга,

мужчины на мужчинах делая срам и получая в самих себе должное возмездие за свое заблуждение.

28 И как они не заботились иметь Бога в разуме, то предал их Бог превратному уму — делать непотребства.

На полях моей Библии слово «превратный» определяется как «*ум, не имеющий суждения*». Библия не говорит здесь о *духе* похоти. Она просто говорит, что некоторые люди сжигаются в *своей* похоти один к другому.

Стих 24 говорит: «*То и предал их Бог в похотях сердец их нечистоте*». Это — похоть их сердец, невозрожденных мыслей и чувств человека; именно она вызвала это хождение во тьме, что в итоге превратилось в превратный ум.

Затем в стихе 27 говорится, что они «разжигались похотью друг на друга». Это — невозрожденная природа человека, отделенного от Бога. Библия не называет это демоном, она говорит: «похоти сердец».

Плоть — невозрожденная природа человека — имеет свои похоти; поскольку она выродилась, она никогда не будет рождена свыше. Похоти плоти не имеют ничего общего с духом похоти. Плоть имеет свои инстинкты или плотские страсти.

ПЕРВОЕ ПОСЛАНИЕ ПЕТРА 2:11

11 Возлюбленные! прошу вас, как пришельцев и странников, удаляться от плотских похотей, восстающих на душу.

Если ты позволишь плотским похотям контролировать себя, то у тебя всегда будут беды с душой — умом, волей и эмоциями. И это создает открытый проход для сатаны.

ПОСЛАНИЕ ИАКОВА 1:13-15

13 В искушении никто не говори: «Бог меня искушает»; потому что Бог не искушается злом и Сам не искушает никого,

14 Но каждый искушается, увлекаясь и обольщаясь собственной похотью;

15 Похоть же, зачавши, рождает грех, а сделанный грех рождает смерть.

Согласно этому месту в Писании, именно похоть невозрожденной природы человека втягивает его в ошибки. Некоторые люди неправильно трактуют тот вред, что происходит из-за похоти, греха и смерти, и полагают, что это демоническая активность. Но это не так. Это плод плоти, оставшейся без контроля.

В Послании к Ефесянам говорится также о *похотях плоти* и *ума*, и *души.*

ПОСЛАНИЕ К ЕФЕСЯНАМ 2:3

3 Между которыми и мы все жили некогда по нашим плотским похотям, исполняя желания плоти и помыслов и были по природе чадами гнева, как и прочие.

Распни плоть

Если злой дух пытается действовать через вашу плоть, то вы имеете власть над ним. Дьявол и злые духи не имеют власти над вами, пока вы ходите по Слову и делаете то, что нужно делать со своей плотью. Противостаньте сатане и его козням, поскольку Библия говорит, что ему придется убежать (см. Иак. 4:7).

Но если вы имеете дело всего лишь с плотью, то вы не сможете изгнать ее, как злого духа. Нет, вам придется *распять,* или *умертвить,* дела плоти (см. Гал. 5:24; Кол. 3:5). И каждый, будь то проповедник или мирянин, должен распять похоти своей плоти и желания своей плотской природы.

В своих посланиях Павел говорит об «умерщвлении» дел тела.

ПОСЛАНИЕ К КОЛОССЯНАМ 3:5

5 Итак умертвите земные члены ваши: блуд, нечистоту, страсть, злую похоть и любостяжание, которое есть идолослужение.

ПОСЛАНИЕ К РИМЛЯНАМ 8:5-8, 12-14

5 Ибо живущие по плоти о плотском помышляют, а живущие по духу — о духовном.

6 Помышления плотские суть смерть, а помышления духовные — жизнь и мир.

7 Потому что плотские помышления суть вражда против Бога; ибо закону Божию не покоряются, да и не могут.

8 Посему живущие по плоти Богу угодить не могут...

12 Итак, братия, мы не должники плоти, чтобы жить по плоти;
13 Ибо, если живете по плоти, то умрете, а если духом умерщвляете дела плотские, то живы будете.
14 Ибо все, водимые Духом Божиим, суть сыны Божии.

«Умертвить» — значит *«убить»*, *«сделать мертвым»*, *«заставить быть мертвым»*, *«довести до смерти»* или *«подчинить»*. Умерщвление, или распятие, плоти — это то, что каждый верующий должен сделать сам. Бог это за него не сделает.

Муж, жена или пастор не смогут умертвить дела вашей плоти за вас. *Вы* должны «убить», «довести до смерти» и подчинить похоти собственной плотской, чувственной природы. Это часть вашего «духовного поклонения» (см. Рим. 12:1, 2) в представлении тела в качестве живой жертвы Богу. Это часть подчинения Богу, чтобы вы смогли противостать дьяволу.

Те, кто постоянно умерщвляет деяния невозрожденной природы, избавятся от проблем, которые имеют плотские христиане. Это не означает, что дьявол не попытается атаковать их, но они знают, как не давать дьяволу места в себе.

ПОСЛАНИЕ К ГАЛАТАМ 5:24
24 Но те, которые Христовы, распяли плоть со страстями и похотями.

Распятие плоти неприятно. Каждый христианин проходит тот же путь, если хочет убежать и не стать добычей дьявола через похоти своей плоти. Но не каждый христианин идет по этому пути. Почему? Потому что это больно — отвергнуть плоть.

У нас в харизматическом движении не так много учат о распятии плоти. И поэтому некоторые люди обратились к учению о демонах и довели его до крайности, полагая, что все плохое — это работа дьявола. Нет, не все плохое — прямой результат работы дьявола или демона. Многое из того, что верующие называют дьяволом, это просто дела плоти. И никто не сможет что-то сделать с вашей плотью за вас, вам самому надо распять ее (см. Кол. 3:5).

Те люди, что всегда пытаются изгнать беса, ищут легкого пути. Верующему легче, когда кто-то *иной* попытается изгнать демона из него, а не он сам распнет и умертвит свою плоть с ее похотями и привязанностями, потому что это больно.

Несколько лет назад ко мне подошла одна женщина после собрания и попросила избавления от беса. Она сказала: «Брат Хейгин, я хочу, чтобы вы изгнали из меня этот злой дух непрощения». Она пояснила, что ее обидела одна христианка. «Сестра такая-то плохо обошлась со мной. Видит Бог, я хочу простить ее, но я *не могу*. Пожалуйста, изгоните из меня этот мерзкий дух непрощения!»

Я спросил ее: «А вы простили своего мужа?»

Она сказала: «Конечно».

Я сказал: «Мне показалось, вы сказали, что *не можете* прощать, потому что в вас сидит дух непрощения. Нет, если вы можете прощать одного человека, то можете прощать и другого. Подлинная проблема в том, что вы *не хотите* простить эту сестру. Вы хотите продолжать злиться на нее. Из вас не нужно изгонять беса. Это непрощение — просто желание плоти, и вам придется разобраться с этим самой. Вам просто нужно сделать то, что говорит Слово Божье в Послании к Ефесянам (4:32): "*Но будьте друг ко другу добры, сострадательны, прощайте друг друга, как и Бог во Христе простил вас*"».

Если Бог велел нам быть добрыми и прощать друг друга, как Он простил нас, то это означает, что мы *можем* сделать это. Однако вы не сможете простить, если позволите своей плоти контролировать себя. Бог не велел нам делать то, чего мы не были бы в состоянии сделать, иначе Он был бы несправедлив. А Бог не может быть несправедливым.

Мы *можем* прощать, как Бог прощает, потому что любовь Божья излилась в наши сердца (см. Рим. 5:5). Таким образом, часто речь идет не об изгнании злого духа, вопрос касается распятия плоти, чтобы любовь Божья могла быть проявлена в наших сердцах во внешнем человеке.

У Бога нет «срочного ремонта», Он не руководит столовой быстрого питания или распродажей со скидкой! Если вы хотите иметь торжествующее христианское хождение и победу над дьяволом, плотью и миром, то это будет стоить столько же, сколько это всегда стоило.

Вам надо твердо стоять на Слове, жить по принципам Слова Божьего. И вы начнете распинать свою собственную плоть и учиться ходить в Божьей любви! Вы не решите все свои проблемы, просто пытаясь все время разбираться с дьяволом. Да, есть время, когда необходимо разбираться с дьяволом, но чаще всего эти проблемы вызваны вашей собственной плотью!

Лекарство Иисуса от проблем, связанных с плотью

ЕВАНГЕЛИЕ ОТ МАТФЕЯ 5:29, 30

29 Если же правый глаз твой соблазняет тебя, вырви его и брось от себя; ибо лучше для тебя, чтобы погиб один из членов твоих, а не все тело твое было ввержено в геенну.

30 И если правая твоя рука соблазняет тебя, отсеки ее и брось от себя; ибо лучше для тебя, чтобы погиб один из членов твоих, а не все тело твое было ввержено в геенну.

Инструкции Иисуса о том, как разбираться с плотью, были такими же прямыми, как и у Павла. В этих стихах Иисус не говорил, чтобы мы буквально вырывали глаз или отсекали руку. Это символ. Он говорил, что иногда будет больно разбираться со своими плотскими похотями и инстинктами, словно это отрезание члена тела.

Вашей плоти будет больно оставлять эти желания. И поэтому Библия использует слова «распять» или «умертвить», а это неприятно. Это заставляет плоть страдать.

Как и Павел, Иисус подчеркивал, что именно *вы* должны вырвать злые наклонности, похоти, инстинкты, желания своей плоти и отбросить их от себя. Бог не будет делать это за вас.

Бог укрепит и вдохновит вас, конечно, но Он не будет это делать за вас. Это не будет приятным, но это единственный путь, чтобы стать ведомым Духом и управляемым Духом, а не управляемым плотью, думающим по-плотски и ведомым плотью, чтобы стать открытой добычей дьявола. В сущности, это единственный способ подчиниться Богу и противостать дьяволу (см. Иак. 4:7).

«Боже, забери нюхательный табак»

В Техасе была женщина, которая пришла на одно из моих собраний. Когда все ушли, эта женщина молилась у алтаря, кричала и визжала. Она все время повторяла: «Забери его от меня, Господи! Ты знаешь, я не хочу его!» А затем она ревела, как товарный состав, проходящий через тоннель.

Я сказал ей наконец: «Сестра! Чего же вы так не хотите?»

Она ответила: «Этот нюхательный табак».

Я сказал: «Бог не станет забирать у вас табак. Что Он с ним будет делать? Он не нюхает табак. Вам придется что-то предпринять самой — придется распять собственную плоть».

Она сказала: «Но я не могу отказаться от этого нюхательного табака!»

Помните, Иисус сказал, что если твоя рука соблазняет тебя, то *тебе* надо отсечь ее. Он не сказал взять топор и отрубить руку. Но когда вы отбросите похоти и желания своей плоти, это «распнет», «убьет» и «доведет до смерти» вашу плоть. Большинство людей сегодня хотели бы, чтобы из той женщины изгнали «табачного» беса! И она хотела того же — легкого пути.

Вам придется распять свою плоть и подчинить свои плотские инстинкты, похоти и желания. Дьявол попытается добраться до вас, как только сможет, и он использует желания вашей плоти, чтобы сделать это, если вы позволите ему. *Но вам вовсе не обязательно позволять.*

Когда дьявол пытается использовать вашу плоть, чтобы добраться до вас, это еще не значит, что вы одержимы бесом. Дьявол будет всегда работать через плоть, потому что ваше тело не искуплено и ваши пять чувств контактируют с этим миром, где сатана — бог (см. 2 Кор. 4:4). Но если дьяволу будет не с чем работать — если вы не дадите ему места в себе, — он не сможет до вас добраться.

Итак, Библия учит, что есть похоти человеческой плотской природы, которые не имеют ничего общего со злыми духами. Нельзя изгнать плоть, вам надо *распять,* или *умертвить,* дела плоти. Однако если вы продолжите давать место похотям плоти, то вы в конце концов откроете дверь злому духу.

Дьявол готов оказать услугу верующим и помочь им исполнять их плотские желания. И в конце концов злой дух может завладеть верующими, которые постоянно потакают похоти своей плотской, чувственной природы. Этим путем сатана добирается даже до верующих.

Кто в ответе?

Думали ли вы об этом? Святой Дух помогает верующим и ободряет их, если они идут правильным путем. И если мы уступаем Святому Духу, мы можем совершать праведные поступки. Но хотя Он и помогает нам делать то, что правильно, мы не можем сказать, что именно *Святой Дух* совершает такие поступки, — *мы* совершаем их. *Мы* делаем окончательный выбор сдаться Святому Духу, ходить по Слову и делать то, что правильно. Святой Дух помогает нам, конечно, но мы должны поддаться Его мягким побуждениям.

То же самое и с дьяволом. Дьявол будет помогать людям и подбадривать их, спасенных и неспасенных, — если они позволят ему, — делать то, что неправильно, каждый раз, когда сумеет. Христианин не под его властью, но сатана будет еще искать лазейки через плоть христианина, чтобы заставить его сойти с пути, *если человек позволит ему.*

Сатана имеет власть над теми, кто ходит во тьме, значит, в его силах помочь им грешить. Однако вы не можете сказать, что все зло совершается теми, кто во тьме, и за все их поступки несет ответственность дьявол.

В соответствии с Писаниями похоть их собственной плотской природы также вовлечена в неправедные дела. Так же как Святой Дух помогает нам поступать правильно, дьявол *помогает* всякому ходящему во тьме делать зло. Но за такие поступки отвечает сам человек, потому что люди свободны в выборе.

ПОСЛАНИЕ К ЕФЕСЯНАМ 2:1-3

1 И вас, мертвых по преступлениям и грехам вашим,

2 В которых вы некогда жили, по обычаю мира сего, по воле князя, господствующего в воздухе, духа, действующего ныне в сынах противления,

3 Между которыми и мы все жили некогда по нашим плотским похотям, исполняя желания плоти и помыслов, и были по природе чадами гнева, как и прочие...

Писания говорят нам, что дьявол, или «князь, господствующий в воздухе», действует в людях, толкая их на злое, точно так же, как Святой Дух действует в Божьих людях, призывая их на доброе.

ПОСЛАНИЕ К ФИЛИППИЙЦАМ 2:13

13 Потому что Бог производит в вас и хотение и действие по своему благоволению.

Люди не могут возложить всю ответственность на дьявола и обвинять его за то плохое, что случается с ними. Не все злое — это непосредственно работа демона. Не напрямую, конечно, но все зло произошло от дьявола. Однако вот что я хочу подчеркнуть: люди все еще имеют выбор — играть свою роль в умножении зла или отказаться от нее. Выбор за нами.

В то время как на одном краю пропасти верующие стараются всю ответственность возложить на дьявола, те, кто перебрался на другую ее сторону, не могут возложить всю ответственность и на Святого Духа тоже.

Святой Дух направляет и мягко ведет нас, но мы должны уступить Ему и последовать за Ним. Мы должны выбрать то, что правильно, или то, что неправильно. Когда вы выбираете второе, то это решает не дьявол, это решение принимаете вы. Он может искушать вас, это так, но вы принимаете окончательное решение, кому собираетесь уступать, — сатане или Святому Духу.

Радости плоти

Следующий стих из Послания Иакова был написан для христиан, и в нем говорится о том, как проявляет себя плоть, или о «радости плоти».

ПОСЛАНИЕ ИАКОВА 4:1-3

1 Откуда у вас вражды и распри? Не отсюда ли, от вожделений ваших, воюющих в членах ваших?

2 Желаете — и не имеете; убиваете и завидуете — и не можете достигнуть; препираетесь и враждуете — и не имеете, потому что не просите;

3 Просите и не получаете, потому что просите не на добро, а чтобы употребить для ваших вожделений.

Слово «похоть» (вожделение) также переводится как «радость», «удовольствие». Похоти — это «удовольствия» плоти. Удовольствия плоти — это не демоны и не злые духи.

Святой Дух использует верующего и его личность и тело, чтобы творить дела праведности (см. Фил. 2:13). *Дьявол* также может использовать верующего и его плотскую, чувственную природу и удовольствия его плоти, чтобы заставить его поступать неправедно и отступать от Слова.

Вот почему нельзя назвать все похоти плоти просто «злым духом» или «бесом». Похоти могут быть *также* «удовольствиями» плоти. Когда человек спасается, то, хотя его *дух* возрождается, его тело все еще хочет продолжать получать удовольствия плоти, как оно это делало до спасения.

Например, если молодой человек спасся, а у него до этого были сексуальные связи с женщинами, его плоть будет хотеть продолжать делать это. Это не обязательно означает, что из него надо изгонять беса. Ему просто надо научиться держать свою плоть в подчинении у духа и ходить по Слову Божьему, потому что Бог не закрывает глаза на грех.

Каждому новообращенному необходимо самому войти в Слово Божье, чтобы обновить свой ум и научиться, как представить свое тело Богу в качестве живой жертвы. Будучи рожденным свыше новым творением, он должен научиться, как позволить своему внутреннему человеку контролировать свою плоть.

Итак, не каждое злое деяние является непосредственной работой *беса*. Встречаются проповедники, которые хотят изгнать того или этого демона из верующих, в то время как отнюдь не демоны являются причиной беды — это просто проявления невозрожденной плоти.

Например, я слышал о служителях, пытающихся изгнать из человека беса обжорства. Но переедание — это похоть, или *удовольствие* плоти. В насыщении есть *удовольствие*. Если его довести до предела, то насыщение превращается в обжорство, а это плохо, и я уверен, дьявол может быть вовлечен в это злое дело, как он может довести любое желание до крайности. Но переедание — это не обязательно работа беса. Это может быть недостаток плода духа выдержки и самоконтроля (см. Гал. 5:23; Фил. 4:5).

Хотя дьявол может быть иногда вовлечен в переедание, но, с другой стороны, насыщение просто приятно. Поститься неприятно, плоть не любит, когда ее отвергают или распинают. Но Слово увещевает нас держать плоть под контролем, и пост помогает нам сделать это.

Крайности и излишества

И сегодня мы видим некоторые из тех самых крайностей и излишеств относительно демонов, как это было во дни «Голоса исцеления». «Голос исцеления» — это был журнал, издаваемый Гордоном Линдсеем, но это также была организация евангелистов и служителей. Так вот, в период существования этой организации некоторые служители в любых ситуациях пытались изгонять демонов из верующих.

Например, когда верующие выходили вперед для молитвы, чтобы избавиться от курения или от других пристрастий, такие служители принимались изгонять из них демона никотина или алкоголя.

Я не думаю, что никотин — это *дух*. Это вещество, и оно вредит человеческому телу. Конечно, дьявол может использовать и вещество, так же как он может использовать все, что является крайностью или приносит вред телу.

Но главное здесь — плотские желания, или «удовольствия» плоти, включая физические пристрастия, — они всегда будут пытаться контролировать тебя, если ты сам ничего с ними не сделаешь.

ПОСЛАНИЕ К РИМЛЯНАМ 6:6, 7, 11-16

6 Зная то, что ветхий наш человек распят с Ним, чтобы упразднено было тело греховное, дабы нам не быть уже рабами греху;

7 Ибо умерший освободился от греха...

11 Так и вы почитайте себя мертвыми для греха, живыми же для Бога во Христе Иисусе, Господе нашем.

12 Итак да не царствует грех в смертном вашем теле, чтобы вам повиноваться ему в похотях его;

13 И не предавайте членов ваших греху в орудия неправды, но представьте себя Богу, как оживших из мертвых, и члены ваши Богу в орудия праведности.

3 Зак. 1509

14 Грех не должен над вами господствовать, ибо вы не под законом, но под благодатию.
15 Что же? Станем ли грешить, потому что мы не под законом, а под благодатию? Никак.
16 Неужели вы не знаете, что кому вы отдаете себя в рабы для послушания, того вы и рабы, кому повинуетесь, или рабы греха к смерти, или послушания к праведности?

Библия ясно говорит, что мы не должны отдавать членов нашего тела для неправедности (ст. 13). Мы не должны служить греху, и грех не должен иметь власть над нами, потому что Иисус освободил нас от власти греха.

Однако вы должны будете «почитать» себя мертвым для греха, чтобы удержать члены своего тела от служения греху, если такое бывало. Ваше тело и его члены не мертвы, и вот почему вы должны «почитать» или *считать* их мертвыми для греха.

Закрой дверь сатане в своих мыслях

Чтобы «почитать» или «считать» свои физические члены мертвыми, вам надо будет научиться закрывать дверь сатане в мыслях. Если вы проявите слабость в этой области, вы всегда будете иметь проблемы с дьяволом, потому что оставляете ему открытую дверь для атак.

Сатана всегда пытается проникнуть в мысли человека, спасенного или неспасенного, если человек уступит и будет слушать его.

Мысли могут быть самыми различными — фактически вы не можете сделать так, чтобы их не было. Но вы можете удержаться от *заигрывания* с нездоровыми и неназидающими мыслями. Как в старой поговорке: «Нельзя запретить птицам летать над собой, но можно не дать им свить гнездо в волосах!»

Порой самые святые из святых обнаруживают в своем уме мысли, которые огорчают их сердце. Мысли могут приходить и с упорством возвращаться, но мысли, за которыми не последовало действие, умирают нерожденными.

Самые святые из святых, исполненные Святого Духа люди, в жизни которых демонстрируется сила Божья, — и им приходится держать дверь своего разума закрытой для дьявольских мыслей. Им приходится укреплять ум, обновляя его Словом и подчиняя духу свою плоть, чтобы не стать добычей дьявола.

Павлу приходилось держать свое тело под контролем и подчинять его (см. 1 Кор. 9:27). Разве Павел не был человеком Божьим? Не был апостолом? Разве его служения не сопровождали знамения и чудеса? Но плоть Павла не была рождена свыше или искуплена, так же как и наша плоть, и она всегда будет хотеть делать то, что неправильно.

Если вы будете держать свое тело в подчинении своему возрожденному духу, то у вас не будет всех тех проблем с дьяволом, которые есть у других людей, потому что у сатаны не будет ни одной возможности добраться до вас. И если вы обновите свой ум Словом, вам, скорее всего, не придется уступать мыслям и предложениям сатаны. Библия говорит: «препоясать чресла своего ума». Вы делаете это Словом, которое укрепляет ум, и вы можете успешно противостоять мыслям врага.

Будьте внимательными, следите за тем, какую пищу вы предлагаете своему уму. Кто-то сказал, что ум — это ворота в душу. Вот почему так жизненно важно то, над чем вы позволяете своему уму размышлять. Позвольте мне показать, как злые духи могут войти в ум человека верующего. Один человек был деканом факультета психологии в университете. Он и его жена пришли ко мне за помощью, потому что у него возникли проблемы с демонами.

Он сказал мне: «Я специализируюсь в психологии на поведении сексуальных преступников». Он не был христианином в то время, когда начал штудировать книги по этому предмету.

С течением времени он и его жена были спасены и крещены во Святом Духе, он уволился с поста главы факультета психологии и не обращался к этим книгам. В течение двух лет у него не было проблем, но он все еще хранил эти книги и в конце концов снова начал их читать.

Когда он и его жена пришли ко мне за помощью, он рассказал: «Я не знаю почему, но я разложил все эти книги по сексуальным преступлениям и начал снова читать судебные дела об изнасиловании детей». Он продолжал размышлять над поведением людей, вовлеченных дьяволом в сексуальные преступления, и злой дух вошел в его ум. У него появилось сильное желание приставать к маленьким девочкам. В конце концов он оказался не в состоянии противиться этому желанию.

Нужно быть осторожным в выборе того, что вы читаете. Надо быть столь же осторожным в этом вопросе, как и в вопросе о еде. Вы ведь не захотите принять яд, не так ли? Если кто-то сказал вам: «Не ешьте этого! Это отравлено!» — то вы ведь не станете проявлять упрямство в желании съесть эту пищу? Нет!

Дьявол может добраться до вашей души через книгу, телевидение и тому подобное — через ту пищу, что потребляет ваш ум.

Жена этого человека в конце концов обнаружила, чем он занимается, и подала на развод. Но когда он решился прийти ко мне за помощью, она пришла с ним. Он сказал мне: «Похоже, я не могу себе помочь». Дьявол вошел потому, что он сдался своей плоти. Он позволил злому духу войти в свой ум через чтение этих книг. Он открыл дверь дьяволу, и дьявол оказал ему услугу. Злые духи работали с его плотью, чтобы заставить его совершить эти действия.

Он сказал мне: «Я знаю эту проблему. Я изучил ее. Как правило, обычное сексуальное преступление кончается убийством одной из девочек, и преступник отправляется на электрический стул. Брат Хейгин, это просто овладело мной. Я не хотел приставать к девочкам. Вы можете помочь мне?»

Пока он говорил, Святой Дух показал мне, что в его случае в дело вовлечены три демона. Я узнал это благодаря слову знания. В этих областях необходимо полагаться на Святого Духа. Нельзя узнать, что действует против человека, пока Святой Дух не покажет этого.

Я ответил ему: «Я могу помочь вам. Я вижу, что не один дух влияет на вас, но целых три. Во-первых, дух обмана, это он овладел вами. Затем дух лжи. А также нечистый дух. Я могу изгнать всех трех духов из вас, но это не поможет, если вы сами останетесь пассивным».

Когда люди грешат, они должны покаяться и полностью отойти от злодеяния, прежде чем кто-то сможет помочь им.

Всякий может быть освобожден от злого духа, если *он хочет*. Но то, что делает человек после избавления от злых духов, — это вопрос первостепенной важности.

Собирается ли он питать свой ум Словом Божьим? Собирается ли он исполниться Святого Духа и не давать дьяволу доступа к себе? Или он будет, как говорит Писание, «*незанятым, выметенным и убранным*» (см. Мат. 12:44)? Если человек избавляется от злого духа и не научен Слову Божьему, злые духи могут снова войти в него.

Также нельзя изгнать злого духа из человека, который не хочет быть избавленным.

Если человек хочет удержать злого духа, он может это сделать, и нельзя пойти против чужой воли и избавить его. И поэтому не следует пытаться без разбору изгонять бесов из людей.

Когда человек действительно одержим демоном, то вы сделаете ему злое дело, если изгоните демона и не научите освобожденного человека, как исполниться Словом и Святым Духом. Именно Слово, пребывающее в нем, позволит ему противостать атакам сатаны. Если он не исполнится Словом и не будет научен, как *не* давать места дьяволу, Библия говорит, что он может кончить хуже, чем прежде (см. Мат. 12:43-45).

И я сказал этому профессору в отставке: «Если вы дадите мне разрешение, то я могу применить свою власть над этими тремя злыми духами. Но как только вы уйдете отсюда, вам придется противостать дьяволу самому.

Видите ли, бесполезно изгонять из вас злых духов и освобождать вас, если вы не собираетесь что-либо сделать сами по поводу своей ситуации. Иначе дьявол вернется назад и найдет ваш дом *пустым*, и ваше положение станет хуже, чем было раньше». И я показал ему Евангелие от Матфея, двенадцатую главу, стихи 43-45.

Я сказал ему: «В этих стихах говорится, что дом человека был *чистым* — выметенным и убранным, — но он был *пустым*, он не был ничем заполнен».

Чем вы заполняете дом, после того как он был очищен? Во-первых, Словом, молитвой — во-вторых. Никогда не ставьте молитву впереди Слова. И молитва всегда должна быть в согласии со Словом.

ВТОРОЕ ПОСЛАНИЕ ПЕТРА 1:4

4 Которыми дарованы нам великие и драгоценные обетования, дабы вы чрез них соделались причастниками Божеского естества, удалившись от господствующего в мире растления похотью.

Слово Божье, его превосходные, великие и драгоценные обетования даны нам, чтобы мы могли уйти от растления мирской похотью. Один из способов нашего приобщения к Божественной природе — это кормление от Слова Божьего.

Я сказал этому профессору в отставке: «Я ничего не собираюсь делать для вас — я даже не собираюсь молиться за вас, если вы не пообещаете мне, что *вы* сделаете три вещи».

Он сказал: «Я сделаю все, что скажете».

Я ответил: «Во-первых, сожгите эти книги. Во-вторых, не читайте снова подобных книг, потому что так вы впускаете в свою душу дьявола, открыв свой ум для злых духов. В-третьих, читайте Слово Божье и молитесь на иных языках каждый день. Наполняйтесь Словом и Святым Духом».

Человек может быть спасенным, но он уклоняется от пребывания с Богом, не читает Библию, не ходит в церковь и не общается с другими христианами, а значит, духовно ничего не достигает. Такой человек всегда открыт для атак дьявола, и он отпадет. Именно то, что человек делает после спасения и исполнения Святым Духом, определяет, насколько успешно он сможет противостоять дьяволу.

Я научил этого ученого-психолога, как не давать доступа дьяволу. Затем я изгнал злых духов из него. Я даже не вставал со стула. Я просто указал на него пальцем и очень спокойно сказал: «Я повелеваю всем трем злым духам выйти из этого человека во имя Господа Иисуса Христа».

В духовном мире через дар различения духов я видел этих трех духов, покидающих его; они летели, словно птички. Не обязательно что-то видеть, чтобы эффективно разбираться со злыми духами. Тот человек ничего не увидел, как не увидели ни его, ни моя жена. Но я видел в духовном мире благодаря дару различения духов, *однако в физическом мире не было никаких проявлений.*

Спустя примерно год этот человек и его жена пришли на одно из наших собраний. Они снова были вместе, улыбались и держались за руки. Он сказал мне: «Брат Хейгин, у меня совсем не было проблем, слава Богу! Я сделал то, что вы велели. Я сжег все те книги. Я пребывал в Слове и молился на языках каждый день, и у меня не было больше этих несчастий и искушений. Все хорошо».

Если бы этот человек был научен, как представить свое тело в живую жертву Богу, он не имел бы бед со злыми духами, потому что он не читал бы тогда таких книг.

Если бы он представил свое тело Богу, то он не дал бы места дьяволу — в своем *мышлении* или в своем *теле*. Но он не знал, что его плотская природа не искуплена и что дьявол поможет его плоти, будет ее баловать, а злые духи смогут овладеть им.

Иначе говоря, если бы он знал свою власть во Христе, он смог бы разобраться сам с этими злыми духами.

В некоторых из подобных случаев вовлечена только плоть, а потому нечего и «изгонять». В других случаях, особенно в неестественных, похожих на этот, были вовлечены злые духи. А в некоторых случаях плоть с дьяволом работают вместе.

Например, можно понять, что мужчина сожительствует с женщиной, потому что в мужчине заложено природное влечение к женщине, хотя все сексуальные связи вне брака особо запрещаются Писанием (см. 1 Кор. 6:18). Но когда дело касается взрослого мужчины, пристающего к маленьким девочкам, то это *противоестественно*. Это уже не просто работа плоти, в это противоестественное половое влечение задействован злой дух, и чтобы было полное избавление, беса надо изгонять.

«Дух» обжорства?

Однажды после собрания к моей жене подошла молодая женщина 28 лет, весьма тучная. Она сказала: «В нашей молитвенной группе верующие изгнали из меня духа обжорства, но я набрала 26 килограммов после этого».

Моя жена спросила ее: «А они порекомендовали тебе какую-нибудь диету или предложили выработать привычки правильного питания?»

Она ответила: «О, нет. Они просто сказали: “Теперь этот дух ушел. Ты можешь есть, что хочешь”».

Это заводит разговор о демонах слишком далеко! Не правда ли, как было бы замечательно, если бы дело так обстояло! Вернемся к Библии. Что говорит Библия? Она говорит: «*И поставь преграду в гортани твоей, если ты алчен*» (Прит. 23:2). Другими словами, *ты* должен сам бороться с перееданием. Прекрати есть так много. Меня не заботит, сколько диет ты перепробовал, но в конечном счете единственный путь контролировать вес — это контролировать свои привычки питания.

В некоторых случаях людям может потребоваться медицинская проверка, чтобы увидеть, не химический ли дисбаланс вызывает эту проблему. Но это уж очень просто — обвинять в переедании и других плотских слабостях беса и снять ответственность с верующих даже по поводу переедания.

Люди слишком часто ищут быстрого средства. «Давайте просто изгоним этого демона обжорства!» Но Бог не всегда обеспечивает «легкий» путь, потому что он не работает в бюро срочного ремонта.

Это лишь некоторые из крайностей, которым учат и которые практикуют в Теле Христовом сегодня. Людям свойственно увлекаться, следуя крайним течениям в любой области. Наша задача — установить баланс в соответствии с Писанием, двигаться по середине дороги во всех сферах жизни и не свалиться в канаву по одну или другую сторону от дороги.

Освящение

В христианских кругах очень мало учат об освящении. В результате в Церкви сегодня практикуются некоторые безбожные вещи. Главное, что надо понимать: освящение — это протекающий во времени процесс. Человек не будет освящен мгновенно, один раз и навсегда, чтобы не смог никогда уже грешить. Не важно, как много он уже знает из Слова, он все еще должен делать свое дело, отделяя себя для Бога.

В старом добром пятидесятническом движении некоторые группы «святости» учили об освящении. В некоторых областях их учения, вероятно, доходили до крайностей, но они пытались учить людей жить освященной жизнью. Освященная жизнь помогает удерживать плоть под контролем духа, чтобы сатана не смог контролировать христиан. И сатана не сможет контролировать вас, если не сможет найти в вас место и если вы применяете свою власть во Христе.

А что говорит Слово об освящении?

ПЕРВОЕ ПОСЛАНИЕ К ФЕССАЛОНИКИЙЦАМ 4:1, 3-5, 7

1 За сим, братия, просим и умоляем вас Христом Иисусом, чтобы вы, принявши от нас, как должно вам поступать и угождать Богу, более в том преуспевали...

3 Ибо воля Божия есть освящение ваше, чтобы вы воздерживались от блуда;

4 Чтобы каждый из вас умел соблюдать свой сосуд в святости и чести,

5 А не в страсти похотения, как и язычники, не знающие Бога...

7 Ибо призвал нас Бог не к нечистоте, но к святости...

Эти два слова «нечистота» и «святость» в стихе 7 относятся к духовному хождению верующих с Господом, упомянутому в стихе 1. Верующие не могут ходить в *нечистоте* и восхвалять Бога. Они должны ходить в *святости*, чтобы угодить Ему.

Павел использовал слово «нечистота» в стихе 7. Он только упомянул блуд и страсть похотения в стихах 3 и 5. «Страсть» означает *«желание чего-либо запрещенного»*. Давайте посмотрим, как Павел использует это слово «нечистота» в своих посланиях, потому что если вы ходите в освящении и святости, то вы не даете места дьяволу.

ПОСЛАНИЕ К РИМЛЯНАМ 1:24-28

24 То и предал их Бог в похотях сердец их нечистоте, так что они сквернили сами свои тела;

25 Они заменили истину Божию ложью и поклонялись и служили твари вместо Творца, Который благословен во веки, аминь.

26 Потому предал их Бог постыдным страстям: женщины их заменили естественное употребление противоестественным;

27 Подобно и мужчины, оставивши естественное употребление женского пола, разжигались похотью друг на друга, мужчины на мужчинах делая срам и получая в самих себе должное возмездие за свое заблуждение.

28 И как они не заботились иметь Бога в разуме, то предал их Бог превратному уму — делать непотребства.

Вспомните, что «превратный» означает «*ум, лишенный суждения*». Библия говорит здесь о мужеложстве и лесбиянстве. Писание называет гомосексуализм «нечистотой». Гомосексуализм не ведет к освящению или святости, не так ли? Бог призвал нас не к нечистоте, но к святости!

Затем в Послании к Римлянам, глава 6, мы видим, что освящение должно относиться к собственному телу.

ПОСЛАНИЕ К РИМЛЯНАМ 6:19

19 Говорю по рассуждению человеческому, ради немощи плоти вашей. Как предавали вы члены ваши в рабы нечистоте и беззаконию на дела беззаконные, так ныне представьте члены ваши в рабы праведности на дела святые.

Библия говорит о нечистоте в связи с грехами плоти.

ВТОРОЕ ПОСЛАНИЕ К КОРИНФЯНАМ 12:21

21 Чтобы опять, когда приду, не уничижил меня у вас Бог мой, и чтобы не оплакивать мне многих, которые согрешили прежде и не покаялись в нечистоте, блудодеянии и непотребстве, какое делали.

Заметьте, что слово «нечистота» связано со словами «блуд» и «непотребство». Другой перевод гласит: «Нечистота, сексуальный порок и чувственность».

Не много было учения на тему, как верующие могут содержать свои «сосуды», или тела, в освящении и почете. Святой Дух, пребывающий во внутреннем человеке, обитает в сосуде верующего, в его теле. А Бог не призвал твой сосуд к нечистоте, Он призвал его к святости.

Павел проповедует то же самое послание об освящении каждому верующему. Он использует различные слова, когда пишет к разным церквам, но он учит главным образом верующих, как сохранять свои тела в освящении и почете, чтобы они могли закрыть дверь врагу.

ПОСЛАНИЕ К КОЛОССЯНАМ 3:5

5 Итак умертвите земные члены ваши: блуд, нечистоту, страсть, злую похоть и любостяжание, которое есть идолослужение.

Что велит Павел верующим умертвить? Этот список выглядит знакомым: блуд, нечистота, страсть и тому подобное.

В Послании к Римлянам, глава 1, Библия говорит о женщинах, имеющих неестественные пристрастия к женщинам, и о мужчинах — к мужчинам. Павел называет это *«постыдными страстями»*. Здесь он называет это *«злой похотью»*. Это означает влечение, которое *не нормально*, не чисто, не полноценно. Это не нормально для мужчины оставлять естественное влечение к женщине и иметь похоть к другому мужчине. И это не естественно для женщины желать другую женщину.

Бог создал мужчину и женщину, чтобы они желали представителя противоположного пола в пределах брака. Секс свят в браке, но он порочен вне брака. Блуд, прелюбодеяние и нечистота порочны. Приверженность этим непотребствам дает сатане доступ к твоей жизни.

Верующие могут умертвить эти нечистые деяния тела, чтобы содержать свои сосуды в освящении и почете. Некоторые христиане говорят: «Я не могу сделать это». Но Бог сказал, что мы можем. Или Он лжет об этом, или они!

Истина состоит в том, что многие христиане *не хотят* умертвить свою плоть.

Они просто хотят, чтобы эта старая вонючая плоть управляла ими. Они хотят жить во плоти с ее радостями и похотями, вместо того чтобы жить в Духе, потому что жить во плоти легче.

В сущности, величайшая война, которую верующий будет вести, это не война с дьяволом, но это битва между плотью и духом.

ПОСЛАНИЕ К ГАЛАТАМ 5:16, 17

16 Я говорю: поступайте по духу, и вы не будете исполнять вожделений плоти;

17 Ибо плоть желает противного духу, а дух — противного плоти: они друг другу противятся, так что вы не то делаете, что хотели бы.

Павел обращается в этом месте к исполненным Духом христианам. Он говорит: «Ибо плоть желает противного Духу». В переводе короля Иакова (King James Version) слово «Дух» пишется с большой буквы, этим подчеркивается, что стих говорит о Святом Духе. Но Павел не говорит о Святом Духе в этом стихе, он говорит о человеческом духе.

В. Е. Вайн подчеркивает в своем «Толковом словаре новозаветных слов», что есть только одно слово, переводимое как «дух», это слово «пневма». А потому мы должны определять по контексту стиха, относится ли «пневма» к человеческому духу или ко Святому Духу.

Послание к Галатам (5:17) говорит, что плоть «желает противного», «бьется» или «воюет» против возрожденного человеческого духа. Другой перевод гласит: «плоть сражается против духа».

Люди много говорят о духовной битве в христианских кругах сегодня. Но величайшее сражение в христианстве происходит между плотью и духом. Да, мы должны разобраться с духовными силами тьмы, это верно. Но если вы закончите эту войну между плотью и духом, вам не придется так много враждовать с сатаной, потому что вы не оставите дверь открытой для врага.

Вам надо понять суть конфликта между плотью и возрожденным человеческим духом и знать, как распять плоть, чтобы вы смогли содержать свой сосуд в освящении и почете (см. 1 Фес. 4:3, 4, 7). Тогда вы не дадите места дьяволу.

Дух мира сего в Церкви

Если люди не умертвят злые дела плоти, упомянутые в Послании к Колоссянам (3:5), то как они собираются жить с ними?

ПОСЛАНИЕ К КОЛОССЯНАМ 3:6

6 За которые гнев Божий грядет на сынов противления.

Павел пишет здесь для детей Божьих и утверждает, что гнев Божий придет на сынов непослушания. Дело в том, что мы живем в мире, где сатана — это бог, и те же духи, что находятся в мире, будут пытаться проникнуть в Церковь, если мы позволим им. Вот почему так важно для верующих оставаться святыми и отделенными от грехов и похотей этого мира, где сатана — бог.

В Библии содержатся сильные слова о верующих, живущих святой жизнью, отделенной от мира.

ПОСЛАНИЕ ИАКОВА 4:4

4 Прелюбодеи и прелюбодейцы! Не знаете ли, что дружба с миром есть вражда против Бога! Итак, кто хочет быть другом миру, тот становится врагом Богу.

Этот стих не означает, что мы не должны любить грешников или что нам следует отказываться помогать им. Но мы не должны попадаться в ловушку мирских занятий. Дружба с миром и участие в мирских занятиях и удовольствиях откроют широкую дверь дьяволу в нашу жизнь.

Нам нужно понять, что Библия учит об *отделении*, а не об *изоляции* (см. 2 Кор. 6:16, 17). И это упускают из виду некоторые христиане. Некоторые люди думают, что они осуществляют отделение, изолируя себя от неспасенных.

Но Иисус сказал, что мы должны быть *в* мире, но быть не от мира (Иоан. 17:16-18). Он имел в виду, что мы не должны существовать по мирским стандартам и поступать по-мирски. Наша жизнь должна отражать *отделение* от мира и освящение и отделение для Бога в святости. Мы должны быть очень осторожны, чтобы не позволить духу мира войти в Церковь — Тело Христово.

Дух мира вошел в церковь в Коринфе (см. 1 Кор. 5:1-5). Павел писал Церкви о сексуальном грехе, который попускался в том местном собрании верующих (см. 1 Кор. 5:1). Один человек совокуплялся со своей мачехой. Если вы изучали историю, то вы знаете, что Коринф был одним из самых безнравственных и аморальных городов того времени. И тот аморальный дух проник в Церковь. И сегодня мы живем во время свободы и распущенности. И это очевидно во многих сферах жизни. Те же самые тенденции происходят и в духовном мире. Вокруг нас стало так много свободы и распущенности, когда мы вступили в эпоху «сексуальной революции», как некоторые люди называют наше время. Грех теперь некоторые считают допустимым, если вы взрослый человек и ваш грех не задевает никого другого. Тот же самый дух проник и в Церковь.

В Колоссах показана еще одна область, в которой дух мира сего проникает сегодня в Церковь.

ПОСЛАНИЕ К КОЛОССЯНАМ 3:8

8 А теперь вы отложите все: гнев, ярость, злобу, злоречие, сквернословие уст ваших.

Сегодня нас захлестывают потоки сквернословия неспасенных людей, которые находятся под влиянием духа этого мира. Но меня порой пугает и то, как говорят некоторые христиане: они тоже сквернословят! Если бы они прислушались к своему духу, то совесть осудила бы их. Но они не живут в духовном мире, а затем удивляются, что дьявол входит в их жизнь. Они открывают ему дверь своими устами!

Когда я был рожден свыше, я не слышал, чтобы кто-то проповедовал на эту тему. И хотя мой язык хотел произносить некоторые слова, которые я использовал до спасения, но после рождения свыше я начал прислушиваться к своему духу и уже не мог говорить, как прежде.

Но мы живем в обстановке свободы и распущенности. Можно слышать, как люди постоянно используют эти слова, но что еще хуже, услышать, как харизматические верующие говорят подобным же образом.

Если вы верующий и виновны в использовании ругательств, то вам надо исправиться, надо подчиниться тому, что Бог сказал в Своем Слове: *«Отложите... сквернословие уст ваших»* (Кол. 3:8). Иначе вы окажетесь в опасном положении. А когда вы на сатанинской территории, дьявол может добраться до вас.

Слава Богу, будучи верующими, мы знаем, что делать с сатаной, и мы знаем нашу власть во Христе. Мы знаем, как отложить природу ветхого человека с ее похотями и удовольствиями, и мы знаем, как положиться на Христа. Мы можем содержать свои сосуды в освящении и почете и научиться противостоять всем козням дьявола.

Глава 4
Разница между подавленностью, одержимостью и обладанием

Как мы уже знаем, сатана пытается получить доступ к людям в основном через их разум и тело. Степень, в которой человек уступает сатане в этих сферах, определяет, насколько сатана способен оказывать на него влияние. Поскольку человек — это дух, имеющий душу и живущий в теле, бесы могут воздействовать и влиять на него в его *теле* и *душе* (разуме, воле и эмоциях), но не в *духе*.

Для того чтобы понять, как бесы могут воздействовать на людей, нужно понять также разницу между *подавленностью*, *одержимостью* и *обладанием*. Многие используют эти термины как взаимозаменяемые, в то время как на самом деле они обозначают три разных уровня демонического влияния.

Подавленность

Злые духи могут оказывать определенные виды влияния, которые действуют на людей угнетающе. Злые духи могут угнетать кого угодно — даже христиан, если они это позволяют, — их души и тела.

Конечно, злые духи получают самую широкую сферу влияния, если они могут слиться с человеком, потому что в этом случае они будут проявляться естественным образом. Если злые духи не способны слиться с человеком, они окружают его в духовной сфере.

Часто верующие, даже исполненные Духом, могут быть подавлены бесами извне. Сатана пытается привести нас в угнетенное состояние, подвергая разного рода давлению, пока мы остро не осознаем это давление.

И нам нужно понимать, что существуют разные степени подавленности. Это означает, что человек может быть подавлен больше или меньше. Каждый из нас, возможно, раз или два, пережил периоды подавленности в своей жизни. Например, подавленность может проявляться в плохом настроении, время от времени находящем на нас. Это может быть прямым результатом сатанинской подавленности. Некоторые люди говорили мне: «Помолитесь за меня, пожалуйста. У меня такое ощущение, как будто у меня над головой висит огромное черное облако».

Это сатанинское давление. В определенных случаях люди становятся подавленными более, чем в других. Но когда мы разрушаем это давление во Имя Иисуса и противостоим ему, дьявол убегает от нас (см. Мат. 18:18; Лук. 10:19; Фил. 2:9-11; Иак. 4:7). Верующие не должны жить под давлением врага. Иногда, когда подавленность оставляет человека, он чувствует, как будто груз падает с его плеч.

Страх — тоже форма подавленности, он направлен против многих христиан, держит их в рабстве и заставляет оступаться снова и снова. Страх может овладеть разумом верующих и блокировать действие их духа, и тогда дух уже не доминирует над телом и душой.

Страх может также овладеть телом верующего и вызвать болезненные спазмы. Это может привести к отчаянию и унынию. Но Библия говорит, что Бог не дал нам духа страха (см. 2 Тим. 1:7), а это значит, что у нас есть власть над ним. У нас есть право подняться против страха и разрушить его.

Научитесь стоять в силе Божьего могущества и использовать Его славу и силу, а значит, Его Слово, чтобы сражаться с врагом (см. 2 Пар. 20:17). Вы должны сражаться добрым подвигом веры, противостоять врагу верой в Божье Слово. Когда вы вместе со Словом противостоите врагу, страх должен убежать от вас.

Страх не друг, страх — это враг. Его нельзя принимать, взращивать и терпеть. Встаньте против него и избегайте его, как бы вы избегали болезни. Говорите страху Слово Божье и захватите власть над ним во Имя Иисуса, и он уйдет.

Тело любого человека, даже христианина, может быть угнетено злым духом как изнутри, так и снаружи. Позвольте мне проиллюстрировать физическое давление. Физическое давление может быть прямым результатом влияния злого духа на тело человека.

Однажды я служил в церкви, и один христианин вышел вперед для молитвы за исцеление. После службы он рассказал: «Врач определил, что у меня в желудке пучок язв величиной с осиное гнездо». Доктора беспокоились, что его состояние может ухудшиться, но он не согласился на операцию.

Я сказал этому человеку: «В Евангелии от Матфея (8:17) написано: *"Он взял на себя наши немощи и понес болезни"*». Затем я возложил на него руки и помолился. В ту же минуту, когда я возложил на него руки, я получил слово знания — сверхъестественного откровения Святого Духа (см. 1 Кор. 12:8). Я знал, что тело этого человека было подавлено злым духом, и я должен был изгнать этого духа из его тела, прежде чем он освободится от проблемы с желудком.

Но я также знал, что если я не объясню собранию, что я собираюсь сделать, вреда будет больше, чем пользы. Если во время служения в общественном месте просто изгнать беса из кого-либо, не объяснив это собранию, люди могут подумать: «Этот человек спасен, исполнен Святым Духом и является членом церкви. Если в нем есть бес, то, может быть, и во мне есть бес».

А если люди будут думать и говорить так, то, не сознавая этого, они могут открыть двери дьяволу, и злой дух поселится в них. Вот почему людям нужно упражняться в мудрости при служении в общественных местах.

Поэтому я объяснил собранию, прежде чем служить этому человеку: «Сатана, а не Бог, является автором болезней. Сатана косвенно является причиной нашего греха и болезней. Иногда в человеческом теле может быть буквальное присутствие беса, который производит болезнь и немощь. Когда причина в этом, то со злым духом надо разбираться с помощью силы Святого Духа.

В случае с этим мужчиной злой дух присутствует в теле и угнетает его *тело*, вызывая эти язвы. Сейчас я изгоню злого духа из его *тела*. Он не в душе и не в духе.

Если бы вы жили в старом доме, полном термитов, — продолжал объяснять я, — это не означало бы, что термиты внутри вас. А ваше тело — это дом, в котором вы живете. Ваше тело — это не настоящий *вы*. Настоящий *вы* — это духовный человек внутри вас. И, если вы рождены свыше, духовный человек не может иметь дьявола внутри. Но в вашем теле — в доме вашего духа — могут быть злые духи, поражающие его».

Объяснив все это собранию, я снова возложил руки на того мужчину. Когда я это сделал, Дух Святой словом знания открыл мне кое-что еще: я узнал, что произошло с ним, что позволило злым духам занять место в его теле. Этот мужчина сам открыл двери дьяволу.

У меня было, как я это называю, «мини-видение». Я знал, что то, что я видел в Духе, произошло два дня назад. Я видел этого человека лежащим в постели, в спальне его дома. Была полночь, но он не мог заснуть. Я видел, как он встал и пошел по дому.

Показалась веранда. Там была кровать, и я видел, как этот человек упал поперек кровати и стал кататься из стороны в сторону, держась за живот, потому что он горел, как в огне. Затем я узнал с помощью Духа Божьего, что его беспокоило что-то еще, и я точно знал, что это было. Все это я узнал мгновенно с помощью слова знания.

Я сказал ему: «Два дня назад, в полночь, вы были в спальне своего дома, и вы не могли заснуть, поэтому вы встали и прошлись по дому. Затем вы вернулись на веранду, затем упали на кровать, катаясь от боли. Вы держались за живот, потому что он горел, как в огне.

Но что-то еще беспокоило вас — ваша совесть. Я не хочу позорить вас сейчас. Но вы спасены, крещены Святым Духом и являетесь членом церкви уже несколько лет. Но Бог показывает мне, что вы никогда не платите десятины. Вы не платите и никогда не платили их».

Он ответил: «Да, не платил».

Я сказал: «Это одно обстоятельство, беспокоящее вас. Не только ваш желудок горел огнем, но еще и совесть мучила вас. Я не могу служить вам, пока вы не выясните это с Господом. Что вы собираетесь предпринять по поводу уплаты десятин? Вы будете послушны Богу или вы отказываетесь быть послушным Ему?»

«Конечно, я послушаюсь Бога. Я буду платить десятину», — ответил он.

Видите ли, люди могут открыть двери дьяволу непослушанием. Как только этот человек покаялся перед Господом, я мог служить ему. Я возложил на него руки и изгнал злого духа, который поражал и подавлял его тело, являясь причиной язв.

После того как я изгнал из него злого духа, я сказал ему: «По дороге домой с собрания купите себе бифштекс с косточкой и съешьте его, когда приедете домой». В течение двух лет он не ел ничего, кроме пищи для младенцев, и не работал. После этого он пошел к врачу, и ему сделали рентгеноскопию желудка. Пучок язв исчез, и он смог приступить к работе со следующей недели.

Позвольте мне дать вам еще один пример ментального давления, когда злые духи могут держать в тисках разум христианина. Однажды я служил на собрании, и вперед для молитвы вышел один человек. Состояние его было нервозным, он не мог спать. Я возложил на него руки, помолился за него, и он вернулся на свое место. Я продолжал служить другим людям.

Мне случилось посмотреть в сторону, где сидел тот человек, и Бог дал мне проявление дара различения духов — я видел в духовной сфере. Я видел, как небольшое духовное существо уселось у него на плече. Оно было похоже на маленькую обезьянку, хотя лицо было другое.

Руки этого создания обвивали его голову захватом, подобным клещам. Я не знал этого тогда, но этот человек уже пользовался услугами психиатрической клиники. Он как раз ожидал разрешения на госпитализацию.

Я сказал ему: «Брат, вернитесь, пожалуйста!» Он подошел ко мне. Я говорил злому духу, угнетающему его разум. (Вы имеете дело со *злым духом*, а не с *человеком.*) Я никому не сказал о том, что я видел, потому что не всегда мудро так поступать на общественных собраниях. Я просто сказал этому злому духу: «Ты, нечистый дух, угнетающий и связывающий этого человека, я приказываю тебе освободить его во Имя Иисуса. Во Имя Иисуса убери сейчас же руки от его разума».

Когда я это сказал, маленькое обезьянообразное создание отпустило голову мужчины и упало с его плеч на пол, скуля и визжа у его ног. Затем эта тварь сказала: «Конечно, я не хочу повиноваться тебе, но знаю, что должен».

Я повторил: «Оставь не только его, но и это здание во Имя Иисуса». И эта маленькая тварь вскочила и выбежала в дверь. Мужчина поднял руки и начал славить Бога. Он сказал мне: «Моя голова была как в железном кольце». Его разум был подавлен, но теперь он полностью освободился.

То, что нервозность этого человека была вызвана бесами, еще не говорит о том, что *любая* нервозность вызвана бесами. Вам нужно проверять с помощью Святого Духа, является ли причиной поражения реальное присутствие демонических сил. С помощью вашего собственного человеческого знания или мудрости вы не сможете распознать, присутствуют злые духи или нет. Но в этом случае я знал Духом Святым, что давление на разум этого человека было прямым результатом присутствия злого духа.

Тот человек не лег в психиатрическую больницу. Кроме того, и год спустя он чувствовал себя хорошо. Благодарение Богу за Его силу и за сверхъестественные проявления Святого Духа. *Без Слова Божьего и без водительства Святого Духа мы беспомощны и бессильны.*

Христиане могут уступать дьяволу

Мы видели, как злой дух может угнетать тело или разум человека, — не имеет значения, спасенного или неспасенного. Возможно также, что христиане сами *уступают* злому духу под его давлением и дают ему место.

Писание рассматривает случаи, когда человек обращается к Богу, а затем поворачивается и уступает дьяволу. Так сделал Петр. Хотя Петр и не был рожден свыше, потому что Иисус еще не принял крестных мук, чтобы заплатить за наше искупление, Бог использовал его для вынесения откровения Духа Святого. Но после этого, почти сразу же, он отступил перед дьяволом (см. Мат. 16:20-23).

Однако есть огромная разница между *отступлением* перед злым духом и *одержимостью* злым духом. Возможна также частичная уступка злым духам. Но чем больше человек уступает им, тем больше они будут влиять на него и контролировать его (см. Рим. 6:16). Благая весть в том, что христиане не должны уступать дьяволу или плоти. Они могут научиться, как уступать Святому Духу.

ПОСЛАНИЕ К РИМЛЯНАМ 6:16

16 Неужели вы не знаете, что, кому вы отдаете себя, того вы и рабы, кому повинуетесь, или рабы греха к смерти, или послушания к праведности?

Библия учит, что когда вы уступаете или подчиняетесь кому-то, вы непременно становитесь ему рабом или слугой. Иногда мы уступаем Святому Духу частично, а иногда более полно. Я не знаю никого, кто бы полностью был подчинен Святому Духу. Мы все к этому стремимся, но мы еще не достигли этого.

С негативной стороны существуют те же самые принципы, что и с позитивной. Если человек может частично уступать Святому Духу, то он может частично уступать и злым духам, а может и полностью. Чем больше человек уступает злым духам, тем большую территорию они занимают и в результате стараются овладеть им.

Я приведу вам пример того, как христианин может уступить дьяволу. Я иногда рассказываю о своем зяте Бадди Харрисоне, у которого одно время была проблема с отступлением перед злыми духами. Сегодня священник Харрисон — старший пастор «Братства Христиан Веры» в Талсе, штат Оклахома, президент издательства «Харрисон Хаус». Но в 1963 году у него были проблемы.

Тогда Бадди был не в состоянии придерживаться чего-то одного продолжительное время. Он не мог оставаться на одной работе долго: он просто увольнялся. Он не хотел оставаться в церкви. Однажды вы видели, что он дирижировал церковным хором, и все было хорошо. При следующей встрече вы могли узнать, что он покинул церковь. А иногда он подходил ко мне и выдувал сигаретный дым прямо мне в лицо. Я никогда ничего ему не говорил. Я просто любил его. Я знал, что в случае с ним виной всему влияние дьявола, — это не было просто доминирование его плоти над ним. Он был так называемым «карусельным» христианином: вверх и вниз, из стороны в сторону.

Однажды днем я молился о вечернем служении. Вдруг Дух Божий сказал мне молиться о Бадди. Он сказал: «Бадди окружают три беса». Внезапно меня посетило «мини-видение». Я увидел Бадди. Он шел по тротуару, и три духа следовали за ним, как маленькие собачки, хотя они не были похожи на собак. Они были похожи на обезьян и выглядели очень крепкими. Один шел по правому краю тротуара, другой — по левому, а третий шел посреди тротуара, следуя за Бадди.

Дух Божий сказал: «Бадди сопровождают три духа. Бадди поворачивает направо и ненадолго уступает бесу, находящемуся справа. Затем он возвращается на середину и действует правильно. Потом он поворачивает налево и уступает бесу слева на какой-то момент времени. После этого он разворачивается и снова начинает поступать как христианин. Затем он поворачивается к бесу, который идет сзади.

Иногда он уступает бесам, иногда Духу Святому. Вот почему его поведение выглядит так, как будто у него раздвоение личности».

Бадди начинал действовать так, как ведет себя один из бесов, которому он уступал в этот момент. Даже родственники отмечали: «Я не понимаю Бадди. Он что, шизофреник?» Бадди был рожденным свыше, исполненным Святого Духа христианином. Но то, что человек крещен Святым Духом, еще не значит, что он не может уступать дьяволу. У верующих все же остается воля в их распоряжении, у них есть свобода выбора.

Когда Господь показал мне этих трех бесов, плетущихся за Бадди, как маленькие щенки, я спросил Господа: «Господь, что Ты хочешь, чтобы я сделал в этой ситуации? Хочешь ли Ты, чтобы я молился о ней?»

«Нет, — сказал Он. — Не молись об этом».

«Хорошо, — ответил я. — Тогда что Ты хочешь, чтобы я сделал?»

Господь сказал мне: «Обратись к этим злым духам. Прикажи им во Имя Мое, во Имя Иисуса, воздержаться от своих маневров и прекратить свои действия по отношению к Бадди».

Я сказал: «Но я нахожусь в Оклахоме, а Бадди — в Техасе».

Иисус ответил мне: «В духовных сферах нет расстояний. Ты можешь приказывать с того места, где находишься, бесам, которые воздействуют на человека, находящегося в другом месте, и во Имя Иисуса они должны слушаться тебя. Тебе не нужно присутствовать там лично».

Я попросил: «Скажи мне, как делать это?»

Он ответил: «Просто скажи: "Во Имя Господа Иисуса Христа я повелеваю вам, всем троим нечистым духам, преследующим Бадди, отказаться от своих маневров и прекратить свои действия против него"».

Я просто произнес в точности те слова, которые сказал мне Иисус. И в духовном мире я увидел, как эти три беса исчезли. Затем ко мне пришло Слово от Господа: «Бадди устроится на работу в течение десяти дней. Он будет заниматься этой работой, пока Я не призову его к другому делу». Я записал это на клочке бумаги, датировал и положил записку в свой бумажник.

В следующий раз, когда я увидел Бадди, он сказал мне: «Папа, я устроился на работу».

Я ответил: «Знаю».

Я достал тот клочок бумаги и отдал ему. Он сказал: «Точно! Я получил работу на десятый день». Он продолжал работать на той работе и добился там успеха. Владелец предприятия предложил ему пост второго менеджера, а позже Бог призвал его к служению на полное время. С тех пор он ходит с Господом.

Дьявол, плоть и мир

Верующие могут уступать *дьяволу* и его уловкам и давать возможность ему доминировать над ними. Верующие также могут идти на уступки *плоти* с ее похотью и аппетитами и позволять плоти господствовать над ними. Верующие могут также уступать влиянию *мира*.

Многие верующие пытаются изгонять бесов из человека, который пошел на уступки миру, плоти или дьяволу. Но Библия учит нас, что верующие должны сами справляться с миром, плотью и дьяволом, потому что мы не избавимся от их влияния до тех пор, пока не пойдем с Иисусом на небо (см. 1 Иоан. 5:4,5; 1 Иоан. 2:15-17). Но тот факт, что верующие уступают миру, плоти и дьяволу, не говорит о том, что они одержимы бесами и имеют бесов внутри.

Слава Богу, Библия учит нас, что нам не нужно уступать ни миру, ни плоти, ни дьяволу. В Библии написано, что если мы рождены свыше, Иисусом Христом, мы победили мир (см. 1 Иоан. 5:4,5; Иоан. 16:33; 1 Иоан. 4:4). Поскольку мы *во* Христе, а Иисус победил для нас этот мир, то мы не должны подвергаться ни влиянию мира, ни похоти, ни вожделениям своей физической природы. И нам не нужно быть побежденными дьяволом, потому что триумф Иисуса над сатаной — это наш триумф.

Если христианин открывает двери дьяволу, если ему время от времени давать свободный доступ, то дьявол войдет и завладеет его телом или душой. Однако в случае с христианином бес не может поселиться в его духе. Если только верующий не войдет в состояние, описанное в Послании к Евреям (10:26, 27 и 6:4-6). Более подробно я расскажу об этих местах Писания позже.

Сейчас я просто скажу, что большинство христиан никогда не достигает такого низкого уровня духовной зрелости, который мог бы дать им возможность совершить грех к смерти. Зрелый христианин может совершить грех к смерти, если только полностью, обдуманно и преднамеренно отвергнет Христа (см. 1 Иоан. 5:16). Поэтому христианам не нужно заниматься выяснением, одержимы они дьяволом в своем духе или нет. Если они озабочены тем, что могут быть одержимыми, это верный знак того, что нет! Однако христиане могут открывать двери дьяволу в других вопросах своей жизни.

Я приведу пример того, как христианин может неосознанно открыть двери дьяволу. Много лет назад я прочел о Лилиан Еоманс, работавшей врачом в большой нью-йоркской клинике. Она попала в безнадежную зависимость от наркотиков и, в соответствии с медицинской наукой, должна была умереть. Затем кто-то рассказал ей о Божественном исцелении, она была спасена, исцелена силой Божьей и провела остаток своей жизни, проповедуя о Божественном исцелении.

Почти в конце Второй мировой войны она заболела смертельной болезнью, несмотря на то что служила и учила о Божественном исцелении уже на протяжении сорока лет. В тот момент ей было что-то около восьмидесяти.

Позже я прочел, что доктор Еоманс здорова. В статье, которую она написала, она объяснила, каким образом заболела, открыв двери дьяволу. Это было во время Второй мировой войны. Она начала беспокоиться, потому что некоторые ее родственники были в странах, оккупированных Гитлером.

Доктор Еоманс рассказывала, что беспокойство за родственников начало перемещаться в разум, а беспокойство и страх открыли двери врагу. В конце концов она стала безнадежно больна. У нее была высокая температура, все волосы выпали, смерть стучалась в дверь. Она сказала, что покаялась и попросила Бога простить ее за беспокойство. Она рассказывала: «Бог не только восстановил мое здоровье, но также и мои волосы. Только волосы не были седыми, как раньше. Моя голова была полна черных здоровых волос!»

Доктор Еоманс заболела, потому что открыла двери врагу беспокойством и страхом. Не имеет значения, как долго христианин спасен и как долго он или она учили и проповедовали Слово. Зрелые христиане должны быть уверены в том, что их двери закрыты для дьявола, так же как и молодые верующие.

Что касается доктора Еоманс, то она больше чем сорок лет ходила, как она сама называет, в «Божественном здоровье» и никогда не болела. Она была сильной христианкой и знала о Божьем завете исцеления. Но, видите ли, не имеет значения, насколько вы сильны в Господе или сколько лет вы проповедовали Слово, — дьявол никогда не оставит вас в покое. И если вы уступаете ему, вы можете открыть для него дверь.

Христианка, чей разум был одержим злым духом

Я расскажу подробно об одной исполненной Святого Духа служительнице Полного Евангелия, которая в мыслях своих стала *одержима* беспокойством и страхом, пока в конце концов она не позволила дьяволу овладеть своим мышлением, так что стала совершенно невменяемой.

Другими словами, сначала она была *подавлена* дьявольскими мыслями. Но по мере того как она *уступала* сатанинским мыслям, беспокойству и страху, она стала *одержима* этими мыслями, а в результате открыла дверь врагу и позволила злому духу *овладеть* своим разумом.

Сестра этой служительницы рассказала нам следующую историю. Когда женщина проходила через период климакса, она стала беспокойной. Она позволила себе грустить, эмоционально расстраиваться и все больше выходила из состояния равновесия. Она сознательно или несознательно уступила бесу свой разум и эмоции.

Эта служительница не концентрировалась в своих мыслях на Слове; она стала подавленной беспокойством. Она позволила злому духу занимать все больше места в мыслях, пока ее разум полностью не был им занят. В конце концов она совершенно потеряла рассудок, ее разумом овладел злой дух, и она стала буйной душевнобольной. Она пыталась убить себя и других.

Ее поместили в психиатрическую больницу, и два года эта женщина провела в палате, обитой войлоком для ее собственной безопасности, настолько она была буйной. Она пыталась покончить жизнь самоубийством, молотя головой по стенам. Она ела руками, как животное, потому что пыталась убить себя ножом и вилкой.

Ее сестра хотела, чтобы мы с моей женой служили этой женщине, несмотря на то, что в ее палату никого не пускали. Я сказал, что я объясню ситуацию своей молитвенной группе, чтобы верующие начали молиться за эту женщину. У нас в церкви Фармерсвиль, где я служил пастором в то время, была группа женщин, которые могли молить небо и землю вместе взятые. Они получают ответы на свои молитвы!

Спустя десять дней после начала молитвы главный врач сказал, что женщина может вернуться домой. Он написал письмо ее семье, в котором говорилось, что она больше не буйная, но ей все время будет нужно врачебное наблюдение. Общее состояние ее здоровья, однако, ухудшилось, и главный врач считал, что если смена обстановки не поможет ей, то долго она не проживет.

Вот вам и проповедник Евангелия, ставший невменяемым! Только представьте! Люди просто говорили: «Бедненькая, с ней что-то случилось, но мы не знаем, что в точности». Но мы должны понимать, что может произойти с человеком и как христианин может открыть двери дьяволу и принять его в своем разуме и теле.

Это одна из причин, по которым христиане должны знать, как важно для них обновлять свой разум Словом Божьим и сосредоточиваться на Божьих мыслях вместо вражеских, отгонять беспокойство и страх. Неправильные мысли могут открыть двери дьяволу. Верующие не являются подданными дьявола; *у них* есть власть над ним во Имя Иисуса. Они *могут* противостать ему, и они не находятся больше под его господством, если только *сами* не позволят ему господствовать над ними.

Служительница, о которой идет речь, также не являлась его подданной. Она не обязана была давать место дьяволу в своих мыслях. Если бы она Словом Божьим отстояла свои территории перед беспокойством и подавленностью и обновила бы свой разум, сатана не имел бы доступа к ее разуму. Если бы она разрушила сатанинское давление и противостала ему, то он убежал бы от нее (см. Мат. 18:18; Иак. 4:7).

В первую субботу мая 1943 года сестра этой служительницы привела ее к нам в приходский дом. Мы с женой не знали, что они придут. Но вот что я хочу вам показать.

В то утро после завтрака мы с женой занимались обычными утренними делами. Я всегда мыл посуду и убирал кухню, это было моей привычкой. Я хотел, чтобы моя жена помогала мне в служении, поэтому единственно правильным было помогать ей по дому. Все время, убирая кухню, я молился на иных языках, не громко, а так, про себя. У меня была внутренняя потребность в этом.

Затем я сходил в соседнее здание церкви и проверил, все ли готово к завтрашнему собранию, продолжая молиться на языках. Казалось, что у меня была Божественная потребность в молитве на иных языках. Не поймите меня неправильно; Дух Святой не принуждал меня молиться, потому что Он не принуждает нас ничего делать. Он нежно ведет. Дьявол давит, но Дух Святой мягко ведет и побуждает.

Весь остаток утра я ходил по своим делам, но я уступал этому внутреннему позыву к молитве. Когда рядом были люди, я просто молился неслышно, только себе и Господу. Затем я пошел на почту, чтобы получить письма, потому что в те дни почту не разносили по домам. Все время я следовал своему позыву молиться на языках. Мой дух общался с Богом (см. 1 Кор. 14:2, 14).

Я могу сказать, что с восьми часов утра до двух часов дня большую часть времени я провел, молясь на иных языках, хотя и занимался своими делами, я думал про себя: «Должно быть, Господь готовит меня к завтрашнему собранию. Будет отличное выступление!»

Видите ли, Библия говорит: *«Когда я молюсь на незнакомом языке, то... дух мой... молится...»* (1 Кор. 14:14). А в стихе 20 Послания Иуды говорится: *«Назидая себя на святей-*

шей вере вашей, молясь Духом Святым...» Поэтому я знал, что Бог готовит меня к чему-то, но я думал, что к воскресному собранию. Однако приблизительно в два часа дня пришла эта душевнобольная женщина в сопровождении своей сестры. Она вела себя, как робот; она просто пристально смотрела перед собой, как будто была из другого мира, правда, ее рот все время шевелился, почти под принуждением.

Когда сестра ее сказала, что я проповедник, она немедленно начала цитировать места Писания; Слово просто лилось у нее изо рта, как вода из крана, ее глаза горели. Слово не исходило из ее разума, потому что он был неспособен к этому; слова Писания исходили из ее обновленного, рожденного свыше духа.

Я никогда раньше не видел ничего подобного, и я не знал, что делать. Я заметил: «Человек, который может так цитировать Писание, должно быть, действительно знает Господа».

Когда я это сказал, ее глаза как будто вспыхнули. Я стоял прямо перед ней, и с горящими глазами она схватилась за волосы, стала рвать их на себе, крича: «О, нет, нет! Нет! Нет! Я не могла знать Бога! Нет! Нет! Нет! Я совершила непростительный грех! Нет! Нет!» И ее сестра должна была схватить ее и потрясти немного, чтобы та успокоилась. Женщина наконец села, опять устремив взгляд перед собой, как будто она была в другом мире, с широко раскрытыми глазами, словно в трансе. Несмотря на все то, что происходило вокруг нее, ни один мускул не пошевелился и глаз не дрогнул.

Сестра сказала нам: «Я спросила главного врача в больнице: "Ее состояние необычно? Является ли исключением то, что она думает, что совершила непростительный грех?" И он ответил: "О, нет. Около девяноста процентов пациентов психиатрической больницы считают, что они совершили непростительный грех"». Это говорит нам о том, что дьявол приложил руку к мучению людей, убеждая их, что они совершили непростительный грех, то есть грех к смерти.

В этом случае служительница позволила злому духу попасть в ее душу, и он внушил ей, что она совершила грех к смерти. Видите ли, если ваш разум заболевает в результате неправильного мышления, то это открывает двери для дьявола. Дьявол, бесы и злые духи соприкасаются с этим чаще, чем мы иногда можем себе представить.

Я знал, что у этой женщины была поражена болезнью голова, или разум, точно так же, как у кого-то другого мог болеть желудок. Если болит желудок, это значит, что он не действует правильно. Если болен разум, это значит, что разум, или рассудок, не действует правильно. Я знал, что рассудок этой женщины мог быть просто болен. Но я также знал, что бес мог прийти и завладеть ее разумом, и это могло стать причиной невменяемости.

Бес не овладел духом этой женщины; он овладел только разумом, потому что она открыла в него двери в результате беспокойства и страха. Сатана не может просто прийти и занять разум христианина или его тело, если только христианин сам не даст ему разрешение, открыв ему дверь в результате невежества или непослушания. В случае полного обладания бесами они овладели бы ею полностью — духом, душой и телом. Но она была христианкой, поэтому дьявол не мог овладеть ее духом, если только она сама добровольно не отвергла Христа, чего она не сделала.

Как бы вы поступили с кем-нибудь, находящимся в таком состоянии, когда совершенно невозможно достучаться до разума? В то время я не знал. Я никогда не имел дела ни с чем похожим. Поэтому я сказал жене: «Пойдем позовем сестру Сильвию».

Сестра Сильвия просто посещала церковь, но она так молилась! Пока мы ждали в машине, когда она соберется, я начал говорить с Господом о том, что произошло. Я знал, что если бы женщина была просто больна, то я бы помолился за нее, помазал бы ее елеем, возложил на нее руки, и она была бы здорова.

Однако я знал, что если причиной невменяемости служит злой дух, то и разбираться надо с ним с силой и водительством Духа Святого. Я говорил Господу, что Ему нужно будет мне помочь. Я не знал, что делать. Я молился так все время, пока сестра Сильвия собиралась, и мы все втроем вернулись в наш дом.

Мы все начали молиться, и вскоре мы молились в Духе. Мы молились о том, чтобы Бог указал нам направление, больше двух часов. Мы не молились против дьявола; мы не приказывали злым духам. Мы просто искали Бога и Его водительства в том, как служить этой женщине.

Вот еще кое-что, что вам нужно понять. Молитва веры не действует в каждой ситуации. В этой ситуации она бы не подействовала, потому что эта женщина не была в том состоянии, чтобы согласиться с нами и использовать свою веру.

Не поймите меня неправильно; молитва веры будет действовать в тех ситуациях, где она должна действовать. Но если воля другого человека не вовлечена в этот процесс, вы не сможете молиться молитвой веры, пока он не будет в согласии с вами (см. Мат. 18:19).

Прежде чем молиться молитвой веры за эту женщину, мне нужно было ее согласие и участие, но она не могла этого дать из-за своего умственного состояния. Поэтому ее освобождение не могло произойти через действие ее собственной веры.

Некоторые пытаются заставить молитву веры действовать в любой ситуации и в любых обстоятельствах. И иногда это выглядит так, как будто квадратный брусок пытаются вставить в круглое отверстие; не получится. Иными словами, существуют разные виды молитвы, и все они имеют свои правила для успешного действия.

Итак, мы искали Божьего водительства; мы не изгоняли дьявола и не пытались вытаскивать бесов. Нам нужно было получить руководство Святого Духа, для того чтобы знать, как поступить с этой невменяемой женщиной.

В таких ситуациях мы должны обращаться к Святому Духу. Как часто мы читаем в Писании: *«Не воинством и не силою, но Духом Моим, говорит Господь Саваоф»* (Зах. 4:6) и все же идем напролом и пытаемся сделать что-то своими собственными силами, но ничего не происходит. Нет, мы научимся обращаться к Слову Божьему, к Его мощи и силе и к Духу Святому, чтобы иметь успех в жизни.

В действительности, когда мы надеемся на собственные силы, мы трудимся и трудимся, а совершается немного. Но если мы допустим Всемогущего быть посреди этого, Он поднимется в нас, осветит наш ум и даст направление нашему духу, которое невозможно получить из каких-либо других источников. И Он всегда ведет нас в соответствии со Своим святым написанным Словом Божьим.

Когда мы искали Божьего водительства, я молился: «Господь, покажи мне, как служить этой женщине». Как только я это сказал, помазание Святого Духа сошло на меня, и Дух Святой сказал мне: «Встань перед ней и скажи: “Ты, нечистый дух, выйди из нее во Имя Иисуса”».

Я не хотел этого делать, потому что я никогда раньше не оказывался в подобной ситуации. Я не послушался Бога, и помазание поднялось и покинуло меня, и не осталось ничего, что бы я *мог* сделать. Видите ли, изгнание бесов в подобных ситуациях должно происходить только под помазанием и только силой Святого Духа.

Затем Дух Святой упрекнул меня за непослушание. Я сказал Господу: «Господь, пусть помазание снова сойдет на меня, и я послушаюсь». Я знал, что не было никакого смысла стоять там и кричать: «Выходи!» без помазания Святого Духа. Если бы я просто в своей плоти стал изгонять бесов, то я знал, что ничего не произойдет. Но помазание Святого Духа сошло на меня снова, я послушался его и сказал: «Ты, нечистый дух, выйди из нее во Имя Иисуса».

После этого женщина не стала выглядеть как-то иначе, чем прежде; она и выглядела, и действовала, как все та же душевнобольная. Ничего такого, о чем я мог бы рассказать, не произошло. Ее сестра одела ее и увезла домой. Но несмотря на то, что в ней не было никакой заметной перемены, я знал, что она освобождена; никто не мог доказать мне обратного.

Это то, что мы иногда пропускаем. Я знал, что повеление веры было высказано под руководством и водительством Святого Духа и что женщина была свободна. Понимаете, когда действует дар веры, Дух Святой дает вам веру делать все, что Он ни скажет, и это будет действовать.

Когда дело касается бесов в жизни других людей, как, например, в ситуации с этой женщиной, когда она была неспособна к сотрудничеству, вам надо быть водимым Святым Духом. Если Дух Святой не говорит вам что-либо делать, тогда вы будете делать это своими собственными силами, и вы ударите лицом в грязь. Однако если люди просят вас о помощи и дают свое разрешение, вы можете использовать свою власть над бесами в их жизни во Имя Иисуса (см. Мар. 16:17).

Когда человек освободится, вам надо научить его, как стоять против дьявола самому. Конечно, в борьбе с дьяволом в вашей собственной жизни вам не нужен никто другой, чтобы противостоять ему. Если вы подчиняетесь Богу, у вас есть власть, чтобы дать ему отпор, противостать, запретить ему, и он должен убежать (см. Лук. 9:1; Еф. 6:13; Иак. 4:7).

Эта женщина освободилась в субботу с помощью повеления веры. В следующий понедельник днем к нам пришла ее сестра и сказала: «Пожалуйста, помолитесь. У моей сестры буйное проявление, точно такое же, как было, когда она впервые потеряла рассудок». Я спросил: «Что случилось?» Меня невероятно поразило то, как я был спокоен. Я точно знал, что происходило. Я приказал бесу уйти в субботу, и он знал, что он должен уйти. Он просто мучил и «разрывал» эту женщину напоследок.

Я объяснил это ее сестре и показал место из Писания, где говорилось о том, как Иисус запретил злому духу действовать в одном человеке и бес «сильно сотряс» его, прежде чем выйти (см. Мар. 9:26). Я сказал ей: «Дьявол знает, что он должен покинуть ее, поэтому он просто мучает ее перед уходом. После того как это "выступление" закончится, с ней все будет в порядке».

Произошло в точности то, что я говорил. Когда приступ закончился, ее разум был полностью восстановлен. Когда повеление веры высказано под водительством и силой Святого Духа, оно не обязательно принесет мгновенный результат, но результат непременно будет.

В тот момент, когда разум этой женщины был восстановлен, она стала точно таким же человеком, как раньше, и ее хождение с Господом было таким, каким было всегда. Она понятия не имела о том, что два с половиной года была невменяемой, и не представляла себе, что сама хотела убить себя и других. В памяти все это осталось белым пятном. Вскоре ее признали здоровой и сняли с учета в психиатрической клинике.

Злой дух завладел ее *разумом*, действовал через *тело*, но в ее *духе* дьявола не было. Но в тот момент жизни, когда она была нервозной и нестабильной, она уступила злому духу, и он овладел ее мыслями. Она *позволила* этому злому духу занимать все больше и больше места, и, поскольку она продолжала *уступать* ему, злой дух смог в конце концов *завладеть* ее душой — ее разумом, волей и эмоциями.

Спустя девятнадцать лет с того момента, когда она была освобождена, мы справлялись о ней. Ее сестра сказала: «Разум ее очень крепкий. У нее хорошая работа, и она преподает в воскресной школе».

Полное обладание: духом, душой и телом

Как мы уже видели, человек может быть *подавлен* или *одержим* в своей душе (что означает в *разуме* и *эмоциональных* сферах), даже если он является христианином. И даже христиане могут быть одержимы бесами или злыми духами в своем теле как снаружи, так и изнутри. Но это не то же самое, что демоническое *обладание*.

Помните, полное обладание подразумевает отдачу злому духу духа, души и тела, потому что обладать чем-то означает иметь это в собственности. Поэтому заявлять, что христианином может полностью обладать злой дух, ошибочно и не соответствует Писанию. Конечно, ни один христианин не может пустить дьявола в свой дух, или он уже не будет считаться христианином. Нам нужно быть осторожными в терминологии и определениях, чтобы говорить то, что мы действительно имеем в виду.

Также мы должны понимать, что есть большая разница между понятиями *быть подавленным*, *под влиянием*, *уступать бесам, быть одержимым бесами и понятием или быть полностью обладаемым ими*. При полном обладании человек подчиняет все свое существо для того, чтобы быть в собственности у злого духа. И поскольку человек в своем существе имеет три составляющие — он *есть* дух, *имеет* душу и *живет* в теле, — он не может быть полностью обладаем, пока не отдаст свой дух, душу и тело.

Греческое слово, переведенное как «обладаем», также имеет значение «быть под властью или под влиянием» беса. Кажется, что библейское использование слов «обладаем бесами» имеет более широкое значение и включает в себя быть *донимаемым* или даже *под влиянием* бесов. В своем широком понимании «демонизация» включает в себя не только обладание, но и подавление, и одержимость, а также может включать в себя любую активность дьявола, которая влияет на людей.

4 Зак. 1509

Другими словами, если люди подавлены, одержимы или обладаемы дьяволом, то они «демонизированы». Поэтому в более широком смысле слово «демонизирован» означает быть *пораженным делами дьявола*.

В нашем мышлении очень часто не проясняется эта линия, потому что наши термины и их значения не совсем ясны. Например, если кто-то спросит: «Может ли христианин быть обладаем дьяволом?», это может означать: «Может ли христианин быть под влиянием бесов?» Другими словами, может ли христианин быть *подавленным*, или *одержимым*, или *под влиянием*, или *уступать* злым духам?

В этом случае ответ будет — да. Христианин может быть «демонизирован» злыми духами. Но нет, христианин не может быть полностью, то есть духом, душой и телом, быть обладаемым дьяволом. Конечно, дьявол может завладевать любыми частями человека, который постоянно уступает ему, давая все больше и больше доступа. Я позже покажу вам, как это относится к христианину.

Иногда, даже при полном обладании, могут быть разные степени обладания. Иными словами, человек может быть более или менее контролируемым дьяволом. Человек обладаем частично, если злой дух обладает только разумом или душой. Даже в частичном обладании разумом и душой есть разные уровни. Кто-то может быть обладаем и контролируем больше или меньше. Иными словами, это зависит от его собственных способностей.

Давайте посмотрим на библейский пример полного обладания бесом. Сумасшедший из Гадары был обладаем бесом — духом, душой и телом. Когда Иисус явился мне в видении в 1952 году, Он говорил со мной об этом отрывке о демоническом обладании, с которым Он столкнулся на земле.

ЕВАНГЕЛИЕ ОТ МАРКА 5:1-20

1 И пришли на другой берег моря в страну Гадаринскую.

2 И когда вышел Он из лодки, тотчас встретил Его вышедший из гробов человек, одержимый нечистым духом;

3 Он имел жилище в гробах, и никто не мог его связать даже цепями;

4 Потому что многократно был он скован оковами и цепями, но разрывал цепи и разбивал оковы, и никто не в силах был укротить его;

5 Всегда, ночью и днем, в горах и гробах, кричал он и бился о камни.
6 Увидев же Иисуса издалека, прибежал и поклонился Ему,
7 И, вскричав громким голосом, сказал: что Тебе до меня, Иисус, Сын Бога Всевышнего? Заклинаю Тебя Богом, не мучь меня!
8 Ибо Иисус сказал ему: выйди, дух нечистый, из сего человека.
9 И спросил его: как тебе имя? И он сказал в ответ: легион имя мне, потому что нас много.
10 И много просили Его, чтобы не высылал их вон из страны той.
11 Паслось же там при горе большое стадо свиней.
12 И просили Его все бесы, говоря: пошли нас в свиней, чтобы нам войти в них.
13 Иисус тотчас позволил им. И нечистые духи, вышедши, вошли в свиней; и устремилось стадо с крутизны в море, а их было около двух тысяч; и потонули в море.
14 Пасущие же свиней побежали и рассказали в городе и в деревнях. И жители вышли посмотреть, что случилось.
15 Приходят к Иисусу и видят, что бесновавшийся, в котором был легион, сидит и одет, и в здравом уме; и устрашились.
16 Видевшие рассказали им о том, как это произошло с бесноватым, и о свиньях.
17 И начали просить Его, чтобы отошел от пределов их.
18 И когда Он вошел в лодку, бесновавшийся просил Его, чтоб быть с Ним.
19 Но Иисус не дозволил Ему, а сказал: иди домой к своим и расскажи им, что сотворил с тобою Господь и как помиловал тебя.
20 И пошел и начал проповедовать в Десятиградии, что сотворил с ним Иисус. И все дивились.

Мы многое можем почерпнуть из этого отрывка и прежде всего отметить несколько интересных наблюдений над гадаринским сумасшедшим. Очень важно понять, что этот человек не был христианином; он не был рожден свыше, потому что Иисус еще не пошел на крест для искупления человечества.

Нам также нужно понять разницу между этим гадаринским сумасшедшим, который очевидно хотел освободиться, и человеком, раз за разом добровольно уступающим дьяволу и не желающим освобождения. Существует огромная разница между человеком, который борется за освобождение от сатанинской власти, и тем, кто добровольно отдается сатане снова и снова и не хочет быть свободным от сатанинской власти. Я знаю по своему опыту, что тех, кто желает освободиться, освободить сравнительно легко; народ, желающий свободы, может стать свободным. Но очень редко вы поможете тем людям, которые постоянно и добровольно сдают позиции сатанинской силе и не хотят освободиться.

Господь встретил этого сумасшедшего с огромным сочувствием (см. Мар. 5:19). Своим Словом повеления Иисус освободил этого человека (см. Мар. 5:13; Лук. 8:32). Сразу же весь его вид изменился. До того как стать диким маньяком, который разрывает на себе одежду и бьется о камни, этот человек был нормальным: *«Приходят к Иисусу и видят, что бесновавшийся, в котором был легион, сидит и одет, и в здравом уме; и устрашились»* (Мар. 5:15).

Когда человек освободился, он прилепился к Иисусу, своему Освободителю. Он хотел пойти с Иисусом (см. Лук. 8:38). Но Иисус тут же послал его домой, чтобы он рассказал о том, что с ним сделал Господь (см. Лук. 8:39).

Иисус знал, что для его же пользы ему нужно было начать служить Господу. Иисус знал, что ему нужно дисциплинироваться в исповедании и свидетельстве для того, чтобы укрепляться в своей новой вере, поэтому Иисус послал его распространить эту радостную часть Евангелия в своем городе: *«Иисус... сказал: иди домой к своим и расскажи им, что сотворил с тобою Господь и как помиловал тебя»* (Мар. 5:19). Иисус знал, что каждый новый шаг по направлению к свету даст этому человеку уверенность и силу в этом новом для него хождении с Господом.

Мы должны чаще доверять новообращенным более смелые и трудные служения. Это подкрепляет их христианское свидетельство и укрепляет их веру. Я не призываю доверять власть только что спасенным или освобожденным. Однако молодые верующие должны быть немедленно вовлечены в служение и смелое свидетельство о том, что Господь сделал для них.

Тот, кто был освобожден от болезни, демонического влияния или от другого сатанинского рабства, хорошо запомнит эти принципы. Освобожденным от сатанинского рабства особенно важно начать немедленно исповедовать, свидетельствовать и служить, поскольку это в огромной степени придаст им силу говорить об освобождающей Божьей силе.

Иисус также знал заранее, что свидетельство одного человека по всей этой области Десятиградия подготовит почву для его прихода: «*И пошел* [он] *и начал проповедовать в Десятиградии, что сотворил с ним Иисус. И все дивились*» (Мар. 5:20).

Несомненно, случаи безумия по своей природе и причинам остались точно такими же, какими они были во времена Иисуса. В дни Иисуса безумие, прямо или косвенно, было проявлением демонической активности. В случае с этим конкретным человеком прямой причиной человеческого безумия было присутствие злого духа.

Теперь давайте вернемся назад и в деталях разберем ключевые элементы этого отрывка из пятой главы Евангелия от Марка. Злые духи в стихе 13 называются нечистыми духами: «*...И нечистые духи... вошли в свиней*».

Не бывает «чистого» злого духа. Как *падшие* духи, они все нечисты в своем естестве. Вообще «нечистый дух» отражает суть злого духа — это падшее вечно живущее духовное существо. Иногда нечистый дух имеет отношение к *виду* или *типу*, как в случае с гадаринским сумасшедшим.

Другой ключевой момент, отмеченный в пятой главе: когда злой дух не смог больше угнетать человека и владеть им, то, как альтернативу, он искал убежища в животных — эти бесы попросили у Иисуса разрешения войти в свиней (см. Мар. 5:12).

Если злые духи как *вечные* злые существа поселятся в человеке, то они сделают человека таким, какими они сами являются. Другими словами, человек приобретет характер и личные качества того злого духа, который на него влияет.

Я сказал, что в самом широком смысле термин «нечистый дух» относится к духам с падшим естеством. Но в особых случаях, как в пятой главе Евангелия от Марка, название «нечистый дух» относится к типу или виду, оно используется следующим образом: обращаясь к этому *роду*, Иисус сказал: *«Выйди, дух нечистый, из того человека»* (Мар. 5:8).

Мы знаем, что это не было именем духа, потому что в стихе 9 Иисус спрашивает: *«Как тебе имя?..»* Злой дух отвечает: *«Легион имя мне...»* (Мар. 5:9).

Очевидно, что этот человек вобрал в себя все качества нечистого духа. Нечистый дух заставлял его рвать на себе одежду, расхаживать голым и разбивать себя о камни (см. Мар. 5:5; Лук. 8:27).

Похоже, что злой дух проявился в этом человеке в связи с его сексуальными запросами. Возможно, этот парень был мазохистом, получающим сексуальное удовлетворение от боли и физических страданий.

Мы видим, что таким, каким он стал, этого человека сделал нечистый дух, потому что, как только он освободился и его разум восстановился, он сразу же оделся: *«Приходят к Иисусу и видят, что бесновавшийся... сидит и одет, и в здравом уме...»* (Мар. 5:15).

Кроме того, когда его разум восстановился, он сел к ногам Иисуса и стал Его слушать. Люди, освободившись от сатаны и греха, приобретают здравый, восстановленный ум и приходят к ногам Иисуса, чтобы учиться у Него.

Другой важный момент в этом месте Писания находим в стихе 2 пятой главы. Овладевает человеком только один бес. Заметьте, как написано в Библии: *«Когда вышел Он из лодки, тотчас встретил его вышедший из гробов человек, одержимый нечистым духом...»* Слово «дух» употреблено в единственном числе. Это первое доказательство того, что нами может обладать только один дух.

Вскоре после встречи с этим человеком Иисус сказал нечистому духу: *«...Выйди, дух нечистый, из сего человека»* (Мар. 5:8). Но нечистый дух не вышел из человека. Поэтому Иисус спросил: *«Как тебе имя?»* И нечистый дух ответил: *«...Легион имя мне, потому что нас много»* (ст. 9).

Это говорит о том, что им обладал только один дух, по имени Легион. В этом случае Легион — это не только *имя* нечистого духа, но также и *количество*. Это один злой дух, являющийся нечистым духом и носящий имя Легион, и это имя показывает, что пришел он со многими другими злыми духами, для того чтобы поселиться в человеке.

Откуда еще мы знаем, что человеком обладал только один дух? Писание говорит: *«Приходят к Иисусу и видят, что бесновавшийся, в котором был легион...»* Иными словами, не весь легион обладал им, хотя весь легион и был в нем. Им обладал только один бес, взявший с собой легион других бесов.

Иисус сказал мне: «В каждом случае человеком овладевает правитель мира сего, как и в этом случае с гадаринским сумасшедшим. Некоторые говорят, что им владело две тысячи бесов, но это не так.

Прочти это место еще раз. Им владел только один из этих бесов, и в этом причина. Обладание одного позволяет другим войти, но всегда это один бес».

Духовное представление о злых духах

Евангелие от Матфея в двенадцатой главе дает нам большее представление о злых духах и их действии.

ЕВАНГЕЛИЕ ОТ МАТФЕЯ 12:43-45

43 Когда нечистый дух выйдет из человека, то ходит по безводным местам, ища покоя, и не находит;

44 Тогда говорит: возвращусь в дом мой, откуда я вышел. И пришед, находит его незанятым, выметенным и убранным;

45 Тогда идет и берет с собою семь других духов, злейших себя, и вошедши живут там...

Прежде всего заметьте, что нечистый дух говорит (ст. 44): *«Тогда говорит: возвращусь в дом мой, откуда я вышел. И пришед, находит его незанятым, выметенным и убранным».*

Хотя мы и не знаем точного происхождения злых духов, мы все же знаем, что это вечные падшие существа, или вечные злые *личности*.

1. Как личности, бесы могут говорить: *«Тогда* [нечистый дух] *говорит...»* (Мат. 12:44). Иисус сказал мне: «Когда человек полностью обладаем, бес может говорить через этого человека».
2. Как личности, бесы могут думать, и у них есть воля: *«возвращусь в дом мой...»* (Мат. 12:44). Злой дух принял решение вернуться в место своего прежнего обитания.

3. Как личности, бесы могут общаться с другими злыми духами: *«Тогда идет и берет с собою семь других духов, злейших себя...»* (Мат. 12:45).

Когда злой дух вернулся в так называемый «свой дом» — в человека, из которого он вышел, — он обнаружил его пустым, выметенным и убранным, поэтому он пошел и взял с собой семь других духов, чтобы поселиться в этом человеке вместе с ними.

Это дает некоторое представление о субординации среди злых духов. И список, представленный в Послании к Ефесянам (6:12), открывает нам, что дьявол в своей работе хорошо организован, потому что в царстве сатаны можно увидеть полки и дивизии. Двенадцатая глава Евангелия от Матфея тоже показывает нам, что дьявол настойчив в своих атаках. Дьявол не ослабевает в своих маневрах против нас: *«Тогда говорит: возвращусь в дом мой, откуда я вышел...»* (Мат. 12:44). Дьявол всегда будет пытаться вернуться, после того как его изгнали. Он будет предпринимать настойчивые попытки вернуться прямо в «дом», который он покинул, и он всегда будет пробовать соблазнить человека на неправильный поступок или навлечь на него болезни.

Можно увидеть, как эти принципы действуют с неспасенными людьми. После спасения дьявол всегда пытается вернуться в их жизнь. Сатана пытается заставить новорожденных христиан поступать так же, как они поступали до спасения, многократно старается повлиять на них, чтобы они вернулись к прежнему образу жизни. Вот почему новообращенные должны быть укоренены и утверждены в Слове Божьем, чтобы они могли противостать козням дьявола.

Мы также можем видеть принцип, показанный в двенадцатой главе Евангелия от Матфея, действующий в жизни человека, освобожденного от болезни. Библия называет болезни и немощи *сатанинским давлением* (см. Деян. 10:38). Дьявол многократно пытается навязать ту же болезнь исцеленному: *«Тогда идет и берет с собою семь других духов, злейших себя, и вошедши живут там; и бывает для человека того последнее хуже первого...»* (Мат. 12:45).

Конечно, не во всех случаях причина болезни заключена в прямом присутствии злого духа. Но иногда она является прямым результатом присутствия злого духа, порождающего недуг.

Вот почему недостаточно просто изгнать злого духа из человека. Человек должен быть обучен Слову, чтобы он мог сам выстоять против дьявола, потому что сатана всегда будет стараться вернуться с той же самой болезнью, недугом или грехом.

Итак, надо научить верующего не только как освободиться с помощью Слова Божьего, а также как стоять в свободе, приняв для себя Божье Слово. Божье Слово — это наша защита от козней и стратегий дьявола.

Вот почему так важно, имея дело с демоническим влиянием в жизни христиан, особенно внимательно следить за тем, чтобы они приняли Слово Божье в себя. Христиане должны осознавать, кто они во Христе, и власть, которой они обладают во Имя Христа (см. Иоан. 14:13, 14; Фил. 2:9, 10). Иначе мы можем несправедливо с ними поступить, изгнав беса из их тела или разума, потому что, как учит Библия, в дальнейшем им может быть в семь раз хуже, чем раньше.

Верующим просто надо занять свое место власти во Христе. Верующие не должны либо постоянно бегать от дьявола, либо быть совершенно изможденными телом и разумом. Власть верующего во Христе — это победа и триумф, которые намного выше начальств и властей!

Как христиане, мы восседаем во Христе на Небесах, и поэтому мы смотрим вниз на сатану и его духов с позиции триумфа, а не страха или поражения (см. Еф. 1:3; 2:5, 6). И если мы собираемся по-библейски расправляться с царством тьмы, нам нужно все время помнить о нашей триумфальной позиции сонаследников Христа. Это позиция *власти во Христе* над дьяволом и над всеми его делами и выступлениями против нас.

Глава 5
Может ли христианин иметь беса?

Может ли христианин иметь беса? В христианском мире это предмет великих дебатов. Я слышал, как проповедники комментировали эту тему так, что все сжималось внутри меня, поскольку то, что они говорили, не соответствовало Писанию. Их слова производят такое впечатление, что все христиане имеют бесов, которых надо изгнать. Это заявление неверно по нескольким причинам.

Во-первых, христианин не может иметь беса в своем *духе*. Это невозможно. *Зрелый* христианин должен отказаться от Христа полностью, добровольно и обдуманно, прежде чем допустить, чтобы бес мог получить свободный доступ в его дух, потому что, если он христианин, его дух населяет *Дух Святой*, а не бес. Если зрелый христианин отвергает Христа, то он уже не будет называться христианином, потому что слово «христианин» означает «подобный Христу». Это означает, что жизнь и сущность Бога пребывают в духе человека (см. 2 Кор. 5:17).

Причина, по которой христианин не может иметь злого духа в своем духе, в том, что дух христианина был оживлен Духом Святым (см. 2 Кор. 5:17). Поэтому дух христианина стал *местом обитания* Святого Духа (см. Иоан. 14:23; 1 Кор. 6:17) и не может одновременно быть местом обитания злого духа (см. 2 Кор. 6:14-16; Иак. 3:11, 12).

Те, кто говорит, что христиане могут «иметь» бесов, неправильно определяют термины и неточно разделяют человека. Они не различают того, что человек — это *дух*, он имеет *душу*, и он живет в *теле*. И они не проясняют того, что бес может влиять на душу и тело, но не может быть в духе.

Если имеется в виду, что верующий может быть *подавлен* или *одержим* бесом в теле или душе, это одно. Да, христианин может быть подавлен или одержим бесом в теле или в душе. Но совершенно другое дело, когда говорят, что христианин может быть обладаем бесом в духе, душе и теле.

Все христиане не могут «иметь» бесов даже в том смысле, что все они подавлены и одержимы. Это крайнее учение, и его лучше избегать. Все крайности в учениях в любой сфере не являются библейскими.

В действительности ни один человек, из которого изгоняли беса в четырех Евангелиях, не был христианином. Они и не могли быть христианами, а именно рожденными свыше Кровью Иисуса, потому что Иисус еще не умер и не пролил Свою Кровь за человеческий род.

Многие люди были последователями или учениками Иисуса до Его смерти, погребения и воскресения, когда еще не стало возможным рождение свыше. У них была «расписка-гарантия» на их спасение, когда рождение свыше станет доступным для них. Но описанные в Евангелиях люди, из которых изгоняли злых духов, не были рожденными свыше — они не были христианами.

Для того чтобы установить библейский баланс в вопросе о существовании бесов в жизни христиан, ищите в Евангелиях, какие инструкции давал Иисус своим ученикам по изгнанию бесов. Изгонял ли Иисус когда-нибудь бесов из своих двенадцати учеников? Нет. Учил ли Иисус учеников изгонять бесов друг из друга? Нет. Дал ли Он формулу того, как надо изгонять бесов из верующих, перед Своим вознесением? Нет!

Даже в книге Деяния Апостолов те, из которых изгоняли бесов, не были христианами. Фактически в Библии нет ни одной записи об изгнании бесов из христиан или о том, чтобы христиане были обладаемы бесами.

Это не означает, что христиане не могут быть *подавлены* или *одержимы* злыми духами, о чем я уже говорил. Библия даже говорит о том, что болезни и недуг являются результатом дьявольского давления (см. Деян. 10:38). Например, иногда, разбираясь с болезнью человека, я обнаруживал, что я должен иметь дело с бесами, которые поражают и угнетают его тело.

Иногда, но не всегда, в теле человека есть буквальное присутствие злых духов, вызывающих болезни. И для того чтобы человек был исцелен, нужно разобраться с ними силой Святого Духа. Когда бес изгнан, человек здоров.

С другой стороны, есть также люди, которые просто больны и без всякого изгнания бесов нуждаются в исцелении. И поэтому в этой сфере нельзя устанавливать твердые правила. Нам нужно полагаться на водительство Святого Духа, чтобы знать, вызвана ли болезнь присутствием злого духа или нет.

Христианин точно так же, как и неспасенный человек, может иметь все, что он хочет, потому что все люди — спасенные и неспасенные — имеют свободную волю. Мы не теряем свою волю, когда рождаемся свыше. Если бы это было так, то мы были бы роботами, но Бог не создал нас роботами.

Даже после того, как человек исполняется Святого Духа, у него все еще есть свобода собственного выбора. Он может воспринимать мысли дьявола и уступать его нажиму, если хочет. Дьявол всегда действует через разум, волю и эмоции человека, чтобы заставить его поступать неправильно, чтобы получить к нему доступ. Однако христианин не обязан уступать ни злым духам, ни плоти. Он должен научиться уступать Святому Духу.

Я отношусь с подозрением к учениям и действиям, которых не нахожу в Библии. И когда некоторые служители говорят, что все христиане имеют в себе бесов, которых снова и снова нужно изгонять, — это не по-библейски. Нигде в Библии вы не найдете такого крайнего учения. Основывайтесь на Библии и сторонитесь крайностей и эксцессов.

Любой — спасен он или не спасен — может слушать дьявола и принимать его предложения. Но есть большая разница между тем, чтобы временно *уступить* злому духу и быть *подавленным* бесами, которые действуют изнутри и даже внутри разума и тела. Также есть большая разница между *одержимостью* и *обладанием* злыми духами.

За более чем пятьдесят восемь лет служения я не изгнал ни одного беса из духа христианина, и никто этого не делал, потому что злые духи не могут быть в духе христианина. Если злые духи и присутствуют в жизни христианина, то они находятся в теле или в душе — в разуме, воле и эмоциях. В большинстве случаев христиане не обновили свой разум, поэтому дьявол получает преимущество над ними в их душах и телах. Но большинство христиан все же не имеет проблем с бесами; у них просто проблемы с плотью.

В действительности очень немногие *неспасенные* люди в Америке обладаемы бесами, хотя в настоящее время таких случаев стало больше в связи с развитием оккультизма. За все годы моего служения я встретил только однажды человека, который полностью был обладаем бесом — в духе, душе и теле.

Видение 1952 года: окруженный облаком славы

Когда Иисус явился мне в видении в 1952 году, Он подробно говорил со мной о бесах и о том, как они завладевают людьми. Видение это состояло из трех частей, в которых Иисус учил меня о том, как бесы пытаются получить доступ к людям.

В те дни я проводил собрания в церкви, а после собрания мы с пастором обычно беседовали. После одного вечернего собрания мы начали молиться. Я не ожидал ничего, что бы могло со мной произойти необычного в тот момент, может быть, только хотелось быть первым человеком, совершившим прогулку на Луне! Никогда я не чувствовал себя столь *обыкновенно*. Но как только я встал на колени, как будто облако спустилось и окружило меня, и вдруг я обнаружил, что стою на коленях в облаке славы. Я ничего не видел; все мои чувства были в подвешенном состоянии. Мои глаза были широко открыты, но я не видел ни плиты, ни стола, ничего, что было в кухне.

Много раз в Ветхом Завете слава Божья проявлялась в облаке (см. Исх. 40:34, 35; 1 Цар. 8:10, 11; 2 Пар. 5:13, 14). Это соответствует Писанию. Я взглянул туда, где должен был быть потолок, и увидел там Иисуса. Иисус провел полтора часа, беседуя со мной, пока я был в этом облаке.

Свой диалог со мной Он начал со слов: «Я буду учить тебя о дьяволе, бесах и об обладании бесами. Начиная с сегодняшнего вечера все, что в Моем Слове известно относительно духов, будет действовать в твоей жизни, когда ты будешь *в Духе*».

Иисус сказал: «Я покажу тебе в точности, как бесы и злые духи захватывают людей, доминируют над ними и овладевают ими, даже христианами, если они это позволяют». Некоторое время Иисус говорил со мной о даре различения духов. В частности, Он говорил о том, что различение духов — это сверхъестественный взгляд в сферу духов.

Затем, все еще окруженный облаком славы, Иисус открыл мне духовную сферу, и я начал видеть в этой сфере. Я увидел женщину, и Иисус начал рассказывать и разворачивать передо мной следующую сцену. Я видел эту сцену в действии. Иисус сказал мне: «Например, эта женщина была Моим чадом. Она была в служении со своим мужем, и у нее был прекрасный певческий голос».

Я узнал женщину в видении; я знал, кто она. Я не был знаком с ней лично, но я знал, что она оставила своего мужа, служившего пастором, чтобы выйти замуж за другого (на самом деле ее прежний муж был тем самым пастором, вместе с которым я молился на той кухне).

Понимаете, пока Иисус не покажет нам, мы видим только *результаты* происходящих действий; мы не знаем причин, *почему* они происходят. Я знал, что эта женщина оставила своего мужа, но я не знал подробностей. Мы видим ситуации, которые происходят в естественном мире, но обычно мы не знаем, что произошло в духовных сферах и послужило причиной этих событий.

Господь сказал мне: «Эта женщина была Моей служительницей. Ее муж был пастором, и она была в служении с ним. Дьявол пришел к ней». И по мере того как Иисус рассказывал, я увидел бесенка — он был почти как маленькая обезьянка. Я видел, как он пришел и сел ей на плечи и начал шептать ей на ухо.

Господь продолжал говорить со мной. Он сказал: «Этот злой дух нашептывал женщине: "Ты красивая женщина, но тебя обкрадывают в твоей жизни. Ты обманута. В мире ты могла бы иметь славу, успех и популярность"».

У меня не было ни тени сомнения, что с ее вокальными данными она могла стать выдающейся певицей. Но я хочу, чтобы вы увидели следующее: хотя в заявлениях дьявола и есть некоторая правда, но фраза «В мире ты могла бы иметь славу, успех и популярность» — не соответствует Слову Божьему.

ПОСЛАНИЕ К ФИЛИППИЙЦАМ 4:8

8 Наконец, братия (мои), что только истинно, что честно, что справедливо, что чисто, что любезно, что достославно, что только добродетель и похвала, о том помышляйте.

То, что говорил бес, не соответствовало Писанию, потому что это не было истинно, честно, справедливо, чисто, любезно, достославно и похвально. И определенно в этом не было добродетели. Поэтому это звучало не по Писанию.

Некоторые не знают, как определить голос сатаны. Это нужно делать так: все, что вы слышите, должно соответствовать Слову Божьему. Библия говорит нам точно, о чем думать: *«...о том помышляйте»* — и перечисляет то, о чем надо думать. Библия является стандартом в наших мыслях.

Иисус продолжал: «Эта женщина знала, что все эти мысли внушает ей дьявол, и она сказала: "Убирайся, сатана"». И я увидел, как бес спрыгнул и убежал, оставив ее в покое.

«Снова и снова этот бес приходил к ней, садился ей на плечи и нашептывал ей на ухо».

В этот момент злой дух не был внутри нее, он был снаружи, угнетая ее разум, пытаясь проникнуть в нее через мысли. Но у нее все еще была власть против него, потому что Библия говорит: *«...Тот, кто в вас, больше того, кто в мире»* (1 Иоан. 4:4). Она могла противостать дьяволу, потому что Библия утверждает это (см. Иак. 4:7). И она не должна была давать никакого места дьяволу в своих мыслях (см. Еф. 4:27).

Иисус говорил: «Снова и снова бес возвращался, садился ей на плечи и шептал: "Ты красивая женщина, но тебя обкрадывают в твоей жизни. Ты обманута. В мире ты могла бы иметь славу, успех и популярность". Но она знала, что это дьявол, говорила ему: "Убирайся, сатана". И бес оставлял ее до времени».

Заметьте, когда женщина использовала свою законную власть над дьяволом во Имя Иисуса, бес должен был оставить ее. Но после он снова вернулся и стал искушать ее.

Даже то, что вы противостали дьяволу один раз, еще не значит, что он не попытается вернуться. Библия так не учит. Посмотрите на искушение Иисуса. Библия говорит, что дьявол оставил Иисуса «до времени» (см. Лук. 4:1-13). И в видении я видел, как дьявол вернулся к этой женщине, чтобы искушать ее снова.

Как только Иисус продолжил повествование, я увидел того маленького бесенка, который вернулся, сел женщине на плечи и начал нашептывать на ухо. Снова и снова злой дух приходил к ней и шептал: «Ты красивая женщина, но тебя обкрадывают в твоей жизни. Ты обманута. В мире ты могла бы иметь славу, успех, деньги и популярность».

Иисус объяснил, что в этот момент злой дух все еще оказывал *давление* на нее. Любой христианин может быть *подавлен* злым духом. Ни один христианин не обладает иммунитетом против сатанинских соблазнов и давления, но мы не должны соглашаться с его предложениями. И у нас есть власть против всякого давления, которое он старается оказать на нас.

Затем Иисус сказал: «Но *в этот раз* она начала думать над словами дьявола. Она думала: "*Я красивая*", потому что ей нравилась такая мысль. И она начала думать: "*Меня обманули*"».

Эта женщина не выстроила свои мысли в одну линию с Библией; она не фокусировала свои мысли на Иисусе. В Библии написано: *«Твердого духом ты хранишь в совершенном мире...»* (Ис. 26:3). Но вместо того чтобы думать об Иисусе, она начала сосредоточивать внимание на мыслях, внушенных сатаной, развивать их.

Она была красивой женщиной и стала думать о своей красоте, вместо того чтобы концентрировать свои мысли на Боге, на Его Слове и на Божьей воле для ее жизни. Когда она стала вникать в дьявольские мысли, она вознеслась в гордости. В Библии написано: *«Погибели предшествует гордость, и падению надменность»* (Прит. 16:18).

Предложение — сатанинское средство

Многие верующие удивляются, что сатана способен занять место в их жизни. Первый участок, с которого сатана начинает работу, — это их разум, и одно из самых главных оружий дьявола — это предложения. Именно это оружие сатана использовал против Евы (см. Быт. 3:1-7). Ева последовала сатанинскому предложению и была «обольщена», или обманута, им (см. Быт. 3:13). Одна из главных стратегий сатаны в наши дни — это соблазнять людей; он надувает и обманывает их своими предложениями.

Но мы не должны пасть жертвами сатанинских предложений, потому что в Библии написано, что нам не надо давать в нашей жизни никакого места дьяволу, а это значит не допускать его в наши мысли. Если дьявол сможет проникнуть в них, он сможет войти в *нас*.

Затем Иисус рассказал мне о том, что эта женщина приняла сатанинские мысли и предложения, она стала *одержима* такого рода мыслями. Ей эти мысли доставляли удовольствие. Затем женщина в видении изменилась — она стала прозрачной, как будто ее тело было сделано из стекла. И я смог увидеть на ее голове черное пятнышко размером в пятидесятицентовую монету.

Иисус объяснил мне: «Сначала эта женщина просто была *подавлена* злым духом извне. Она запретила ему, поскольку, как Мое чадо, она имела власть над дьяволом. Она несколько раз восставала против него, и он уходил. Но в последний раз она начала прислушиваться к нему и продолжала обдумывать его слова, а также слушать его предложения, потому что ей нравилось думать так. И она стала одержимой дьявольскими мыслями».

Иисус сказал: «Она стала одержима такого рода мыслями, но *даже тогда еще не все было потеряно, еще не было слишком поздно*. Она все еще была Моим чадом. Она знала, что надо делать. Если бы она захотела убрать эти мысли из своего разума, она могла это сделать. Она могла сказать: "Я отказываюсь думать таким образом. Это от дьявола, и я противостою тебе, сатана, во Имя Иисуса". Но она *хотела* думать так, поэтому она удерживала эти мысли, пока не стала одержима ими».

Может так случиться, что верующий в своем мышлении станет одержимым дьявольскими мыслями. Но я хочу, чтобы вы поняли следующее: эта женщина могла запретить дьяволу в *любой момент*, потому что у нее была власть над сатаной в Имени Иисуса.

Иисус объяснил мне: «Она *знала*, что делает. Она знала даже, что была одержима такого рода мыслями. В любой момент она могла сказать: "Эти мысли от дьявола, и я отказываюсь думать таким образом. Я приказываю тебе, сатана, оставить меня. Убирайся от меня во Имя Иисуса", *и сатана должен был подчиниться*. Но ей нравилось думать: "Я красива". Она продолжала думать: "Я обманута". Она продолжала думать: “В мире я могла бы иметь известность, успех и популярность”.

Этого не было, пока она не начала думать так, как говорил дьявол, *лелеять эти мысли и в результате поступать неправильно*.

Вскоре она оставила своего мужа и стала жить с другим мужчиной. Затем она оставила того мужчину и ушла к другому, затем к третьему, и так до тех пор, пока не дошла до пятого, и ни за одним из них она не была замужем, просто жила с ними.

И все равно еще не было поздно. Если бы она покаялась, снова обратилась ко Мне и попросила Меня, то Я бы простил ее. Ей никто не был нужен для того, чтобы изгнать дьявола. Она могла сделать это сама».

Иисус не поддерживает и не одобряет проступки, но, благодарение Богу, Он прощает проступки, если верующий искренне сожалеет, просит прощения, кается и отворачивается от греха (см. 1 Иоан. 1:9). А также обратите внимание на утверждение Иисуса: «Ей никто не был нужен для того, чтобы изгнать дьявола. Она могла сделать это сама».

Недостаточно просто иметь власть во Христе. Верующие должны *употреблять* ту власть, которая у них есть, против дьявола.

Затем я увидел в видении одного служителя деноминации Полного Евангелия входящим в гостиницу. В видении я стоял около гостиницы и видел ее название.

Затем было такое впечатление, как будто я прошел в гостиницу вслед за этим служителем. Он подошел к стойке и поинтересовался, не зарегистрированы ли в гостинице мистер и миссис такие-то. Они были зарегистрированы. Эта женщина зарегистрировалась в гостинице под видом жены своего сожителя.

Служитель поднялся и подошел к двери их номера. А я в видении, в духе, стоял в вестибюле и наблюдал за тем, что происходит. Служитель постучал в дверь. Женщина подошла к двери почти неодетая и открыла ее. Она узнала его, руководителя церкви Полного Евангелия.

Она сказала: «Я знаю, зачем ты пришел». Служитель пришел, чтобы попытаться восстановить ее, помолиться вместе с ней, вернуть ее к Богу, вернуть к мужу.

Она сказала: «А я хочу сказать тебе, что если Иисус Христос обеспокоен, то пусть он идет к черту». И она захлопнула дверь прямо перед его лицом.

Иисус сказал мне: «Видишь, она не хочет принадлежать Мне. Однако, — продолжал Он, — если бы она сказала: “Я не хочу быть с Ним”, — поддавшись искушению или в порыве гнева, Я бы все еще простил ее. Но она точно знала, что делает. Она добровольно и свободно сказала: “Я не хочу оставаться с Ним”».

И, когда она сказала это, я увидел, как черное пятнышко с головы прошло сквозь тело женщины и опустилось прямо в сердце, в ее дух. После этого Иисус сказал мне: «Теперь она обладаема бесом. Этот бес теперь имеет контроль над ней, но только *с ее согласия*».

Подавленность, одержимость и обладание

Как вы видите, существует большая разница между давлением, одержимостью и обладанием. Эта женщина была в служении вместе со своим мужем в течение двадцати лет; она не была младенцем во Христе. Сначала она была *подавлена* и *одержима*, но когда она добровольно и свободно отвергла Христа, будучи зрелой христианкой, она стала *обладаема* бесом. Но это произошло только *с ее разрешения*. И с того момента, как она отвергла Христа, она не могла больше называться христианкой.

Я спросил Иисуса: «Господь, почему Ты показываешь мне это? Ты хочешь, чтобы я изгнал из нее беса?»

Он ответил: «Нет, ты *не сможешь* изгнать из нее беса. Никто не может изгнать его, потому что она не хочет, чтобы он ушел; она хочет быть с ним. Ни один человек — ни ты, ни церковные старейшины, ни другие верующие, никто — не может употребить власть над духом человека. Когда Я был на земле, Я употреблял власть над *злыми* духами, но не над духом людей. Даже Бог Отец не использует власть над духом человека.

Я использовал Свою власть над злыми духами и демонами. И верующие в церкви могут использовать свою власть над злыми духами. Но если человеческий дух выбирает состояние, в котором он хочет пребывать, с этим ничего нельзя сделать; он там и останется. Если эта женщина хочет иметь беса, так оно и будет, и ты не сможешь изгнать злого духа из нее.

Мое Слово говорит: "*Желающий пусть берет воду жизни даром*", и "*изберите себе ныне, кому служить...*" (Отк. 22:17; Иис. Н. 24:15). У человека есть свобода для выбора чего угодно на земле. Бог не попирает волю человека».

Иисус объяснил мне, что если бы та женщина захотела освободиться до того, как отвергла Христа, я смог бы изгнать злых духов из ее тела и из ее души во Имя Его. Но *она* и сама могла справиться с дьяволом в любой момент и запретить ему оставаться в ней. Однако поскольку она не захотела быть свободной, то никто не мог ничего сделать, чтобы помочь ей.

Конечно, после того как она, будучи зрелой христианкой, отвергла Христа, стало невозможным изгнать из нее злого духа. Она приняла решение, какого хозяина выбрать, и выбрала дьявола (см. Рим. 6:16). Сам Бог не употребляет Своей власти над *волей* человека. Если люди хотят иметь дьявольские мысли и уступают ему, то Бог не будет попирать их волю, это не получится и у вас.

Вы не сможете заставить людей думать в соответствии со Словом Божьим, и вы не сможете заставить людей захотеть то, что есть у Бога для них. Вы не можете заставить их желать Духа Святого больше, чем злого духа. Вы можете учить людей тому, что говорит Слово Божье, еще вы можете побуждать их верить в Божье Слово и жить по нему, но вы не сможете *заставить* людей что-то желать.

Непростительный грех — грех к смерти

Когда я спросил Иисуса: «Хочешь ли Ты, чтобы я молился за эту женщину?», Он ответил: «Нет, даже и не молись за нее». Для меня это было настоящим потрясением! Вы когда-нибудь слышали о том, что за людей нельзя молиться? Я приверженец Слова. Если кто-нибудь говорит мне что-то, для меня не имеет значения, кто это, я должен увидеть это в Слове. И я спросил Иисуса: «Почему, Господь? Я никогда ничего подобного не слышал. Это соответствует Писанию?»

Он ответил: «Ты что, никогда не читал в Моем Слове: "*Если кто видит брата своего согрешающим грехом не к смерти, то пусть молится, и Бог даст ему жизнь, то есть согрешающему грехом не к смерти. Есть грех к смерти: не о том говорю, чтобы он молился"?»*

Иисус сказал: «Есть грех к смерти, и Слово велит не молиться за тех, кто его совершает».

Невозможно узнать, совершил ли человек грех к смерти, пока Бог Сам не покажет это Своим Божественным откровением. Три раза за время моего служения Господь говорил мне не молиться за конкретных людей, потому что они совершили грех к смерти. Эта женщина была первой.

Иисус сказал мне не молиться за женщину, потому что она совершила непростительный грех — грех к смерти. Я сказал Господу, что все же это меня не устраивает: «Я не приму никакого видения или переживания, хотя я и вижу Тебя, Иисус, если то, что Ты говоришь, не будет доказано в Новом Завете. Я не приму ни слова из того, что Ты говоришь, пока Ты не приведешь мне еще одного места Писания, чтобы доказать, что я не должен молиться за эту женщину».

Я напомнил Ему, что в Его Слове сказано: *«...устами двух или трех свидетелей подтвердилось всякое слово»* (Мат. 18:16). Он назвал мне следующее место Писания и начал обсуждать его со мной.

ПОСЛАНИЕ К ЕВРЕЯМ 6:4-6

4 Ибо невозможно — однажды просвещенных, и вкусивших дара небесного, и соделавшихся причастниками Духа Святого,

5 И вкусивших благого глагола Божия и сил будущего века,

6 И отпадших, опять обновлять покаянием, когда они снова распинают в себе Сына Божия и ругаются Ему.

Иисус объяснил мне, что до того как человек становится виновным в совершении греха к смерти, он проходит все пять стадий, упомянутых в этих стихах.

Во-первых, там сказано: *«Ибо невозможно — однажды просвещенных...»* (Евр. 6:4). Иисус сказал, что это относится к тому, что многие из нас в те дни называли «подпасть под осуждение». Проповедь Слова просвещает грешника. Это как с блудным сыном, когда он «пришел в себя» (см. Лук. 15:17). В свете проповеди Божьего Слова грешник начинает видеть, что он потерян. Он просвещается истиной Божьего Слова и видит свою нужду в Спасителе.

Во-вторых, в Послании к Евреям сказано: *«...и вкусивших дара небесного...»* Иисус сказал, что человек под осуждением еще не вкусил этот небесный дар, потому что небесный дар — это Иисус.

Иисус процитировал Евангелие от Иоанна (3:16): *«Ибо так возлюбил Бог мир, что отдал Сына Своего единородного, дабы всякий, верующий в Него, не погиб, но имел жизнь вечную»*. Поэтому «вкушение дара небесного» относится к спасению — это принятие Иисуса Христа своим Спасителем.

Затем, в-третьих: *«...и соделавшихся причастниками Духа Святого...»* (Евр. 6:4). Иисус сказал мне, что это значит больше, чем быть рожденным свыше и быть знакомым с Духом Святым через Его постоянное присутствие (см. Иоан. 14:16, 17). Это относится к исполнению Духом Святым — принятию крещения Святым Духом (см. Деян. 1:5; 2:4).

В-четвертых: *«...и вкусивших благого глагола Божия...»* (Евр. 6:5). Иисус сказал, что это не может относиться к младенцам во Христе. Они еще не вкусили благого Слова Божия. Младенцы во Христе еще сидят на «чистом словесном молоке». Первое послание Петра (2:2) говорит нам: *«Как новорожденные младенцы, возлюбите чистое словесное молоко, дабы от него возрасти вам во спасение»*.

Другой перевод называет «благой глагол Божий» твердой пищей Божьего Слова. Иными словами, младенцы во Христе не способны совершить непростительный грех, потому что они еще не вкусили твердой пищи Божьего Слова. Они еще сидят на молочке.

Только те, кто находится уже на некоторой ступени духовного роста, кто полностью осознает серьезность последствий отречения от Христа и вкусил уже твердой пищи Слова, могут быть виновными в совершении этого греха.

Иисус указал здесь на сходство между духовным и физическим ростом. Он сказал, что младенцы во Христе не могут быть виновными в совершении непростительного греха, потому что они недостаточно зрелые для того, чтобы понять, что они делают.

Пятое состояние человека, совершающего грех к смерти, это то, что он: *«...вкусил... сил будущего века»* (Евр. 6:5). Иисус объяснил мне, что это значит. Он сказал, что «силы будущего века» — это духовные дары.

«Те, кто вкусил силы будущего века, являются зрелыми христианами, в жизни и служении которых действуют дары Духа». Он объяснил, что крещение Святым Духом с вытекающими из него дарами является задатком нашего наследия в грядущем мире (см. Еф. 1:13, 14; 2 Кор. 5:5).

Итак, существует пять библейских определений тех этапов, которые должен пройти верующий, прежде чем он сможет совершить непростительный грех. Как вы понимаете, очень немногие христиане могут быть квалифицированы как виновные в совершении этого греха.

Иисус сказал, что женщина в видении, отвергшая Его, попадает в категорию тех, кто способен совершить непростительный грех, и Он объяснил почему. Он сказал, что эта женщина была просвещена, она осознавала свою нужду в Спасителе. Она вкусила небесный дар, потому что была рождена свыше. Иисус Христос был ее Спасителем на протяжении многих лет.

Эта женщина также была исполнена Святого Духа и была в служении вместе со своим мужем много лет. Она знала Слово Божье. Она прошла через достаточный духовный рост, поэтому она не была больше младенцем во Христе, вкушающим словесное молоко. Она вкусила твердой пищи Божьего Слова. В ее жизни действовали дары Святого Духа. Поэтому она выполнила все условия, указанные в Писании, для того, чтобы стать способной совершить непростительный грех.

Иисус сказал, что Он простил бы ее, если бы она просто была искушаема и побеждена дьяволом. Он сказал мне, что она не совершила непростительный грех, просто уйдя к другому мужчине. Он объяснил, что даже если бы у нее было сто мужчин, но она обратилась бы к Нему и покаялась, Он простил бы ее. Но она пришла к этому решению, не будучи искушаемой или побежденной, а добровольно и свободно, когда заявила, что не хочет больше Иисуса в своей жизни. Это и есть грех к смерти — непростительный грех.

То, как зрелый христианин поступает по отношению к Иисусу, определяет, совершил ли человек грех к смерти или нет. Если зрелый христианин добровольно отвергает Христа с обдуманным намерением, Библия называет это решение непростительным грехом, то есть грехом к смерти. Грех к смерти ведет к духовной смерти — вечному отделению от Бога.

Остановитесь и подумайте об этом. Человек получает спасение, принимая Иисуса Христа в свое сердце. Единственный способ потерять спасение определяется тем, как он относится к Иисусу. Иисус — центральная фигура спасения. Вот почему, когда люди спрашивают: «Может ли христианин иметь беса?», они должны определиться, что они под этим подразумевают. В действительности, как я уже сказал, христиане могут иметь то, что захотят, потому что их воля свободна.

Продолжая уступать дьяволу, зрелые христиане могут прийти к той точке, где они *изберут* отвергнуть Христа, как сделала эта женщина. Но тогда они не будут больше христианами, потому что они не будут больше «подобными Христу» и не будут стараться следовать за Иисусом. Как только Дух Христа отделяется, человек не может больше называться христианином. И только теперь они могут стать обладаемыми.

Поэтому только то, что та женщина когда-то была христианкой, еще не говорит о том, что она ею осталась. Она перестала быть подобной Христу, последовав за дьяволом и отвергнув Господа Иисуса Христа. Иисус сказал: *«...Если пребудете в слове Моем, то вы истинно Мои ученики»* (Иоан. 8:31). Эта женщина не продолжила пребывать в Божьем Слове; она не хотела больше иметь с Иисусом ничего общего.

Позвольте мне сказать здесь еще кое-что. Только то, что люди *претендуют* на то, чтобы называться христианами, еще не говорит о том, что они рождены свыше. Если в их жизни нет плодов рожденного свыше, обновленного духа, то я сомневаюсь в том, что они пережили спасение. Можно навесить на человека какую угодно этикетку, но это не значит, что он будет ей соответствовать.

Например, одна женщина рассказала мне как-то, что ее муж называл себя христианином, будучи вовлеченным во всякого рода сатанинские выходки. Он не проявлял никаких доказательств того, что он новое творение во Христе. Она хотела знать, на самом ли деле он является христианином.

Я сказал ей: «Нет, он не христианин. Слово *христианин* означает "подобный Христу". Ведет ли он себя так, как Иисус вел бы себя? Нет. Следует ли он за Христом, ходит ли во свете Слова? Нет. Он следует за дьяволом, поэтому не называйте его христианином».

Затем в видении Иисус показал мне место в десятой главе Послания к Евреям и больше рассказал о грехе к смерти.

ПОСЛАНИЕ К ЕВРЕЯМ 10:26-29

26 Ибо, если мы, получивши познание истины, произвольно грешим, то не остается больше жертвы за грехи,

27 Но некое страшное ожидание суда и ярость огня, готового пожрать противников.

28 Если отвергшийся закона Моисеева, при двух или трех свидетелях, без милосердия наказывается смертью,

29 То сколь тягчайшему, думаете, наказанию повинен будет тот, кто попирает Сына Божия и не почитает за святыню Кровь завета, которою освящен, и Духа благодати оскорбляет?

В стихе 26 написано: *«Если мы, получивши познание истины, произвольно грешим...»* Этот грех не может быть грехом, потому что если бы здесь говорилось об обыкновенном грехе, то тогда Первое послание Иоанна не было бы истинно. Первое послание Иоанна (1:9) обещает нам, что если мы исповедаем наши грехи, то Бог верен и справедлив, для того чтобы простить нас и очистить нас от всякой неправедности.

Поэтому Послание к Евреям говорит о грехе отвержения Христа. Павел (который, я верю, написал Послание к Евреям) в этом отрывке обращается к христианам-евреям. Конечно, в этих стихах содержатся принципы, касающиеся всех христиан. Но во времена Нового Завета еврейские христиане были подвержены искушению вернуться к иудаизму, потому что следовать за Христом сложнее.

Когда эти евреи становились христианами, они подвергались гонениям и откалывались от семей. Они сплачивались и помогали друг другу, но им было трудно не только в финансовом отношении, но и из-за сильных гонений.

Некоторые из них были искушаемы вернуться к прежней жизни в иудаизме, но для этого им нужно было отказаться от признания Иисуса Христа Сыном Божьим. Послание к Евреям (10:29) говорит, что «попирать Сына Божия» — это непростительный грех.

Другими словами, если бы эти еврейские христиане вернулись к иудаизму, они должны были бы отказаться от признания Христа Мессией. Если бы они сделали это, то они должны были бы отказаться от того, что Иисус был рожден от девы. Если бы они вернулись в иудаизм, они не почитали бы за святыню Кровь завета (см. Евр. 10:29). Если Иисус не Сын Бога и не Мессия, то тогда Его Кровь ничем не отличалась бы от крови любого человека — она не была бы святой.

Отрицать, что Иисус Христос — Сын Божий, это грех, о котором также говорится в десятой главе Послания к Евреям. Это то же самое, что отвернуться от Него, отвергнуть Его, говоря: «Я больше не хочу знать Иисуса». Библия говорит: если зрелый христианин добровольно и свободно отвергает Христа, то за их грехи нет жертвы.

Кроме того, с чего вы начинаете, что делает вас новым творением? Это принятие Иисуса Христа своим Спасителем. Это вера в вашем сердце, что Бог воскресил Иисуса из мертвых и что Он Сын Божий. Вы послушались Библии, поверили своим сердцем и исповедали Иисуса Христа своим личным Господом и Спасителем (см. Рим. 10:9, 10).

Поэтому грех, на который Библия ссылается здесь, — отрицание Христа, — не является просто одним из тех грехов, которые может совершить христианин за свою жизнь. Но одна из сфер, в которой сатана внес огромную смуту в Тело Христово, — это сфера непростительного греха. Многие психиатрические лечебницы сегодня переполнены людьми, даже верующими, которые убеждены сатаной, что они совершили непростительный грех.

Сатана использовал это место писания в Послании к Евреям против людей, не знакомых с полным намерением Бога. Он извлек пользу из их незнания, солгал им и держал их в рабстве, говоря им, что они согрешили «произвольно» и поэтому совершили непростительный грех.

На протяжении многих веков людей пытали и казнили за то, что они не хотели отречься от своей веры в Иисуса Христа. Если бы они отреклись под сильными пытками, Бог не обвинял бы их за это. Но если они отреклись добровольно, то, конечно, это другое дело.

Иисус сказал, что женщина в моем видении тоже совершила непростительный грех, подтвердив Свои слова этим отрывком из Послания к Евреям (10:26-29). Будучи зрелой христианкой, полностью осознавая, что она делает, она попрала Иисуса Христа и не почла за святыню Его Кровь (ст. 29). Поэтому для ее греха не было больше жертвы.

Дьявол упорно пытается внушить людям мысль, что они совершили непростительный грех. На протяжении многих лет разные люди говорят мне, что они совершили этот грех к смерти.

Я спрашивал их: «Вы наступили на Кровь Иисуса и сказали, что Он был *просто* человеком, а не Сыном Божьим? Сказали ли вы, что Иисус не был непорочно зачат? Говорили ли вы, что Его Кровь не является святой и ничем не отличается от крови любого человека? Отвергли ли вы Иисуса полностью?»

На каждый из этих вопросов все они отвечали: «Нет, конечно же, нет».

«Тогда этот стих к вам не относится», — заявлял я.

Люди должны понять библейское определение непростительного греха, чтобы дьявол не смог взять над ними верх. Пока зрелый христианин, сочетающий в себе все пять характеристик, отраженных в шестой главе Послания к Евреям, произвольно не скажет: «Иисус не является Сыном Божьим» или «Я не желаю знать Иисуса», он не совершил этого греха. Младенцы во Христе не могут совершить этого греха, делая такие заявления в порыве раздражительности, гнева или страсти. В этом стихе Библия имеет в виду обдуманное, сознательное решение.

Не имеет значения, что сделали христиане, как далеко они ушли от Бога, даже если они сказали что-либо против Христа в моменты злости, Он не будет держать это против них, если они покаются, исповедают свой грех и обратятся от своих неправильных путей. Не для того, чтобы оправдать грех, потому что совершать грех — неправильно, но это предостережение для христиан, которые грешат и не замечают этого (см. 1 Иоан. 1:9).

Вот почему, если вы теряете общение с Господом, вам нужно вернуться к этому общению как можно скорее. Вы попадаете на территорию дьявола, а это опасно, потому что дьявол хочет разрушить вашу жизнь (см. Иоан. 10:10).

В действительности грех отречения от Христа может быть совершен двумя способами: люди могут слышать проповедуемое Евангелие, отвергнуть Христа и продолжать Его отвергать. Спустя некоторое время Дух Святой не будет больше побуждать их принять Иисуса своим Спасителем (см. Быт. 6:3), и эти люди, когда умрут, проведут вечность в аду. Другой способ заключает в себе добровольное и свободное отречение зрелого христианина от Христа.

Я спросил Господа, что произойдет с той женщиной. Он ответил, что она проведет вечность в озере огненном и серном. В том видении я видел ее, спускающуюся к этому месту, и слышал ее ужасные крики.

Я знал другого человека, который совершил непростительный грех. Дух Святой работал с ним длительный период времени, но он продолжал отвергать все старания Духа Святого. Он не уступил Богу. Я лично говорил с ним о Боге несколько раз. Он сказал мне, что был рожден свыше и Бог призвал его проповедовать, но он не захотел проповедовать.

В конце концов он просто отошел от Господа, перестал ходить в церковь и стал грешить. Я говорил с ним о Господе и пытался вернуть его к Богу. В то время он жил в глубоком грехе, совершая все непотребства, какие только можно себе представить. Когда я заговорил с ним о Господе, он зарыдал, затрясся и задрожал от сознания своей греховности. Я продолжал молиться за него, говорил с ним при разных обстоятельствах в течение пятнадцати лет, пытаясь вернуть его к Господу.

Когда я говорил с этим человеком в последний раз, он сказал мне: «Ладно, я знаю, что все, что вы говорите, — правда. Но я не собираюсь ничего предпринимать по этому поводу. — Затем он добавил: — Но не сдавайтесь, продолжайте за меня молиться». И я продолжал молиться за него. Я помню один особенный вечер. Я молился за него среди ночи, преклонив колени, и Господь сказал мне: «Вставай!» Это было так реально, так неожиданно. Поэтому я поднялся. Господь сказал: «Не молись за него».

«Но, Господь, — возразил я, — он сказал мне, что он знал Тебя еще когда был подростком. Он сказал, что Ты призвал его проповедовать. Вот почему я молюсь, чтобы он вернулся к общению с Тобой, вернулся к Тебе, как блудный сын».

Господь ответил: «Нет, не молись за него больше».

«Ты говоришь мне больше не молиться за него? — спросил я. — Но он еще здесь. В этой жизни. Для него все еще есть надежда».

«Нет, — сказал Господь, — он никогда не будет спасен. Он умрет и пойдет в ад». Это было для меня ударом! Я сказал: «Господь, я этого не понимаю».

Иисус спросил меня: «Ты когда-нибудь читал в Ветхом Завете о Ефреме? Ты разве не знаешь, что в конце концов Я сказал: "Оставь Ефрема в покое. Не надоедай ему больше. Оставь его". Почему Я это сказал? Потому что Ефрем привязался к своим идолам (см. Ос. 4:17). Поэтому и ты оставь этого человека в покое».

Понимаете, в духовном смысле этот человек привязался к своим идолам. Он широко открыл двери дьяволу, и Господь знал, что он никогда не покается. После этого я больше никогда не молился о нем. Я просто не мог. Другие молились, но Господь сказал мне не делать этого. Этот человек умер, когда ему было пятьдесят четыре года.

Я узнал от его родственников о том, как он умер. Они рассказали, что он умер, проклиная Бога, хотя когда-то он был верующим. Это так ужасно! Но такое *может* случиться, если вы откроете двери дьяволу, останетесь в грехе, никогда не обратитесь от него и не покаетесь.

Было ли это Божьей волей? Конечно нет! Но, как видите, оставаться на сатанинской территории опасно. Дьявол может сбивать людей с пути, и, возможно, они могут прийти в такое место, где они добровольно и свободно не захотят иметь ничего общего с Богом.

Опасно слушать ложь дьявола, отдаляться от общения с Богом и впадать в грех. И верующие, если они находятся на сатанинской территории, могут просто холодно и свободно захотеть не иметь больше ничего общего с Богом.

Но нужно понимать, что есть большая разница между верующими, которые желают ходить с Господом, но случайно оступаются и падают, не желая этого, и теми, кто произвольно, свободно и настойчиво продолжает поступать неправильно и постоянно отворачивается от Бога, отвергая Его.

Последняя возможность

Это случилось в 1945 году, я проводил собрание в Западном Техасе. Один из членов совета обратился ко мне: «Брат Хейгин, я хочу задать тебе вопрос». И он начал рассказывать. Предыдущий пастор, который и построил эту церковь, был пастором в этом городе с населением в пятнадцать тысяч человек в течение тридцати лет. Но он оставил свою жену, связался с другой женщиной в этом городке и просто жил с ней, не заключая брака.

К тому времени как я приехал проповедовать в той церкви, прошло несколько лет, как этот пастор ушел к той женщине. Каждый год, с тех пор как пастор оставил церковь, туда приезжал новый пастор, но, пробыв там около года, уезжал. Церковь пыталась загладить ту репутацию, которую она приобрела из-за поступка первого пастора. Он продолжал жить в том же городе, держал игорный дом и делал другие неправильные вещи. Своим уходом он навлек на церковь позор.

Член совета церкви сказал мне: «Брат Хейгин, три недели назад этот бывший пастор показался в церкви на воскресном собрании. У одной из женщин в церкви было обращение на иных языках, и этот бывший пастор поднялся и истолковал его. Было ли это правильным? Было ли это от Бога?»

«Ну, во-первых, — сказал я, — вы должны помнить из Ветхого Завета, что, когда Саул стал отступником и отдалился от Бога, он встретился с некоторыми пророками, и Дух Святой сошел на него, и он начал пророчествовать (см. 1 Цар. 19). Библия говорит, что дары и призвание от Господа не зависят от покаяния (см. Рим. 11:29). Но это не значит, что Бог оправдывает грех Саула. Поэтому для того, чтобы определить, было ли это истолкование от Господа, расскажи мне, о чем оно было».

Член совета сказал: «Ну, мы все были так встревожены, и я не запомнил первой его части, но заканчивалось оно такими словами: “Это *последний* призыв. Я даю тебе *последнюю* возможность”».

Это случилась через три года после того, как тот пастор перестал общаться с Богом. Член совета сказал мне: «Когда бывший пастор закончил истолкование, он закричал громким голосом: “Я хочу, чтобы все знали: если Иисусу Христу до всего есть дело, то пусть идет к черту!” — и он развернулся и вышел из здания церкви».

Затем член совета спросил: «Вы думаете, что слова истолкования: “Это последний призыв — твоя последняя возможность” были верными?»

Я сказал: «Да, это был Бог. Бог сверхъестественно говорил этому человеку, и человек говорил прямо из своего духа то, что Святой Дух говорил ему. Это истолкование не было обращено к церкви; Бог говорил только для *него*. И он принял это послание. Бог по Своей милости дал ему последнюю возможность покаяться и отвернуться от греха, но он не послушал. Он правильно истолковал то, что Святой Дух хотел ему сказать, но он принял решение отвергнуть Христа, добровольно и без принуждения».

Это печально, но это может произойти. Здесь есть урок, который надо выучить. Помните, в моем видении Иисус начал разговор словами: «Я покажу тебе, как дьявол может овладеть людьми, даже верующими, если они ему позволяют».

Понимаете, вы окажетесь в опасности, если начнете слушать то, чем дьявол хочет накормить ваш разум, начнете принимать его мысли и следовать его предложениям. Если вы откроете двери дьяволу, немного останется до того момента, когда он попытается полностью контролировать ваш разум и вы станете одержимыми его мыслями.

Верующие не должны давать никакого места дьяволу в своих мыслях. В Библии сказано: «*И не давайте места диаволу*» (Еф. 4:27). Это значит, что дьявол не может завладеть верующими, *пока они ему не позволят*. Однако они могут дать ему разрешение. Но верующие не должны позволять дьяволу взять верх над своим мышлением, потому что у нас есть над ним власть во Имя Иисуса. Сатана не является нашим господином, и мы не должны позволять ему господствовать над нами даже в сфере наших мыслей.

У христиан в их распоряжении есть воля, в которую Бог не вторгается. Но сатана также не может преступить волю человека. Верующим не нужно уступать дьяволу. Бог хорошо снарядил и уполномочил Тело Христово для того, чтобы верующие были сильными в Господе и обращались мыслями к Богу. Мы не должны пасть жертвами дьявола, потому что не он наш Господь, а Иисус. Мы победили сатану, но мы должны не только употреблять свою власть над ним, данную нам во Христе, но еще и держать двери своего разума закрытыми для него, настраивая свои мысли на Божье Слово. Вот каким образом мы не дадим дьяволу никакого доступа к нам и будем твердо стоять, как подобает членам победоносной Церкви.

Глава 6
Как бороться со злыми духами

Принимать мысли дьявола опасно, потому что его мысли приносят тьму, депрессию, подавленность и в конце концов ошибки. Женщина из видения, пережитого мной в 1952 году, не охраняла свой разум, и это привело ее к совершению ошибки. Из-за того что она отвергла Иисуса, ей теперь гореть в озере огненном и серном (см. Отк. 20:25).

Я все еще стоял на коленях на той кухне в пасторском домике, молясь с пастором, в церкви которого я проводил собрание. Как я уже говорил, он был когда-то мужем той женщины.

Когда я спросил Иисуса, почему Он показал мне это видение, он сказал: «Прежде всего, я хотел показать тебе, как дьявол может завладеть людьми, даже верующими, если они это ему позволяют. Но, во-вторых, я хочу, чтобы ты приказал бесу, живущему в этой женщине, прекратить угрожать, беспокоить и устрашать моего служителя такого-то в его служении», — и Господь назвал имя прежнего мужа этой женщины, пастора, с которым я молился.

Пастор никогда не говорил мне о своей бывшей жене. Я знал, что жена оставила его несколько лет назад, но я не знал ничего о той ситуации, пока не увидел видение, молясь у него на кухне.

Иисус сказал мне также, что хотя я и не могу бороться с этой женщиной сам, потому что никто, даже Бог, не имеет власти над *духом человека*, потому что люди наделены свободной волей, у меня все же есть власть над злым духом, оказывающим на нее влияние.

Иисус сказал, что я могу бороться с тем духом, который на нее влияет, потому что этот бес препятствовал Его служителю в деле служения. Позже я обнаружил, что эта женщина звонила своему бывшему мужу, угрожая приехать в город, чтобы доставить ему неприятности.

5 Зак. 1509

Как у члена Тела Христа, у меня была власть над дьяволом, который препятствовал служению и восставал против служителя Господа. Однако это не означало, что та женщина могла освободиться от злых духов, потому что она не хотела освобождаться. Она хотела, чтобы у нее был этот бес; она не хотела его отпускать. Кроме того, она уже совершила непростительный грех, отвергнув Иисуса. Но в результате борьбы со злым духом, который вселился в нее, этот бес не мог больше беспокоить и устрашать Божьего служителя пастора.

Я спросил Иисуса: «Господь, как Ты хочешь, чтобы я справился с этим бесом?»

Господь ответил: «Просто скажи: "Ты, нечистый дух, действующий и проявляющийся в жизни (Иисус назвал имя той женщины), угрожающий, беспокоящий и устрашающий служителя (Иисус назвал имя пастора), я приказываю тебе прекратить свои действия против него. Я приказываю тебе остановиться и отказаться от своих дальнейших маневров во Имя Иисуса Христа"».

Я спросил: «Это все, что я должен сделать?»

Я думал, что мне, возможно, придется подготовиться к какой-нибудь большой битве или что-то в этом роде. Иногда из-за нашего религиозного воспитания нам кажется, что прежде чем употребить свою власть над дьяволом, нам надо неделю молиться. Или мы думаем, что нам надо попоститься немного, прежде чем решиться на какие-нибудь попытки бороться с дьяволом.

Но наша власть над дьяволом во Имя Иисуса Христа основана на правах и привилегиях *во* Христе. Наша власть над дьяволом не зависит от того, как долго мы молимся или постимся, но нам нужно знать, кто мы во Христе. С другой стороны, молитва и пост помогут нам стать более чувствительными к водительству Святого Духа.

Иисус ответил: «Это все, что тебе надо сделать». «Да, Господь, но она сейчас в другом штате, а я здесь», — протестовал я. Иисус ответил: «В духовной сфере нет расстояний. Ты можешь приказать бесу, находящемуся в этом штате, прекратить угрожать, беспокоить и устрашать человека, находящегося в другом штате, и он должен будет прекратить свои действия против этого человека».

Я справился со злым духом, действовавшим через эту женщину, так, как Иисус сказал мне. Я говорил с бесом, и он отвечал мне. Иисус предупредил меня, что я начну видеть и слышать в духовном мире; это действовал дар различения духов. Пастор не видел и не слышал ничего, но я и видел, и слышал, как бес обращается ко мне.

Злой дух сказал, что он, конечно же, не хочет прекращать свои действия против пастора, но он знает: если я скажу ему, то он должен подчиниться. Я сказал, что он должен сделать это во Имя Иисуса. Затем я увидел, все еще оставаясь в духовном мире, как злой дух убежал, как скулящая собака. Глядя на это, я начал смеяться. Это был смех в Духе, и он был уведомлением о победе.

Затем я стал возвращаться в реальный мир и обнаружил, что пастор смеялся вместе со мной. Я не знаю, сколько времени мы провели вот так, смеясь в Духе. После того как все закончилось, я рассказал ему, что был в духовном мире, затерявшись в облаке славы, и что мне показалось, будто он тоже смеялся. Он подтвердил, что смеялся. Он не видел и не слышал ничего, но знал, что я что-то увидел и услышал.

Я спросил его, над чем он смеялся. Он ответил, что в тот день он получил письмо от своей бывшей жены, которая угрожала приехать в его город, чтобы причинить неприятности ему и его служению. То же самое она сказала ему по телефону. Когда мы молились, он почувствовал, что бес, действующий через нее, побежден. Верой пастор мог увидеть бегство беса. Я сказал ему, что на самом деле я видел, как этот дух убегал, как скулящая собака. Это было то, над чем мы оба смеялись, находясь в Духе.

Проверяйте духовные откровения и видения

Я люблю проверять по Писанию и в действительности подлинность тех откровений и видений, которые получаю. Другими словами, я не принимаю откровений или видений, которые просто случаются. Я со всеми подробностями описал пастору то, что мне было показано в видении. Я рассказал ему о служителе (который возглавлял их деноминацию), посетившем гостиницу, в которой остановилась бывшая жена пастора с другим мужчиной. Я рассказал пастору о том, что сказала его бывшая жена этому служителю.

Пастор воскликнул: «Все в точности так и произошло! Человек, которого ты видел, — это районный управляющий деноминации, к которой мы принадлежали. И он рассказал мне, что она в точности все так и сделала, и сказала».

В реальной жизни я ничего об этом не знал, и никак не мог этого узнать, кроме как Духом Господним. Но мне нравится быть уверенным по поводу того, что я вижу в Духе, и проверять это. Я не сразу принимаю то, что происходит в Духе, не бегу и не строю на этом доктрины.

Этот пастор был женат второй раз. Я не знал, что его бывшая жена грозилась приехать и создать ему проблемы. Конечно, дьявол через ту женщину хотел доставить ему неприятности и в церкви, и в общине, чтобы остановить его в деле служения. Вот что имел в виду Господь, когда говорил о злом духе, действующем через ту женщину, запугивая и беспокоя Его служителя.

Когда этот пастор снова вступил в брак, его деноминация не хотела иметь с ним дела, потому что он был разведен. Но когда Господь говорил мне о нем в видении, Он называл его «*Мой* служитель». Не странно ли то, что христиане в той деноминации даже не хотели называть его *братом?*

Кто причиняет беспокойство Церкви?

В видении Иисус объяснил мне, что справиться с дьяволом, когда он пытается угрожать, беспокоить и запугивать члена Тела Христа, можно, не имея в действии дар различения духов. В этих ситуациях у нас есть власть приказать дьяволу прекратить маневры против верующего.

В тех ситуациях, когда нужно встать и употребить свою власть над дьяволом, не требуется даров Духа. Иисус также сказал, что верующему не нужно иметь слово знания или быть служителем, чтобы употреблять свою власть над дьяволом. У *каждого* верующего есть власть, которую он может использовать во Имя Иисуса, чтобы противостать дьяволу (см. Мат. 18:18; Мар. 16:17; Лук. 10:19; Фил. 2:9, 10).

Иисус объяснил: «В любое время, если кто-либо в Церкви или вне Церкви делает что-либо, говорит что-либо или действует каким-либо образом так, чтобы сбить с толку, беспокоить, препятствовать, запугивать, угрожать, останавливать или задерживать служение Церкви, вам не нужно ни различения духов, ни слова знания, просто *знайте*, что причиной этому является дьявол.

Вам просто нужно приказать духу, стоящему за этими действиями против верующего, прекратить свои маневры во *Имя Мое* — во Имя Иисуса. Вам не нужно иметь дела с человеком, разберитесь с духом, стоящим за этим действием».

Понимаете, многие люди — как верующие, так и неверующие — подсознательно уступают дьяволу. Иногда по невежеству люди могут стать его инструментами, *неосознанно* уступая ему. Но также люди, даже верующие, могут *осознанно* следовать за дьяволом.

Хотя верующие и имеют власть для того, чтобы расправиться с любым злым духом, заставляющим человека беспокоить Тело Христа, у нас нет власти воздействовать на *человека*, являющегося причиной проблемы. Наша власть не распространяется так далеко, потому что у нас нет власти над человеческой волей, а человек может желать иметь злого духа. Никто не может освободить человека, если тот хочет оставить злого духа при себе.

Вот почему связывание злого духа, стоящего за каким-либо действием, не приведет к *освобождению* человека, стоящего за этим действием, от злых духов, потому что у него есть свобода выбора и он может захотеть оставить их. Но применение нашей власти *остановит* злых духов в их стратегии против верующего.

Проблемы в этой области появляются тогда, когда верующие пытаются разбираться с *людьми* в *естественных сферах*, вместо того чтобы разбираться со *злыми духами*, влияющими на этих людей в *духовном мире*. Часто мы пытаемся бороться с людьми, когда нам надо бороться со злыми духами, поэтому возникает путаница и хаос.

Поймите меня правильно. Есть время и место для того, чтобы иметь дело с людьми в естественных сферах. Но Иисус говорил о тех случаях, когда враг действует через людей и препятствует Церкви — Телу Христа. Если какой-то человек препятствует, беспокоит и пытается остановить Церковь, значит через него действуют злые духи.

Если речь идет о жизни людей, которых надо освободить от беса, тогда другое дело. В большинстве случаев в процесс освобождения вовлечена их собственная воля. Что они хотят сделать по этому поводу? Хотят ли они освободиться? Некоторые хотят оставить все как есть, они не хотят расставаться с бесами. В этом случае вы ничего не сможете с этим поделать. Когда люди искренне хотят освобождения, вам все равно придется, с помощью водительства Святого Духа, иметь дело со злыми духами.

Если подойти к этому вопросу с другой стороны, то мы должны понимать, что не каждая проблема в жизни вызвана бесами, так же как не связаны напрямую с бесами все негативные моменты в жизни. В конечном счете дьявол стоит за всем злом, которое существует в мире. Но проблемы, испытания и злоключения не исчезнут, потому что мы живем в мире, где правит сатана (см. 2 Кор. 4:4).

Иисус сказал: *«В мире будете иметь скорбь; но мужайтесь: Я победил мир»* (Иоан. 16:33). Он также пообещал нам победу во всех ситуациях: *«Благодарение Богу, даровавшему нам победу Господом нашим Иисусом Христом!»* (1 Кор. 15:57).

Я сказал, что иногда нужно иметь дело в физическом мире с людьми, которые вовлечены в проблему, потому что не все, что происходит, вызвано злым духом. Например, родители должны учить и дисциплинировать детей в естественном мире точно так же, как они молятся и следят за их состоянием в духовном смысле.

Но наряду с этим существует другая сторона медали. Часто люди, даже рожденные свыше, исполненные Святым Духом, могут неосознанно уступать дьяволу, становясь причиной проблем в Церкви. В этих случаях вам придется иметь дело со злыми духами, используя свою власть во Христе.

В большинстве случаев вам нужно бороться со злыми духами один на один. Однако в других обстоятельствах служитель может быть вынужден делать это публично, если дьявол действует через человека во время собрания.

Но, как правило, в уединении своей молитвенной комнаты вы можете просто сказать: «Ты, нечистый дух, действующий в жизни такого-то и такого-то, мешающий и смущающий эту церковь (или человека), я приказываю тебе отступить и прекратить свои маневры во Имя Иисуса».

Я проповедовал об этом в полноевангельской церкви, а у пастора из соседнего более крупного города были проблемы с некоторыми членами его церкви. Пастор, у которого я проповедовал, послал ему послушать кассеты с моим учением на эту тему.

Несколько лет спустя пастор этой соседней церкви рассказывал мне: «В моей церкви было три семьи, которые создавали всякого рода проблемы. Одна из них была семьей моего дьякона, другая — директора школы, а третья — члена совета церкви. Дьякон хотел подать петицию о том, чтобы меня вышвырнули из церкви.

Долгое время я пытался разобраться с этими семьями естественным образом, но не имел успеха. Ничего из того, что я делал, казалось, не действовало. Они все равно причиняли церкви самые разные неприятности. После того как я прослушал ваши кассеты, я понял, что на этих людей влияли злые духи, создавая проблемы».

Понимаете, дьявол может говорить разуму христиан, а они, в свою очередь, могут повторять эти мысли, создавая разделение и споры (см. Иак. 3:14-16). В Библии сказано, что сатана — клеветник братьев и он может влиять на верующих так, чтобы они тоже начали клеветать друг на друга (см. Отк. 12:10).

Пастор рассказал мне, что, находясь один в своем кабинете, он просто взял власть над злыми духами, вызывающими проблемы в церкви, и приказал этим духам прекратить свои маневры.

«Эти люди создавали проблемы в церкви на протяжении трех лет, — продолжал пастор свой рассказ, — но чуть ли не за одну ночь они полностью изменились. Они были хорошими христианами. Они просто не осознавали, что они поддались дьяволу, а дьявол использовал их, чтобы выступить против церкви. Но как только я разобрался со злыми духами, создававшими проблемы, так те же самые люди стали моей самой преданной поддержкой».

Я убежден, что у Тела Христа больше власти, чем мы когда-либо употребляли. Вместо того чтобы подняться и использовать то, что по праву принадлежит нам, мы слишком часто просто плывем по течению в надежде, что в один прекрасный день все образуется. Но мы должны помнить: в Библии написано, что мы не боремся с плотью и кровью (см. Еф. 6:12). Слишком много времени мы тратим на борьбу с плотью и кровью — с человеческим существом, — вместо того чтобы бороться со злым духом, являющимся причиной проблемы.

Поймите меня правильно. Как я уже сказал, есть времена, когда мы должны иметь дело с плотью и кровью, — придется иметь дело с людьми. Но слишком много времени мы стараемся делать все в физическом мире, борясь с плотью и кровью своей плотской энергией. Но благодарение Богу за Имя Иисуса и за победу над силами тьмы, которую Он уже завоевал для нас!

Человек из видения 1952 года

Как я уже говорил, в видении 1952 года было три части. В первой части видения Иисус показал мне женщину, которая была подавлена, одержима и в конце концов обладаема, когда отвергла Христа.

Во второй части видения Иисус учил меня, как справляться со злым духом в человеке, изгоняя его. Теперь я видел мужчину. Он был мне незнаком, но я знал, что он не был верующим: он не был рожден свыше. Иисус сказал мне: «Я покажу тебе, как бесы и злые духи завладевают человеком и как изгонять их из человека».

В видении бес подошел и уселся на плечо этого неспасенного человека и начал шептать ему на ухо. Я не знаю, что он говорил, потому что Иисус не рассказывал об этом. Иисус сказал мне: «Этот человек начал слушать дьявола». Человек не просто слушал дьявола, он начал размышлять над его словами. Пока он раздумывал над дьявольскими внушениями, злой дух вошел в его разум.

Затем его тело стало прозрачным, как из стекла, точно так же, как тело той женщины. Я смог увидеть на голове у мужчины черное пятно величиной с монету в четверть доллара. Иисус объяснил мне, что злой дух действовал извне, чтобы атаковать разум мужчины. Это прием, с которого дьявол начинает действовать против человека — через его разум и мышление.

Иисус сказал: «Из-за того, что этот человек послушал злого духа и открыл свой разум бесовским предложениям, злой дух получил возможность войти в его разум». После этого мужчина стал одержимым в своем разуме — в мыслях. Ему нравилось думать так, как внушил сатана.

Точно так же, как в случае с женщиной-христианкой, которая стала одержимой, а потом и обладаемой, Иисус объяснил, что и этот человек мог сам оказать сопротивление дьяволу и его мыслям, несмотря на то, что он не был верующим.

Вы понимаете, несмотря на то, что этот человек и не был христианином, у него оставалась свобода выбора, и он не обязан был принимать эти мысли. В любой момент он мог выбросить дурные мысли из головы, даже если не знал, что это были мысли от дьявола. В любой момент *он* мог изменить свое мышление, ему не нужен был никто, для того чтобы думать за него.

Как спасенные, так и неспасенные люди могут выбрать, о чем думать — о хорошем или о плохом, по собственному желанию, — потому что их выбор свободен. Но этот человек продолжал уступать дьявольским внушениям до тех пор, пока не стал одержимым злыми мыслями. Иисус пояснил: «Теперь он одержим такого рода мыслями, и дьявол полностью контролирует его разум».

Вы выбираете, о чем думать

Мы слышим, как люди часто говорят: «Я просто ничего не могу поделать со своим образом мыслей». Нет, вы можете, если захотите. Библия утверждает, что можете. *Вы* — а не Бог и, уж конечно, не дьявол — должны контролировать ваши мысли.

Дело в том, о чем вы *думаете*. Бог хочет, чтобы вы сконцентрировали свои мысли на Нем и на Его Слове (см. Ис. 26:3). Однако если вы хотите развивать пагубные мысли, Бог не будет останавливать вас; Он не будет переступать через вашу волю. Но если вы захотите лелеять неправильные мысли, вы откроете двери своей жизни дьяволу.

Не поймите меня неправильно: Бог *не оправдывает* подобные мысли. Он дал нам в Своем Слове инструкции, в которых говорится, о чем следует думать (см. Фил. 4:8). Но если вы настойчиво продолжаете возвращаться к дьявольским мыслям, Бог не остановит вас. *Вам* решать, о чем вы будете думать, а не *Богу*. Вы можете думать о недостойных вещах, если хотите, а можете и *противостать* этим мыслям.

Иногда верующие *осознанно* или *неосознанно* открывают двери и приглашают дьявола войти. Они могут сделать это *по неведению*, от недостатка знания Слова Божия, но тем не менее они дают дьяволу разрешение войти в их жизнь через свое мышление. Разрешение по неведению все равно остается разрешением.

Как злой дух впускает других злых духов

После того как тот мужчина стал одержимым, Иисус в видении рассказал: «Злой дух, которым одержим этот человек, является одним из правителей тьмы мира сего — одним из демонических духов высокого ранга. Мироправители тьмы — это те, кто завладевает человеком и в результате обладает им, если человек им позволит. Есть разные степени обладания».

Затем Иисус объяснил, что когда эти мироправители тьмы, эти высшие начальники над злыми духами, завладевают человеком, они приглашают других духов вместе с собой. Иисус сказал: «Я покажу тебе, как эти начальники злых духов впускают других духов». И я увидел, как злой дух внутри этого человека открыл что-то похожее на люк, расположенный на его макушке.

Я смотрел, как тот бес, который завладел этим человеком, впустил много других злых духов через люк в голову этого человека. Через этот люк в его разум вошло так много бесов, что я не мог их всех сосчитать. Они были как навозные мухи, но их начальник выглядел как небольшая обезьяна или карлик.

Иисус объяснил, что те злые духи, которые выглядели как мухи, были подчиненными и главным образом выполняли то, что им приказывали. Сами они не были слишком разумны.

Можно ли найти что-нибудь в Писании, что говорило бы об этих низших злых духах, похожих на мух? Да, можно. Иисус напомнил мне место в Евангелии от Матфея (12:24), когда фарисей обвинил Его в том, что Он изгоняет бесов не Божьей силой, а силой Вельзевула (см. Мат. 12:24-28). «Вельзевул» означает «господин мух», или «господин навозной кучи».

В этом видении Иисус объяснил, что один из демонов высшего ранга, — правителей тьмы — приближается к человеку первым, чтобы получить к нему доступ и попытаться контролировать его, если человек позволит. Но как только этот высший чин получит к нему доступ, он впускает за собой и злых духов рангом пониже.

Как только правитель тьмы дал войти за собой другим бесам, он спустился внутри этого человека прямо в его дух. Объясняя видение, Иисус сказал: «Теперь этот мужчина обладаем злым духом».

Иисус объяснил мне, что даже в случае с неспасенным человеком он был сначала *подавлен* злым духом, который пришел нашептать мысли дьявола его разуму. Затем, когда мужчина *поддался* этим мыслям, он стал одержимым дьявольскими мыслями. Мужчина продолжал *уступать* свой разум злому духу, и наконец, по личному его *согласию*, злой дух *завладел* его духом.

Иисус объяснил мне: «Высшего класса демон — правитель тьмы, — первым получил контроль над этим человеком, и именно он им завладел. Завладевает человеком всегда правитель тьмы. Затем он впускает других бесов». Конечно, в человека проникли многие бесы, но обладал им тот бес высшего ранга, который первым обольстил его и проник в его разум.

Полное обладание

После того как Господь показал мне, как злые духи проникают в человека, Он сказал мне: «Начиная с этого вечера всякий раз, когда ты будешь встречаться с одержимыми, злые духи будут узнавать тебя. А также они будут знать, что у тебя есть власть над ними».

Иисус говорил о власти, которую имеет каждый верующий в Имени Иисуса. Иисус сказал: «Когда человек полностью обладаем, бес, который находится у него внутри, может использовать его голос. Бес может заговорить и сказать: "Я знаю, кто ты". Злые духи будут узнавать тебя так же, как они узнавали Меня. Они будут узнавать тебя так же, как бес в молодой женщине в Филиппах знал, кто такие Павел и Сила» (см. Деян. 16:17).

Иисус упомянул Евангелие от Марка (5:6, 7) и свою встречу с гадаринским сумасшедшим, чтобы обратить внимание на следующее: *«Увидев же Иисуса издалека, прибежал и поклонился Ему, и, вскричав громким голосом, сказал: что Тебе до меня, Сын Бога Всевышнего? Заклинаю Тебя Богом, не мучь меня!»*

Бес, который обладал этим человеком, точно знал, кто такой Иисус: *«Что Тебе до меня, Сын Бога Всевышнего?»* (Мар. 5:7). В действительности сумасшедший не мог сам знать, кто такой Иисус, потому что он обитал в гробах и не соприкасался с обществом.

Иисус сказал мне в видении: «Итак, когда ты будешь встречаться с полностью одержимыми, злые духи будут узнавать тебя и будут говорить с тобой, используя голос человека: "Я знаю, кто ты"».

Иисус объяснил, что, когда человек полностью обладаем, бесовский голос, говорящий через человека, может быть слышен в естественном мире.

Иисус сказал мне: «Если бы ты был рядом со Мной в тот день, то ты услышал бы своими ушами, как этот человек говорил со Мной. Но на самом деле это говорил бес, который завладел им, а не человек».

Иными словами, когда бес, находившийся в гадаринском сумасшедшем, вскричал: *«...Что Тебе до меня, Сын Бога Всевышнего? Заклинаю Тебя Богом, не мучь меня!»* (Мар. 5:7) — это было слышно в физическом мире. Правитель тьмы говорил через этого человека, используя его голос, и любой находящийся в тот день рядом мог слышать то, что он говорил.

Иисус сказал также, что, если бы я был там в тот день, я бы услышал, как этот бес отвечал Иисусу: *«...Легион имя мне, потому что нас много»* (Мар. 5:9). Бес, назвавшийся Легионом, использовал голосовые связки человека, чтобы говорить с Иисусом.

Иисус продолжал: «Но если бы ты или кто-нибудь другой был там в тот день, вы не услышали бы, что дьявол говорил Мне: "*Пошли нас в свиней, чтобы нам войти в них...*" (Мар. 5:12). Это можно было услышать только в духовном мире, с помощью дара различения духов».

Понимаете, когда все эти бесы разговаривали с Иисусом ясно и отчетливо, они не говорили, используя голос человека. Они говорили в духовном мире, а Иисус слышал их, потому что дар различения духов проявлялся в Его жизни.

Иисус сказал мне, что из-за того, что у меня есть дар различения духов, временами я видел и слышал то, что происходило в духовном мире, когда находился в Духе. Некоторых людей это пугает, но не должно пугать, потому что *«...Тот, кто в вас, больше того, кто в мире»* (1 Иоан. 4:4).

Иногда во время молитв за исцеление бесы в людях начинали говорить со мной еще до того, как я успевал сказать им хоть слово. Я слышал, как эти бесы говорили в духовном мире. Люди могли слышать, как я говорил им выйти, но никто не мог слышать, как говорили злые духи, потому что их можно услышать только с помощью дара различения духов.

Например, иногда во время служения исцеления злые духи настойчиво говорят мне: «Я и не подумаю уходить!» Я просто отвечаю им: «Ты должен уйти во Имя Иисуса! Во Имя Иисуса выйди из этого человека!» — и злой дух всегда отделяется, а человек становится свободным. Много раз, находясь в Духе, я видел, как они отделялись, хотя в человеке не было видимых проявлений этого. Божье Слово действенно, у нас есть власть над силой дьявола (см. Лук. 10:19).

Иисус и гадаринский сумасшедший

Иисус сказал: «Имея дело со злыми духами, ты всегда по откровению будешь знать, с *каким* бесом ты встретился, — с помощью слова знания или дара различения духов. Когда Я приблизился к тому сумасшедшему из Гадары, Я различил, *какой* дух им обладает. Это был нечистый дух».

«Ибо Иисус сказал ему: “Выйди, дух нечистый, из этого человека”» (Мар. 5:8).

«Ты видишь, — продолжал Иисус, — Я не служил с помощью силы, унаследованной Мною из-за того, что Я Сын Божий. Придя в этот мир, Я отложил всю Свою великую силу и славу, как и говорит Писание (см. Фил. 2:6-8). Я служил под помазанием Духа Божьего, с помощью даров Духа, как служил бы любой верующий.

И из-за того, что Я служил под помазанием Духа Божия, Я должен был зависеть от Духа Святого, проявлявшегося во Мне. В данном случае Дух Святой проявил Себя через дар различения духов. Вот почему Я знал, что этим человеком владеет нечистый дух».

Если через *слово знания* у вас есть откровение о том, какого рода дух присутствует в человеке, то вы *знаете*, какой это дух. Если же откровение вызвано *даром различения духов*, то вы *видите* и *слышите*, какого рода дух там присутствует.

Иисус объяснил мне: «Обычно, если там только один дух, то ты приказываешь ему выйти, и он выходит». Затем Иисус сказал то, что меня поразило:

«Я увидел и различил, что внутри этого человека был нечистый дух, но когда Я повелел ему выйти, он не вышел. Поэтому Я спросил его имя» (см. Мар. 5:8, 9).

В Евангелии от Луки мы можем прочитать, что Иисус приказал нечистому духу выйти, но тот не вышел, пока Иисус не спросил, как его зовут и, в данном случае, сколько их.

ЕВАНГЕЛИЕ ОТ ЛУКИ 8:28-30

28 Он, увидев Иисуса, вскричал, пал перед Ним и громким голосом сказал: что Тебе до меня, Иисус, Сын Бога Всевышнего? Умоляю Тебя, не мучь меня.

29 Ибо Иисус повелел нечистому духу выйти из этого человека; потому что он долгое время мучил его, так что его связывали цепями и узами, сберегая его; но он разрывал узы, и был гоним бесом в пустыни.

30 Иисус спросил его: как тебе имя? Он сказал: «легион», потому что много бесов вошло в него.

Иисус объяснил, что нечистый дух не вышел из него, пока Он не спросил, как его зовут. Нечистый дух назвался: *«...Легион имя мне, потому что нас много»* (Мар. 5:9). Иисус сказал, что на этот раз количество и имя оказались одинаковыми: Легион. Итак, в случае с сумасшедшим из Гадары Иисус должен был узнать имя беса, перед тем как его изгнать.

Иисус объяснил, что различением духов или словом знания, когда я нахожусь в Духе (или когда эти дары действуют в любом верующем, находящемся в Духе), я буду знать, какого рода бес обладает человеком. Но в некоторых случаях, как сказал Иисус, будет необходимо знать не только имя, но и количество бесов, чтобы их изгнать. Если злой дух не вышел, когда я приказал ему, то я должен спросить у него имя и сколько бесов в человеке.

Затем, все еще в видении, Иисус предложил мне вернуться к тому неспасенному человеку, которым обладал злой дух.

Как только я это сделал, злой дух в человеке заговорил со мной, как и сказал Иисус: «Я знаю тебя! Я знаю тебя!»

Я ответил: «Да, я знаю, что ты меня знаешь. И тебе также известно, что у меня есть власть над тобой во Имя Иисуса!»

Иисус сказал: «Теперь пусть этот злой дух замолчит. Не позволяй ему говорить».

Нигде в Писании вы не найдете, чтобы Иисус беседовал с бесами. Он всегда говорил им: «Замолчи!» (см. Мар. 1:25; Лук. 4:35). Иисус объяснил, что единственное исключение можно сделать тогда, когда вы повелеваете злому духу выйти, а он не выходит, в этом случае надо спросить его имя и сколько еще бесов с ним. Это единственный случай, когда Иисус заговорил с бесом, да и то это было только для того, чтобы узнать его имя (см. Мар. 5:9).

В видении я приказал злому духу внутри того человека замолчать во Имя Иисуса. Я знал откровением Святого Духа, какой именно бес обладал этим человеком и разговаривал со мной. Это был дух-обманщик. Поэтому я сказал: «Ты, нечистый дух обмана, я приказываю тебе выйти во Имя Иисуса из этого человека». Ничего не произошло; злой дух не вышел.

Иисус пояснил: «Если ты знаешь, какой это дух, а он все равно не выходит, то тебе надо спросить, сколько их там». Итак, я спросил злого духа: «Как вас зовут и сколько вас?» «Обманщик» было не имя, а только *род* бесов.

Злой дух, находящийся в человеке, ответил: «Здесь, рядом со мной, еще девятнадцать». Как только я узнал их число, этого было достаточно. Я сказал: «Я приказываю тебе, а также всем другим девятнадцати выйти из этого человека во Имя Иисуса». И в духовном мире я увидел, как злые духи оставили этого человека.

Куда уходят изгнанные злые духи?

Вы помните, что в Евангелии от Марка (5:13) бесы вошли в свиней, а свиньи помчались к обрыву и бросились в море. В Библии также говорится о том, что злые духи *«...просили Иисуса, чтобы Он не повелел им идти в бездну»* (Лук. 8:31).

И я спросил Иисуса: «Куда уходят бесы после того, как их изгоняют из человека?» Я слышал, как проповедники пытались изгнать их в бездну или в яму (см. Отк. 20:3). Поэтому я спросил Иисуса, куда изгнать этих бесов, в бездну или в ад.

Иисус ответил: «Нет, ты не можешь изгнать бесов в ад или в бездну. В Библии сказано, когда Я входил в синагоги, бесы кричали: *“...Что Тебе до нас, Иисус, Сын Божий? Пришел Ты сюда прежде времени мучить нас”*» (Мат. 8:29).

Иисус сказал: «Видишь, их время еще не пришло. Ты разве не знаешь, что, если бы было возможно изгнать бесов в бездну, Я, будучи здесь, на земле, изгнал бы их всех, если бы смог. Их бы осталось намного меньше для тебя».

Почему не настало время, для того чтобы изгнать бесов в бездну? Не истек «договор» с Адамом, которым сатана пользуется, являясь в настоящем «князем мира сего» (см. 2 Кор. 4:4), и сатана имеет юридическое — но не моральное — право быть здесь.

Я спросил Иисуса: «Что происходит с теми бесами, которых изгоняют из людей?»

Иисус ответил: «Не слышал ли ты в Слове Моем: *“Когда нечистый дух выйдет из человека, то ходит по безводным местам, ища покоя”*» (Мат. 12:43). Затем в видении я увидел, как бес, изгнанный из одержимого человека, бродит по безводным местам.

Иисус продолжал: «Когда ты изгоняешь злых духов из человека, они ходят по пустынным местам. Они все еще здесь, на земле, ищут покоя. И не найдя его, они пытаются снова вернуться в тот “дом”, из которого были изгнаны, если этот человек впустит их обратно (см. Мат. 12:44). Они останутся в человеке до тех пор, пока их снова не изгонят или пока этот человек не умрет».

Человеческое тело или душа становятся бесовским «домом». Поэтому, когда человек умрет, бес оставит этот «дом» и будет искать кого-нибудь другого, чтобы поселиться в нем.

Несколько лет спустя после этого видения я стоял в больничной палате рядом с человеком, умирающим от тяжелого заболевания желудка. Когда он умер, что-то прыгнуло из него ко мне. (Не все болезни желудка вызваны бесами, но такое возможно.) Это «нечто» ударило меня прямо в живот, как будто в меня выстрелили из ружья, и мой живот стал гореть, как в огне. И я сказал: «Нет, нельзя, дьявол! Ты не войдешь в меня во Имя Иисуса!» И бес немедленно оставил меня.

Слово предостережения

Нам нужно кое-что понять о духовных вещах. На каждое откровение или видение надо смотреть в свете Божьего Слова. Другими словами, просто потому, что вы увидели видение, нельзя безоговорочно принять его, бежать и создавать на нем свою доктрину, а затем учить об этом везде, куда бы вы ни поехали. Сравните его с Божьим Словом и посмотрите, соответствует ли оно ему.

Если у меня есть любого рода откровение, я не бегу с ним и не начинаю действовать в соответствии с ним или учить о нем. Я останавливаюсь, чтобы подумать над тем, что я увидел, и размышляю над этим в свете Слова Божьего, претворять его в жизнь или учить о нем. Господь сказал мне однажды, что лучше быть слишком медленным, чем слишком быстрым.

Иисус рассказал мне о том, что некоторые люди, получившие небольшое откровение, хватаются за него, носятся с ним и совершают много ошибок. В конце концов они ставят все с ног на голову. Лучше быть осторожнее и позволить Богу вести и направлять вас в том, как употребить духовное откровение, чтобы не убежать от Иисуса, воплощая его в жизнь.

Примерно два месяца спустя после этого видения у меня была возможность претворить в жизнь то, что я узнал тогда. Я проводил собрание в церкви в штате Техас. Один из членов совета церкви из близлежащего города попросил меня провести собрание у них в церкви после того, как я закончу это. Итак, завершив собрание, я поехал в тот город и устроился в гостинице, которую церковь зарезервировала для меня.

В полдень тот член совета, который меня пригласил, позвонил мне и попросил: «Брат Хейгин, не могли бы вы мне помочь? Вы не знакомы с моим сыном, но ему тридцать восемь лет, и он до сих пор не спасен. Он пьет и употребляет наркотики. Иногда он приходит пожить у нас, но мы ничего не можем с ним сделать. У него бывают приступы, и он становится просто диким, ломает мебель. Нам пришлось даже вызвать полицию, чтобы они его забрали в тюрьму на время ради нашей безопасности». Казалось, дьявол хочет свести его с ума.

Член совета продолжал: «Сейчас он опять у нас, и у него как раз приступ. Он схватил огромный шкаф и разбил его.

Шкаф такой тяжелый, что три человека не могли бы его сломать. Затем он подхватил пианино и швырнул его в стену так, как вы бы запустили книгой».

Что за сверхъестественная сила! Помните, в Библии написано о том, как гадаринский сумасшедший разрывал цепи и разбивал оковы (см. Мар. 5:4), потому что он обладал сверхъестественной силой. Член совета церкви спросил меня: «Вы придете, чтобы помочь нам?»

Я поехал к его дому. Он и его жена провели меня к сыну, который сидел сгорбившись на тахте, обхватив голову руками. Эта пара вошла в комнату вместе со мной, не представив меня ни единым словом. Их сын не знал, что они позвали меня, так же как не знал, кто я: мы никогда не встречались до этого. Но в ту же минуту, как я вошел в комнату, этот парень посмотрел на меня и сказал: «Я знаю тебя! Я знаю, кто ты такой! Я видел, как ты въезжал в город сегодня в два десять!»

Затем он начал рассказывать мне, по какой улице я ехал, и назвал мне все места, где я поворачивал. Затем он назвал гостиницу, в которой я остановился. Он назвал *точный* путь, по которому я приехал в город, и *точное* время моего прибытия. Ни один человек не мог знать этого.

Бес, который обладал им, использовал его голос и открыл ему все эти вещи. Я ответил: «Я знаю, что ты меня знаешь, но во Имя Иисуса, замолчи! Во Имя Иисуса, выйди из него!»

Как по щелчку выражение лица этого человека и вся его сущность полностью изменились! Его лицо прояснилось, и выглядел он абсолютно нормальным. Других внешних проявлений его освобождения не было видно. Я не видел, чтобы какой-нибудь бес покидал его, и не видно было, чтобы еще что-то произошло, но он был полностью освобожден.

Мы ошибаемся, думая, что всегда должно быть какое-нибудь видимое *проявление*, когда кто-то освобождается от злого духа. Не имеет значения, видите ли вы, как злой дух уходит, или нет, важно то, что человек этот освобожден.

Третья часть видения 1952 года

В видении 1952 года о бесах и злых духах и о том, как иметь с ними дело, была еще одна часть. В третьей части видения Иисус дал мне дальнейшие инструкции по поводу того, как справляться со злыми духами. И вот что произошло. Когда Иисус говорил со мной в видении, между нами пробежал бес. Он был очень похож на обезьяну, но лицо его больше походило на человеческое.

Демон бегал между Иисусом и мной и вдруг начал подпрыгивать в воздухе, поднимая что-то вроде черного облака или дымовой завесы, которая почти скрывала от меня Иисуса. Затем этот маленький зверек начал прыгать, выбрасывая в разные стороны руки и ноги и высоким пронзительным голосом кричал: «Якети-як-як! Якети-як-як!»

Все это время Иисус продолжал говорить. Я мог слышать, что Он говорит, но я не мог разобрать слов. Может быть, это длилось несколько секунд, но казалось, что все это продолжается в течение многих минут.

Я думал про себя: «*Разве Иисус не знает, что я не могу расслышать то, что Он говорит? Разве Он не знает, что до меня не доходят Его слова? Почему Он не прикажет бесу замолчать? Разве Он не знает, что я Его не слышу?*»

Наконец, в отчаянии, даже не думая, я указал на этого маленького беса пальцем и сказал: «Я приказываю тебе остановиться во Имя Иисуса!» Когда я сказал эти слова, бесенок с размаху плюхнулся на пол! Черное облако исчезло, а он просто лежал на полу, трясясь и дрожа, как маленький щенок, плакал и скулил.

Иисус посмотрел сначала на него, затем на меня и, показывая на бесенка, сказал: «Если бы ты ничего не сделал с этим злым духом, то и Я бы не смог».

Я сказал: «Иисус, я, должно быть, не понял Тебя. Ты, наверное, сказал “не стал бы”, а мне послышалось “не смог”».

Показав на беса, дрожащего на полу, Иисус повторил: «Если бы ты ничего не сделал с этим злым духом, то и Я бы не смог».

Я покачал головой, думая, что мой слух подводит меня. Я сказал: «Что-то со мной не так. Мой слух искажен. Ты сказал, что Ты бы *не сделал* ничего, если бы это не сделал я, а не то, что *не смог* бы сделать, правильно?»

Он повторил те же самые слова: «Нет, Я сказал: “Если бы ты ничего не сделал с этим злым духом, то и Я бы не смог”».

Я сказал: «Господь, что-то не так. У меня что-то со слухом», — и повторил свой вопрос в третий раз. Мне кажется, теперь я знаю, как мог выглядеть Иисус, когда Он рассердился, взял плетку и выгнал торгующих из храма (см. Мар. 11:15). Он посмотрел на меня так, как будто в Его глазах сверкнули молнии, и сказал: «Нет! Я сказал, что не смог бы!»

Я сказал: «Я не могу принять этого, Иисус. Это совершенно отличается от того, что я когда-либо слышал и проповедовал. Господь, это переворачивает с ног на голову всю мою теологию». Вы понимаете, в религиозных кругах мы всегда молились: «Боже, запрети дьяволу» или «Иисус, запрети дьяволу».

Господь ответил: «Иногда вашим теологиям надо перевернуться».

Я сказал: «Я никогда в жизни не слышал ничего подобного. Господь, я не приму никакого видения и никакого Божественного посещения, не имеет значения, что я вижу и слышу Тебя так ясно и четко, как я общался бы с кем-нибудь в реальном мире, — я не приму этого до тех пор, пока Ты не докажешь мне то, что говоришь, Святым Писанием Слова Божия. В Библии сказано: "Дабы устами двух или трех свидетелей подтвердилось всякое слово" (Мат. 18:16). Я не поверю, что это Ты говоришь мне, пока Ты не представишь три свидетельства из Нового Завета».

Понимаете, мы живем под Новым Заветом. Мне не так важен Ветхий Завет. Поймите меня правильно, я верю в него и понимаю его ценность. Но я не пытаюсь вернуться к Ветхому Завету и жить по его правилам, потому что написан он был для духовно мертвых людей; они не были рождены свыше. Вследствие Нового Завета мы являемся новыми творениями, и наш человеческий дух возрожден.

Иисус улыбнулся мне и сказал: «Я сделаю больше. Я дам тебе четыре.

Молиться о том, чтобы Я, Господь Иисус Христос, или чтобы Бог Отец сделали что-нибудь с дьяволом, означает попусту тратить время».

Я сказал: «Дорогой Господь, я потратил на это много времени!» Много людей в наши дни тратят свое время так же!

Затем Иисус сказал: «Бог Отец и Я сделали все, что должны были сделать с дьяволом, до той поры пока ангел Божий не придет с Неба, не закует дьявола в цепи и не сбросит в бездну на тысячу лет (см. Отк. 20:1-3). До тех пор Небеса не будут ничего делать с дьяволом».

Видите, Бог послал Иисуса, и Иисус уже совершил Свою часть работы по отношению к дьяволу: *«Для сего-то и явился Сын Божий, чтобы разрушить дела диавола»* (1 Иоан. 3:8). Иисус победил дьявола Своей смертью, погребением и воскресением (см. Кол. 2:15). Сейчас от верующих ожидается, что они начнут употреблять *свою* власть над дьяволом.

Иисус сказал: «В каждом Послании, написанном Церкви, верующим, если упоминается дьявол, то всегда говорится, чтобы верующие сами расправились с ним. Я дам тебе четыре места Писания, чтобы доказать, что верующие сами имеют власть над дьяволом».

Не Бог, а верующие должны употреблять свою власть над дьяволом

Иисус начал показывать мне, что только верующие имеют на земле власть над дьяволом, с Евангелия от Матфея (28:18).

ЕВАНГЕЛИЕ ОТ МАТФЕЯ 28:18

18 И приблизившись Иисус сказал им: дана Мне всякая власть на небе и на земле.

Иисус сказал: «Когда Я воскрес из мертвых, Я сразу сказал Своим ученикам: "Дана Мне всякая власть на небе и на земле"» (Мат. 28:18).

«Теперь, — сказал мне Иисус, — если остановиться на этом стихе, ты бы сказал: "Господь Иисус, у Тебя есть власть над дьяволом и бесами на земле. Ты можешь сделать что-то на земле по поводу дьявола, потому что в этом стихе говорится, что у Тебя есть власть на земле". Но Я сразу же Свою власть на земле делегировал верующим, Церкви. Я сразу же сказал: "*Итак идите...*"»

ЕВАНГЕЛИЕ ОТ МАТФЕЯ 28:19, 20

19 Итак идите, научите все народы, крестя их во имя Отца и Сына и Святого Духа,

20 Уча их соблюдать все, что Я повелел вам...

ЕВАНГЕЛИЕ ОТ МАРКА 16:15, 17

15 И сказал им: идите по всему миру и проповедуйте Евангелие всей твари...

17 Уверовавших же будут сопровождать сии знамения: именем Моим будут изгонять бесов...

Иисус сказал мне: «Первое знамение, которое будет сопровождать верующих, это то, что во Имя Мое они будут изгонять бесов. Верующие не могли бы изгонять бесов, если бы у них не было над ними власти. Я дал Церкви эту власть. В сущности, лучше было бы сказать так: "Во Имя Мое верующие будут употреблять свою власть над бесами"».

Христиане часто задают вопрос: «Почему Бог позволяет дьяволу делать такие ужасные вещи здесь, на земле? Почему Бог не сделает ничего с дьяволом?»

В жизни происходит очень много удивительного. Но в действительности Бог ждет, чтобы мы сами использовали свою власть и прогнали дьявола. Его Слово стоит за властью, которую Он дал нам.

Но как часто мы просто склоняемся перед сатаной и позволяем ему брать верх над нами, ожидая, что Бог сделает что-нибудь, когда нам просто надо противостать ему с помощью Слова и прогнать его. Нам нужно исключить неблагоприятные обстоятельства из нашей жизни, употребив власть над сатаной, и противостать ему Словом, требуя то, что принадлежит нам.

Затем как второе свидетельство из Писания Иисус привел Послание Иакова (4:7), в котором утверждается, что верующие имеют власть над дьяволом на земле.

ПОСЛАНИЕ ИАКОВА 4:7

7 Итак, покоритесь Богу; противостаньте диаволу, и убежит от вас.

О том, что надо противостать дьяволу, Иаков писал Церкви, верующим. Иисус сказал мне: «Иаков не написал: "Пусть ваш пастор противостанет дьяволу за вас". Или: "Пусть другие христиане противостанут дьяволу за вас". Он сказал, что *вы* должны противостать дьяволу. Вы не могли бы противостать дьяволу, если бы у вас не было власти над ним».

Я видел, что это правда. Иаков не говорил: «Пусть Иисус запретит дьяволу» или: «Пусть Бог противостанет дьяволу за вас». Он сказал: «(Вы) противостаньте диаволу, и убежит от *вас*» (Иак. 4:7). Ключевое слово этого предложения — «*вы*».

Позже я посмотрел в словаре слово «убежит», употребленное здесь, и увидел, что одно из его значений — это «*убежать прочь в ужасе*». Бесы и злые духи не боятся нас, но они боятся Иисуса, Которого мы представляем. А поскольку мы во Христе, они убегут от нас, если мы употребим нашу власть над ними во Имя Иисуса.

Некоторые говорят: «Я просто напишу записку с просьбой, и проповедник помолится за меня. Я напишу тому парню, Хейгину. У него есть вера. Может быть, если он помолится, дьявол оставит меня в покое». Нет, каждый верующий должен использовать свою власть над дьяволом для себя. Нам не нужно, чтобы кто-то делал для нас что-то по поводу дьявола.

Сатана не может получить власть над нашей жизнью, пока мы сами не отдадим ее. Конечно, если вы не употребите своей власти над ним и не встанете против него в испытаниях и трудностях, которые он вам подкидывает, то ничего не получится, потому что вы — тот, кто облечен властью во Имя Иисуса здесь, на земле.

Затем Иисус показал мне место из Первого послания Петра (5:8) как третье свидетельство того, что у верующих есть власть над дьяволом.

ПЕРВОЕ ПОСЛАНИЕ ПЕТРА 5:8, 9

8 Трезвитесь, бодрствуйте, потому что противник ваш диавол ходит, как рыкающий лев, ища кого поглотить;

9 Противостойте ему твердой верою...

Библия говорит: «ваш *противник* диавол», из чего мы узнаем, что у нас есть враг. Слово «противник» означает «*враг*» или «*оппонент*». Оно означает «*тот, кто выстроился против нас*».

Но помните, что этот противник поражен; поэтому он может только ходить, как рыкающий лев. Библия не говорит, что он и есть рыкающий лев. Однако не думайте, что ваш противник не настоящий, он вполне реален. Но он уже поражен Иисусом Христом.

Почему сатана ходит, как рыкающий лев? Потому что он «ищет, кого поглотить». Он не пытается поглотить грешников: они уже принадлежат ему. Он ищет поглотить христиан, и он поглотит их, если они ему позволят.

Что вы будете делать с дьяволом? Спрячете голову в песок, как страус, и будете надеяться, что он уйдет? Позволите ли вы ему поглотить вас? Нет! Тысячу раз нет! Встаньте с мечом Духа и Именем Иисуса в победе, которую Иисус завоевал, и заставьте его бежать!

Когда Иисус явился мне в видении 1952 года, шло пробуждение исцеления, и некоторые люди в те дни избегали темы дьявола и злых духов так же, как и в настоящее время. Из-за этой ошибки Иисус должен был внести коррективы в демонологию, чтобы снова вернуть Церковь Христа на ее путь.

Наша проблема в том, что мы хотим, чтобы кто-то другой вместо нас позаботился о дьяволе. Заметьте, Петр писал христианам, а не грешникам. Иными словами, он призывал христиан противостать дьяволу. Он не побуждал бы их противостать дьяволу, если бы это было невозможно для них.

Показав все эти места Писания, подтверждающие, что верующие имеют власть над дьяволом, Иисус сказал мне: «Если бы Петр походил на некоторых сегодняшних верующих, то он бы сказал так: “До нас дошло Слово о том, что Бог использует нашего возлюбленного брата Павла необычным образом. Павел возлагает руки на одежду и платки, и болезни и злые духи оставляют людей. Поэтому я предлагаю вам написать Павлу и попросить его прислать один из этих платков”. Но Петр не сказал так верующим. Он сказал им: “*Вы* должны что-то сделать с дьяволом *сами*”».

Давайте снова обратимся к Первому посланию Петра (5:9): *«(Вы) противостойте ему твердой верою...»* Ключевая тема этого призыва в слове *«вы»*. *Вы* противостаньте дьяволу твердой верой в Божье Слово. *Вы* и только *вы* сможете противостать дьяволу в вашей собственной жизни. Вы противостанете дьяволу своей верой в то, что Бог говорит в Своем Слове.

Иисус сказал мне: «Вот почему, если бы ты ничего не сделал с дьяволом, то и Я бы *не смог*». Теперь я это понял! Как член Тела Христа *я* имел власть над дьяволом, который прыгнул между мной и Иисусом. И если бы я ничего с этим не сделал, то с ним ничего бы не произошло.

Вот почему вы должны заставить дьявола бежать с помощью Слова Божьего. Однако если ваш разум не был обновлен Словом, у вас возникнут проблемы, потому что вы не будете знать, как занять правильную позицию во Христе, чтобы противостать дьяволу. И по недостатку знания вы можете позволить дьяволу победить вас, потому что вы не будете знать, кто вы во Христе и какой властью обладаете.

Иисус также показал мне Послание к Ефесянам (4:27) в качестве четвертого свидетельства Писания, которое доказывает, что верующие имеют власть над дьяволом.

ПОСЛАНИЕ К ЕФЕСЯНАМ 4:27
27 И не давайте места дьяволу.

Павел писал христианам: «Не давайте дьяволу никакого места в *вас*». Если Библия говорит не давать дьяволу места, значит *возможно* то, что вы дадите ему место в своей жизни. С другой стороны, если вы можете удержаться от того, чтобы дать ему место в вашей жизни, значит, у вас есть власть над ним.

По сути дела, дьявол не может занять никакого места в вашей жизни, если только вы сами не дадите его своим разрешением или невежеством, или просто при неудачном использовании своей власти, которая уже принадлежит вам.

Как удержать дьявола на расстоянии? Вы должны будете сначала подчиниться Богу. Только тогда вы займете позицию, в которой сможете противостать дьяволу. А когда вы противостанете дьяволу, он убежит от вас (см. Иак. 4:7).

Когда Иисус показал мне эти места Писания, я понял, что мы упустили их. Церковь старалась, чтобы *Бог* запретил дьяволу вместо нас. Или мы стремились к тому, чтобы *Иисус* сделал что-нибудь с дьяволом в нашей жизни. Мы пытались найти *кого-нибудь*, чтобы он употребил свою власть над дьяволом за нас, а это не действует, потому что Иисус делегировал Свою власть каждому из нас.

Затем Иисус сказал мне: «Эти четыре места Писания я дал тебе вместо двух или трех свидетелей. Я — первый, Иаков — второй, Петр — третий и Павел — четвертый.

Эти места Писания утверждают тот факт, что у верующих есть власть на земле, потому что Я передал Свою власть над дьяволом Телу Христа. *Если верующие ничего не предпринимают по отношению к дьяволу, то в их жизни ничего в этом плане не изменится»*.

Бог уже сделал все, что Он собирался сделать с дьяволом в нашей жизни, потому что Он послал Иисуса, чтобы свергнуть сатану с престола! Значит, если мы позволяем сатане тиранить нас, то это потому, что *мы* не противостали ему Словом.

Другие библейские «свидетели»

ПОСЛАНИЕ К РИМЛЯНАМ 6:14

14 Грех не должен над вами господствовать, ибо вы не под законом, но под благодатию.

Павел писал верующим: *«Грех не должен над вами господствовать...»* (Рим. 6:14). Другой перевод гласит: «Грех не должен быть над вами господином».

Если что-нибудь господствует над вами, это значит, что оно является вашим господином. Библия говорит, что грех не является вашим господином.

Грех и сатана — это понятия-синонимы. Не будет несправедливым прочитать этот стих следующим образом: «Сатана не должен над вами господствовать».

Почему сатана не должен над нами господствовать? Потому что если вы рождены свыше, то вы больше не находитесь под законом греха и смерти; вы находитесь под благодатью (см. Рим. 6:14; 8:2). И не сатана ваш господин, а Иисус (см. Кол. 1:13). Поэтому грех и сатана не могут господствовать над вами, если вы не позволите.

Иоанн тоже написал послание верующим. Он затронул в нем ту же тему.

ПЕРВОЕ ПОСЛАНИЕ ИОАННА 4:1-4

1 Возлюбленные! не всякому духу верьте, но испытывайте духов, от Бога ли они, потому что много лжепророков появилось в мире.

2 Духа Божия (и духа заблуждения) узнавайте так: всякий дух, который исповедует Иисуса Христа, пришедшего во плоти, есть от Бога;

3 А всякий дух, который не исповедует Иисуса Христа, пришедшего во плоти, не есть от Бога, но это дух антихриста, о котором вы слышали, что он придет и теперь есть уже в мире.
4 Дети! Вы от Бога и победили их; ибо Тот, кто в вас, больше того, кто в мире.

В стихе 1 говорится: *«Возлюбленные! не всякому духу верьте...»* Этот стих определенно подходит нам сегодня. Многие люди сегодня верят всякому духу и всякому духовному переживанию, видению и проявлению. Но нет, мы должны проверять духовные переживания светом Божьего Слова, и *«...всякий дух, который не исповедует Иисуса Христа, пришедшего во плоти, не есть от Бога»* (1 Иоан. 4:3).

Не верьте любому духу. Иоанн говорит: *«...испытывайте духов, от Бога ли они, потому что много лжепророков появилось в мире»* (ст. 1).

Заметьте, что Библия говорит о лжепророках в связи со злыми духами. Это потому, что пророки связаны с духовным миром, и они должны быть побуждаемы Духом Святым, но очень часто их вдохновляют не те духи, потому что они не видят разницы.

В стихе 4 говорится: *«Дети! Вы от Бога...»* Эти слова определяют нашу позицию во Христе и наше хождение с Господом. Это также относится к нашей власти над дьяволом, потому что, как дети Божьи, мы посажены со Христом на небесах (см. Еф. 1:20).

Тогда что говорит оставшаяся часть этого стиха? *«Дети! Вы от Бога и победили их...»* Кого это «их»? Кого победили верующие? Злых духов, которых Иоанн упоминал в предыдущих стихах. Другими словами, когда Иисус победил сатану, Его триумф над сатаной стал нашим триумфом, потому что мы во Христе! Во Христе мы можем поразить сатану, противостав ему Словом Божьим.

Библия не обещает: «Вы победите бесов и злых духов сладкими речами». В ней написано: *«Вы... победили их, потому что Тот, кто в вас, больше того, кто в мире»* (ст. 4).

В Библии говорится: «...Христос в вас, упование славы» (Кол. 1:27). Иисус свел к нулю все старания начальств и властей, открыто сделав из них посмешище, Своим триумфом над ними на Кресте (см. Кол. 2:15). И так как Иисус победил дьявола и всех злых духов, а вы во Христе, вы тоже победили их. Это свершившийся факт!

Когда Иисус победил сатану вместе с его злыми духами и бесами, все верующие сделали это, так как мы пребываем во Христе. Иисус был нашим Заместителем. Он поразил дьявола за нас, а не за Себя.

Поэтому если вы рождены свыше, внутри вас живет Тот, Кто больше, — Победитель сатаны.

Джон Г. Лейк однажды сказал, что он так сердит на парней, которые носятся с разговорами о демонах и прославляют дьявола, что ему хочется выругаться. Они прославляют дьявола своими постоянными разговорами о нем и о том, что он делает в их жизни и на земле и как велика его сила.

Лейк считает, что они говорят так, словно дьявол — это такой здоровяк, огромный великан, а Бог — коротышка, не больше двух футов ростом. Люди, думающие так, говорят: «Вам лучше остерегаться дьявола». Эти люди так озабочены дьяволом, что редко говорят об Иисусе. Но чем больше превозносить дьявола, тем более великим он станет в вашей жизни.

Некоторые, кажется, больше уважают дьявола и его возможности и верят в него больше, чем в Бога!

Займите свое место во Христе. Стойте на Божьем Слове. Будьте осторожны в общении с людьми, которые все время говорят о дьяволе и не превозносят Слово Божье. И не хватайтесь за каждый духовный «пунктик». Пребывайте в Слове. Проповедуйте Слово, а не то, что делает дьявол. И стойте «на середине дороги» в доктринах, избегая всяких крайностей, особенно в том, что касается бесов.

Вы не должны искать дьявола, но если он покажется, просто вышвырните его. У вас есть над ним власть в Иисусе. Словом заставьте его убежать. Дьявол знает: когда вы обнаруживаете, кто вы есть во Христе, и начинаете занимать свою, данную вам по праву позицию власти над ним, он не сможет больше держать вас в кулаке.

Глава 7
Мудрость Божья

Бог обеспечил каждого верующего славным наследием. Оно включает в себя превосходство над всеми делами тьмы, в том числе над грехом, болезнью и духовной смертью.

Но для того, чтобы нам употребить всю власть в Иисусе, чтобы мы могли успешно противостать дьявольским стратегиям в любых обстоятельствах, глаза нашего духовного понимания должны быть открыты.

Наследие верующих во Христе — это мудрость Божья, и она была сокрыта на протяжении всех предыдущих веков, пока не открылась через Иисуса Христа. Понять эту истину и ходить в реальности Божьего наследия — для нас, святых, это ключ к тому, чтобы мы, как победоносная Церковь, заняли наше место — место правителей в этой жизни.

Богатства нашего наследия более полно, чем в какой-либо другой книге Библии, раскрыты в Послании к Ефесянам. В первой и третьей главах Послания к Ефесянам помещены молитвы, которые имеют отношение ко всем верующим, так как они были даны Духом Святым Телу Христа.

ПОСЛАНИЕ К ЕФЕСЯНАМ 1:16-23

16 Непрестанно благодарю за вас Бога, вспоминая о вас в молитвах моих,

17 Чтобы Бог Господа нашего Иисуса Христа, Отец славы, дал вам духа премудрости и откровения к познанию Его,

18 И просветил очи сердца вашего, дабы вы познали, в чем состоит надежда призвания Его, и какое богатство славного наследия Его для святых,

19 И как безмерно величие могущества Его в нас, верующих по действию державной силы Его,

20 Которою Он воздействовал во Христе, воскресив Его из мертвых и посадив одесную Себя на небесах,

21 Превыше всякого начальства и власти, и силы и господства, и всякого имени, именуемого не только в сем веке, но и в будущем,

22 И все покорил под ноги Его, и поставил Его выше всего, главою Церкви,
23 Которая есть тело Его, полнота Наполняющего все во всем.

ПОСЛАНИЕ К ЕФЕСЯНАМ 3:14-21

14 Для сего преклоняю колена пред Отцем Господа нашего Иисуса Христа,
15 От Которого именуется всякое отечество на небесах и на земле, —
16 Да даст вам, по богатству славы Своей, крепко утвердиться Духом Его во внутреннем человеке,
17 Верою вселиться Христу в сердца ваши,
18 Чтобы вы, укорененные и утвержденные в любви, могли постигнуть со всеми святыми, что широта и долгота, и глубина и высота,
19 И уразуметь превосходящую разумение любовь Христову, дабы вам исполниться всею полнотою Божиею.
20 А Тому, Кто действующею в нас силою может сделать несравненно больше всего, чего мы просим, или о чем помышляем,
21 Тому слава в Церкви во Христе Иисусе во все роды, от века до века. Аминь.

Если вы верующий, то вы можете молиться этими молитвами о себе, ставя слова «я», «мне», «мое» там, где Павел говорит «вы» и «ваше».

В этих молитвах Дух Святой хочет открыть верующим *«Духа премудрости и откровения к познанию Его»*. Что такое мудрость и знание того, что Бог хочет открыть верующим об Иисусе Христе?

Дух Святой хочет, чтобы глаза нашего сердца открылись для того, чтобы осознать полную победу Иисуса над сатаной Своим триумфом на Кресте. Он хочет, чтобы мы поняли, что в действительности значит для верующих тот факт, что Иисус посажен на Небесах. Премудрость и познание, которые Дух Святой хочет открыть нам, что мы посажены со Христом, как преимущество нашего искупления. То, что мы посажены со Христом, является позицией власти и триумфа над сатаной. Бог хочет, чтобы мы увидели права и привилегии своего пребывания во Христе.

Откровения в соответствии со Словом

Когда я последний раз служил пастором в церкви в 1949 году, я очень много молился и искал Господа. Как только мне представлялась возможность, я молился о себе этими молитвами из Послания к Ефесянам и из Послания к Филиппийцам снова и снова. Писание дано Святым Духом, поэтому оно никогда не теряет своего вдохновения и силы.

Дух Святой написал их с помощью Павла, чтобы вы, как верующий, молились, чтобы глаза вашего сердца просветились. Слово «просветил» означает *«осветил»* или *«залил светом»*.

После того как я молился этими молитвами на протяжении нескольких месяцев, однажды, во время молитвы у алтаря, Господь заговорил со мной. Он сказал: «Я поведу тебя по откровениям и видениям». Это было результатом того, что я тысячи раз молился этими молитвами. Откровения из Божьего Слова начали приходить ко мне и не иссякали.

Я был в служении уже четырнадцать лет, но за последние шесть месяцев получил столько откровений, что стал совсем другим человеком.

Это то, о чем написано в первой главе Послания к Ефесянам, — взгляд в познание Иисуса и понимание Его Слова.

Откровения в соответствии с Божьим Словом, данные Святым Духом, начали посещать меня зимой 1947/48 года. Затем, в пятидесятые, начали приходить видения. В период с 1950 по 1959 год Господь Иисус Сам являлся мне восемь раз. Три раза из этих восьми Он говорил со мной более полутора часов, приводя мне откровения о Слове Божьем.

Одним из откровений Духа Божьего было откровение о власти верующего над сатаной во Христе. В видении 1952 года, когда Иисус говорил со мной полтора часа, я получил откровение относительно бесов и злых духов. Это разумение пришло после молитв о том, чтобы очи моего сердца просветились. Иисус Христос, Глава Церкви, открыл мне в том видении библейские истины, чтобы верующие были просвещены о дьявольских кознях и стратегиях и не допустили ошибки.

Верующие жили в неведении о планах сатаны, и он смог взять над ними верх. Но Дух Божий хочет, чтобы верующие приобрели дух премудрости и откровения в познании Иисуса и Его Слова, чтобы глаза их сердец были просвещены к пониманию их власти во Христе.

Бог хочет, чтобы верующие знали, что они больше не являются игрушками в руках сатаны, потому что они были освобождены от его господства и его власти (см. Кол. 1:13). Бог хочет, чтобы все Тело Христа знало — мы не побежденная Церковь, а победоносная. Мы должны править в этой жизни Именем Иисуса Христа, потому что нам принадлежит позиция власти над дьяволом. Когда глаза нашего сердца просвещены, мы можем стоять в своей позиции власти как победоносная Церковь на земле.

Власть Иисуса

Когда Иисус начал Свое публичное служение, Он сразу же вступил в противостояние с демоническими силами и злыми духами. Бесы и злые духи беспрепятственно творили зло веками. Сатана вместе со своими духами правил в духовном мире, как царь, и держал людей в рабстве духовной смерти. Ни у кого не было власти ни свергнуть сатану и его духов с престола, ни управлять ими, ни даже бросить вызов их правлению на земле.

Например, в Ветхом Завете мы не видим, чтобы человек изгонял из кого-нибудь злых духов или применял власть над дьяволом, потому что под Ветхим Заветом никто не имел власти над дьяволом и злыми духами. Но когда на земле появился Иисус, положение изменилось. Люди и злые духи сразу же узнавали власть Иисуса.

ЕВАНГЕЛИЕ ОТ МАРКА 1:21-24

21 И [Иисус и Его ученики] приходят в Капернаум; и вскоре в субботу вошел Он в синагогу и учил.

22 И дивились Его учению, ибо Он учил их как власть имеющий, а не как книжники.

23 В синагоге их был человек, одержимый духом нечистым, и вскричал:

24 Оставь, что Тебе до нас, Иисус Назарянин? Ты пришел погубить нас! знаю Тебя, кто Ты, Святый Божий.

Во всем Новом Завете мы видим, как бесы и злые духи мгновенно узнавали Христа. В этом эпизоде, рассказанном в

Евангелии от Марка, нечистый дух не только знал, Кто такой Иисус, но также и узнал Его *власть*.

Даже книжники, фарисеи и народ в синагоге распознали власть Иисуса и были поражены, потому что Иисус учил со властью, не так, как учили книжники. И бесы, и люди узнавали власть Иисуса и склонялись перед ней.

Бес испугался Иисуса, потому что Иисус доказал, что Он Господин над дьяволом. Уже в первой записи встречи Иисуса с дьяволом Господь доказал Свое торжество над сатаной.

Поражение сатаны Иисусом

Первая встреча Иисуса с дьяволом, о которой имеется запись, произошла после того, как Иисус крестился в реке Иордан. Писание гласит: «*Тогда Иисус возведен был Духом в пустыню для искушения от диавола*» (Мат. 4:1). Многие люди живут с идеей, что Святой Дух может привести нас только в хорошие, тихие места, где нам никогда не будет тяжело. Но это не всегда так. По мере того как мы растем и взрослеем во Христе, мы обнаруживаем, что наш рост в Боге происходит именно в трудные моменты.

Иисус был возведен Духом Святым в пустыню для того, чтобы Он был искушаем дьяволом. Но, слава Богу, даже в испытании Иисус доказал, что Он является Господином над дьяволом. Иисус *Словом Божьим* победил сатану в схватке. Три раза Иисус побеждал дьявола словами: «Написано» (см. Мат. 4:4, 7, 10; Лук. 4:4, 8, 12). Иисус не «сражался» с сатаной; Он просто стоял на Своем месте и победил сатану одним только *Словом*.

Во все дни пребывания Иисуса на земле, с момента Его искушения, когда Он был выведен Духом в пустыню, до того дня, когда Он Сам добровольно пошел по воле Божьей на Крест, — Он побеждал в каждой встрече с сатаной.

Полная и совершенная победа Иисуса над сатаной ясно показана Словом Божьим.

ПОСЛАНИЕ К ЕВРЕЯМ 2:14

14 А как дети причастны плоти и крови, то и Он также воспринял оные, дабы смертью лишить силы имеющего державу смерти, то есть, диавола.

6 Зак. 1509

Другой перевод Библии гласит, что Иисус «уничтожил» сатану, имевшего силу смерти — смерти духовной и отделения от Бога. Это не значит, что Иисус поразил сатану в том смысле, что тот перестал существовать. В другой американской версии это значение немного яснее. В ней говорится, что Иисус свел сатану «на нет». Другими словами, Иисус победил дьявола и отобрал у него силу и власть.

Когда в Послании к Евреям говорится о том, что Иисус уничтожил сатану, имевшего силу *смерти*, имеется в виду не физическая смерть. С физической смертью в конце концов тоже будет покончено (см. 1 Кор. 15:54), но пока этого не произошло, люди будут умирать физически.

В Библии показаны три вида смерти. Первая — *духовная смерть* (см. Иоан. 5:24; Еф. 2:1), или отделение от Бога. Во-вторых, Библия говорит о *физической смерти* (см. Фил. 1:20, 21). К третьей Библия относит *вторую смерть* с последующим вечным отделением от Бога и проведением вечности в озере огненном и серном (см. Отк. 20:13-15).

В Послании к Евреям говорится о духовной смерти. Там сказано, что Иисус разрушил власть сатаны над духовной смертью и вечным отделением от Бога. Те, кто принимает Иисуса Христа личным Господом и Спасителем, никогда не должны бояться «господина смерти» и вечного отделения от Бога.

Взгляд на Послание к Евреям (2:14) в других переводах Библии прольет больше света на триумф Иисуса над сатаной. Например, один перевод говорит: «Смертью Он сокрушил того, кто обладал силой смерти... дьявола...»

В другом переводе говорится, что Иисус уничтожил власть «господина смерти» и позволил нам стать сопричастниками Его победы над ним. Еще один перевод говорит, что мы стали участниками Его победы над дьяволом.

Мы не только участники, но и те, кто делит с Иисусом плоды победы над сатаной. Это значит, что мы являемся участниками Божьей силы воскресения. А сейчас Бог хочет, чтобы мы были соучастниками распространения известия о победе Иисуса всему миру, чтобы те, кто находится в рабстве сатаны, освободились от его плена.

Другое место из книги Откровение показывает нам не только полное поражение сатаны, господина смерти, Иисусом, но и то, что Иисус отобрал у дьявола ключи смерти и ада. Смерть и ад больше не находятся в юрисдикции сатаны.

ОТКРОВЕНИЕ 1:17, 18

17 И когда я увидел Его, то пал к ногам Его, как мертвый. И Он положил на меня десницу Свою и сказал мне: не бойся; Я есмь первый и последний

18 И живый; и был мертв, и се, жив во веки веков, аминь; и имею ключи ада и смерти.

Когда Иисус Своей смертью, погребением и воскресением победил сатану, Он отобрал у сатаны всю его власть над духовной смертью. Теперь у Иисуса есть *«ключи ада и смерти»* (Отк. 1:18).

Другими словами, каждый принявший Иисуса Христа своим Господом и Спасителем искуплен от господства сатаны, имевшего силу духовной смерти. Верующие искуплены от самой духовной смерти и, умирая, больше не отделены от Бога. Они всегда будут с Богом (см. 2 Кор. 5:6, 8).

Мы также можем увидеть победу Иисуса над сатаной в Послании к Колоссянам (2:15).

ПОСЛАНИЕ К КОЛОССЯНАМ 2:15

15 Отняв силы у начальств и властей, властно подверг их позору, восторжествовав над ними Собою.

Фраза «Отняв силы у начальств и властей» не очень понятна для нас. Конечно, под «начальствами и властями», у которых Иисус «отнял силы», подразумеваются сатанинские существа. Давайте посмотрим на другие переводы этого места, чтобы лучше понять то, что сделал Иисус, отняв силы у начальств и властей.

Один перевод говорит, что «Он разоружил начальства и власти». В другом переводе сказано, что «Он разоблачил, разбил, опустошил и поразил их Своим окончательным славным действием».

Послание к Колоссянам (2:15) говорит нам о том, что сатана и его злые духи были поражены, разоружены, лишены силы, разоблачены, разбиты, опустошены и побеждены Господом Иисусом Христом. Иисус сделал явным их полное поражение. Этот стих также провозглашает *вечное поражение* сатаны.

Когда мы понимаем, как слово «лишать» использовалось в библейские времена, мы получаем более ясную картину совершенной победы Иисуса над силами тьмы, которую обеспечило Его воскресение из мертвых. Когда в библейские дни один царь шел войной на другого и поражал его в битве, то побежденный царь лишался всего, чем владел. Победитель должен был провести плененного царя и других знатных врагов через весь город как трофей в триумфальном шествии. Победители могли устраивать целые представления, призванные унизить врага, публично показывая всем их полное падение.

Библия говорит, что Иисус то же самое сделал с сатаной. Иисус лишил сатану силы, продемонстрировав Свой триумф трем мирам: Небу, земле и аду (см. Фил. 2:9, 10). Он разоружил сатану и оставил его без власти, и забрал у него ключи смерти и ада (см. Отк. 1:18), то есть отобрал у сатаны власть над духовной смертью — вечным отделением от Бога.

Другой перевод Послания к Колоссянам говорит: «Сведя к нулю начальства и власти, Он выставил их на посмешище открытым триумфом над ними на Кресте».

Свести на нет означает «превратить в ничто!» Иисус превратил начальства и власти в пустое место. Он отнял у них всю власть. В Первом послании Иоанна (3:8) говорится: «Для сего то и явился Сын Божий, чтобы разрушить дела диавола». Причина, по которой Иисус пришел на землю, была в том, чтобы свести на нет все дела дьявола, уменьшить их до нуля!

Свергнут с престола власти

Телу Христа нужно просветить очи своего духовного разумения, чтобы осознать полную победу Иисуса над сатаной. Это мудрость Божья, которую Он хочет довести до понимания каждого верующего.

ПЕРВОЕ ПОСЛАНИЕ К КОРИНФЯНАМ 2:6, 7

6 Мудрость же мы проповедуем между совершенными, но мудрость не века сего и не властей века сего преходящих,

7 Но проповедуем премудрость Божию...

Не дайте слову «совершенными» в стихе 6 сбить вас с толку. Другое слово, заменяющее «совершенными», — это «выросшими и зрелыми». Никто во плоти не совершен, но Бог хочет, чтобы мы взрослели и росли духовно.

В стихе 6 говорится, что начальства и власти временны, не постоянны, не вечны, значит, свергнуты с престола. Мудрость зрелого и выросшего христианина, чье разумение было освещено Святым Духом, в том, что сатана уже развенчан и верующий во Христе имеет победу над ним. Пусть это прочно засядет в нас.

Сатана и все его демонические силы *свергнуты с престола. Свергнуть с престола* означает «переместить с трона, отстранить». Слово *отстранить* значит «выселить из офиса, убрать с позиции власти, особенно в высших чинах».

Сатана был свергнут с престола Иисусом Христом на Голгофском Кресте Своим воскресением. Сатану убрали с трона — с позиции власти и из его начальнического кабинета. Иисус уже сделал это за каждого верующего.

У сатаны нет власти над верующим, если только он сам не вручит эту власть ему по недостатку ведения Божьего Слова, по непослушанию или через неудачную попытку употребить свою власть во Христе. Факт, что сатана был свергнут с трона и лишен силы, — это и есть та мудрость, которую Дух Святой хочет донести до Тела Христа, которое есть победоносная Церковь в этих Боговдохновенных молитвах из Послания к Ефесянам.

Мудрость Божья в том, что верующим просто надо стоять в победе Иисуса над дьяволом, потому что они во Христе. Победа Иисуса над дьяволом — это их победа. Вот почему верующим не нужно воевать против дьявола, который уже поражен.

Мудрость Бога — библейская мудрость — в том, что сатана является пораженным врагом. Но это не соответствует мудрости мирской. Сатана, бог этого мира, не хочет, чтобы верующие об этом знали.

Мудрость бога этого мира в том, что верующие до сих пор должны сражаться и воевать против духов тьмы, чтобы попытаться поразить и победить их.

Сатана хочет, чтобы верующие проводили свое время, ведя «войну», которую уже провел и выиграл Иисус, потому что дьявол знает, что это пустая трата времени.

Конечно, сатана еще имеет власть над неспасенными в мире, потому что они не знают, что сатана был свергнут с трона. «Мудрость» сатаны в том, что он все еще может править и командовать в делах людей.

Сатана даже ослепил разум некоторых христиан, чтобы они тоже в это поверили. Вот почему верующим нужно просвещать глаза своего разумения — чтобы видеть истину и силу законченной на Кресте работы.

Царствование Христа

В Библии написано, что после воскресения Иисуса из мертвых Бог высоко превознес Его, посадил по правую руку Бога Отца и дал Ему Имя превыше всех имен.

ПОСЛАНИЕ К ФИЛИППИЙЦАМ 2:9-11

9 Посему и Бог превознес Его и дал Ему имя выше всякого имени,

10 Дабы пред именем Иисуса преклонилось всякое колено небесных, земных и преисподних,

11 И всякий язык исповедал, что Господь Иисус Христос в славу Бога Отца.

ПОСЛАНИЕ К ЕФЕСЯНАМ 1:19-22

19 И как безмерно величие могущества Его в нас, верующих по действию державной силы Его,

20 Которою Он воздействовал во Христе, воскресив Его из мертвых и посадив одесную Себя на небесах,

21 Превыше всякого начальства и власти, и силы и господства, и всякого имени, именуемого не только в сем веке, но и в будущем,

22 И все покорил под ноги Его, и поставил Его выше всего, главою Церкви...

Бог не только дал Иисусу Имя, которое превыше *всякого* имени, но и все три мира — Небеса, земля и ад — должны поклониться и исповедать господство и превосходство Иисуса Христа. А также Бог посадил Иисуса в высочайшую позицию во Вселенной, по правую руку от Себя, сделал Его главой всего (см. ст. 22).

В этих стихах не говорится: «Бог воскресил Иисуса из мертвых и превознес Его *выше* всякого начальства и власти, и силы, и господства». Здесь говорится, что Бог превознес Его «*превыше*» (т. е. намного выше) всякого начальства и власти, и силы, и господства, и всякого имени.

Ваша позиция во Христе

Как положение Иисуса в наивысшей позиции во всей Вселенной влияет на вас, верующих? Какова ваша позиция из-за того, что вы во Христе?

ПОСЛАНИЕ К ЕФЕСЯНАМ 2:1, 2, 4-6

1 И вас, мертвых по преступлениям и грехам вашим,

2 В которых вы некогда жили, по обычаю мира сего, по воле князя, господствующего в воздухе, духа, действующего ныне в сынах противления...

4 Бог, богатый милостью, по Своей великой любви, которою возлюбил нас,

5 И нас, мертвых по преступлениям, оживотворил со Христом, — благодатию вы спасены, —

6 И воскресил с Ним, и посадил на небесах во Христе Иисусе.

В соответствии с Посланием к Ефесянам (2:6) верующие посажены вместе со Христом на Небесах. Сидеть вместе со Христом значит быть «превыше» всякого начальства и власти тьмы. Злые духи не могут оказывать влияние на верующего, посаженного вместе со Христом превыше всякого начальства и власти!

То, что мы сидим и правим вместе со Христом на Небесах, — это позиция власти, чести и триумфа, а не поражения, депрессии и падения.

То, что вы как верующий посажены со Христом, является теперь частью вашего наследия. Это то место, где вы уже сидите, потому что, когда Иисус с триумфом занял Свое место, вы сели вместе с Ним.

Прошедшее время, употребленное в стихе 6, говорит о том, что Бог *уже* воскресил вас вместе с Ним и посадил вас в Небесах во Христе Иисусе в позицию чести и триумфа. Наше правление и царствование со Христом в этой жизни *сейчас* — если только вы используете вашу власть.

Поэтому ваша позиция во Христе *намного выше* начальств и властей уже была утверждена. Но вы должны использовать власть, принадлежащую вам в позиции правления и царствования со Христом над начальствами и властями, пока она не принесет вам пользу.

Мы, верующие, посажены со Христом на Небесах. Это не всегда соответствует нашим *обстоятельствам*, но это всегда является нашей *позицией*.

Если вы хотите подняться над *обстоятельствами*, используйте свою *позицию* во Христе.

Бог посадил нас на трон вместе с Иисусом в небесном мире. Следует ли из этого, что Церковь все еще должна сражаться для того, чтобы преобладать над сатаной? Нет, Бог задумал Церковь Господа Иисуса Христа победоносной, потому что мы являемся *соучастниками* победы Христа над сатаной.

Поскольку верующий — во Христе, то, когда Иисус был посажен *превыше* всякого начальства и власти, верующий сел вместе с Ним. Церковь, Тело Христа — *во Христе*. Тело соединено с головой. Иисус — Глава Своего Тела, Церкви.

Если Иисус, Глава, одержал победу над дьяволом, разве мы, находясь *в* Нем, Его Тело, являемся меньшим победителем? Конечно нет! Наше *легальное право* — наслаждаться тем, что мы сидим вместе со Христом в Небесах, в позиции власти и триумфа, превыше всяких начальств и властей. Если вы воспользуетесь своей позицией со Христом, вы начнете побеждать в жизни!

Верующим не нужно *пытаться* сесть превыше начальств и властей со Христом. Они не должны *молиться* для того, чтобы быть посаженными со Христом на Небесах. Им не нужно *бороться* за эту позицию или *сражаться* с бесами, чтобы сесть с Иисусом на месте победы.

Позиция верующего во Христе является фактом. Это уже произошло. Эта позиция была *для нас* добыта нашим Господом Иисусом Христом. Теперь все, что нам надо сделать, — это насладиться своими правами и привилегиями, которые уже принадлежат нам как сонаследникам Христа.

В этих помазанных молитвах Святой Дух пытается довести до Тела Христа то, что они посажены намного выше сфер тьмы и это их законное наследство.

Но верующие не смогут воспользоваться тем, что по праву принадлежит им, если только они не просветят очи своего сердца, чтобы увидеть, чем в действительности они владеют в жизни. Мы не можем обладать тем, о чем не знаем, принадлежит ли оно нам.

Когда верующие получают откровение о своей позиции во Христе, это производит кардинальные перемены в их жизни! Они не будут больше побежденной Церковью. Они займут свое место *победоносной Церкви*, которую Бог задумал с момента основания мира.

Неискупленное мышление многих верующих склонно поверить тому, что они беспомощны перед дьяволом и всегда под прицелом, ожидая поражения или падения: «Дьявол на меня охотится все время». «Дьявол мной завладеет!» «Мы не так много имеем в этой жизни, но когда мы придем на Небо, нас ожидает славное будущее».

Да, верующие могут предвкушать славное *будущее*, потому что они вечно будут с Господом. Но Дух Святой хочет, чтобы верующие знали, каким славным *настоящим* они обладают прямо сейчас из-за своей позиции во Христе! Верующим нужно пользоваться тем, что принадлежит им во Христе.

Из-за нашей позиции во Христе Бог является силой нашей жизни. Псалмопевец задает вопрос: «Кого мне бояться?» (Пс. 26:1). Нам не нужно бояться ничего, включая сатану, бесов и злых духов, из-за победы Иисуса на Кресте.

ПОСЛАНИЕ К РИМЛЯНАМ 8:37-39

37 Но все сие преодолеваем силою Возлюбившего нас.

38 Ибо я уверен, что ни смерть, ни жизнь, ни Ангелы, ни Начала, ни Силы, ни настоящее, ни будущее,

39 Ни высота, ни глубина, ни другая какая тварь не может отлучить нас от любви Божией во Христе Иисусе, Господе нашем.

Тело Христа — победоносная Церковь — больше чем победитель над всеми вражескими силами, потому что мы *во* Христе (см. Лук. 10:19; Рим. 8:37). Возможно, верующие слишком много пели: «О Господь, удержи меня у Креста».

Нет, вы не хотите оставаться у Креста. Вы хотите взойти на трон и занять свою позицию со Христом на Небесах (см. Еф. 2:6; Гал. 4:7; Рим. 8:17). Вы хотите занять ваше место, которое *превыше* всякого начальства и власти, чтобы вы могли царствовать и править в жизни вместе со Христом.

Придите к Кресту, но не оставайтесь там. Придите в день Пятидесятницы и получите крещение Святым Духом. Но и там не останавливайтесь. Взойдите на трон, где вы уже посажены во Христе, и примите свою власть во Христе. Эта позиция власти не из-за того, что вы такие, но потому что Он такой.

Сидит ли Церковь в Небесах, превыше начальств и властей, в своей собственной силе? Нет! Мы посажены на Небесах силою Божьего могущества (см. Еф. 1:20-22; 6:10).

Загляните в другой перевод Послания к Ефесянам (1:22). Я хочу, чтобы вы увидели там истину. Писание говорит о том, что все — сатана, начальства, власти, троны и владычество — все в подчинении у Господа Иисуса Христа. А так как мы находимся во Христе, то злые духи должны подчиняться нам во Имя Иисуса Христа.

Что Бог положил под ноги Иисуса? Все! Это включает сатану, бесов, злых духов, грех, болезни, нищету, немощи. Мы Тело Христа на земле, а это значит, что это все было положено и под наши ноги тоже.

Бог положит все под ноги Иисуса, а значит, и под наши ноги? Нет, это будущее время. Бог уже «все покорил под ноги Его» (1 Кор. 15:27; Еф. 1:22).

Если сатана под нашими ногами, это значит, что он не имеет над нами власти, — у нас есть власть над ним. Значит ли это, что верующий должен стараться получить ее? Нет, это свершившийся факт, поскольку мы соединены с Иисусом.

Если бы верующие действительно понимали, что это значит, сатана никогда не смог бы господствовать в их жизни. И если бы эта истина пробудилась в Церкви, она заняла бы свою позицию во Христе в качестве победоносной Церкви, правящей в жизни.

Понимаете, наше единение и правление со Христом — это кульминационный пункт искупительной работы Христа. После воскресения Иисус был превознесен превыше всего во Вселенной. Ему было дано *все* владычество, *вся* власть и *вся* сила. Не только это, но и *все* владычество, *вся* власть и *вся* сила были положены под Его ноги, а значит, и под наши ноги, поскольку мы являемся Его Телом.

Вот почему сатана не может больше править вами, если вы сами не позволите ему по незнанию своих прав и привилегий во Христе или если вы сами не откроете перед ним дверь. Очень часто верующие просто открывают перед ним дверь, приглашая войти.

Другое место Писания показывает, что сатана находится под нашими ногами.

ЕВАНГЕЛИЕ ОТ ЛУКИ 10:19

19 Се, даю вам власть наступать на змей и скорпионов и на всю силу вражью, и ничто не повредит вам.

В Евангелии от Луки Иисус использует термины «скорпионы» и «змеи» в переносном смысле как символы вражеской силы. Он говорил о сатане и о всех его бесах и духах. Мы это знаем потому, что Иисус сказал: «Даю вам власть наступать на... всю силу вражью».

Иисус говорит, что ни одна сила вражья — ни начальства, ни власти, ни правители тьмы, ни злые духи в поднебесье — не сможет повредить нам, потому что мы стоим в позиции власти во Христе. Мы можем наступать на сатану и его духов, потому что он под нашими ногами.

Если мы посмотрим в Евангелие от Луки (10:19), то найдем там два греческих слова, переведенных словом «сила». Первое слово — *экзосия*, то есть «власть». Второе слово — *дунамис*, что означает «силы» или «способность».

Если слово «власть» перевести как «сила», то люди бы подумали: «У меня есть сила», но затем поняли бы, что не чувствуют никакой силы.

У вас нет *силы* в *себе*, но есть *власть* во Христе. Это разные вещи. В самих верующих нет никакой *силы* над дьяволом, но у них есть *власть* над ним.

Наша власть во Христе похожа на власть милиционера, стоящего на обочине дороги. У него нет физической *силы* для того, чтобы удержать машины; у него нет такого рода «*способностей*». Но у него есть такого рода *власть*, и люди знают эту власть и уважают ее.

Поэтому Иисус на самом деле говорит в Евангелии от Луки (10:19): *«...даю вам власть наступать на змей и скорпионов и на всю силу вражью, и ничто не повредит вам»*.

Сам Бог является силой, стоящей за вашей властью во Христе. Верующий, полностью осознающий стоящую за ним силу и свою власть во Христе, может столкнуться с дьяволом без страха и сомнения.

Мудрость пребывания во Христе

Давайте вернемся и прочитаем Первое послание к Коринфянам (2:6), и вы поймете мудрость Божью более отчетливо.

ПЕРВОЕ ПОСЛАНИЕ К КОРИНФЯНАМ 2:6, 7

6 Мудрость же мы проповедуем между совершенными, но мудрость не века сего и не властей века сего преходящих,

7 Но проповедуем премудрость Божию, тайную, сокровенную, которую предназначил Бог прежде веков к славе нашей.

Что же это за мудрость Божья, которую увидят и поймут духовно зрелые? Это знание о наследии, которое Бог уже приготовил им во Христе; это мудрость понимания того, кто они есть *во* Христе. Мудрость Божья в том, что верующим просто нужно стоять против дьявола в победе, что была достигнута на Кресте, в победе, которую Иисус уже завоевал для них.

Если верующие начнут занимать свою позицию власти во Христе против враждебных сил, которые уже *поражены* и *свергнуты* с престола, это поможет решить многие их проблемы.

Некоторые христиане, действуя из лучших побуждений, впали в ошибку и думают, что *им* что-то нужно сделать, чтобы *победить* дьявола. Каким-то образом, они думают, им нужно «сражаться» с дьяволом и победить его.

В соответствии с Первым посланием к Коринфянам (2:6) одной из причин того, что христиане впадают в такие ошибки, является несовершенство в Слове: *«Мудрость же мы проповедуем между совершенными»*.

Люди, сражающиеся с дьяволом своей собственной силой, пытающиеся победить «свергнутую с престола» власть, еще незрелые в Слове. Это не я сказал, а Библия: *«Мудрость же мы проповедуем между совершенными* (зрелыми), *но мудрость не века сего... но проповедуем премудрость Божию...»* (1 Кор. 2:6, 7).

Мудрость Божья — это мудрость Его Слова. Ваш разум должен обновиться мудростью Божьей — мудростью Слова, чтобы вы смогли увидеть, что Иисус уже сделал для вас ради вашего искупления. Это сделает вас более совершенными в познании того, кто вы есть во Христе.

Когда глаза сердца верующих просвещены, они поймут, насколько совершенен на самом деле план искупления. Те, кто все еще продолжает войну с дьяволом, не просветили очи сердца своего, чтобы увидеть мудрость Божью. Но если вы совершенны в Слове и имеете мудрость Божью, библейскую мудрость, то вы знаете, что сатана и его духи уже побеждены, поражены, свергнуты с престола, лишены силы и что вы один из победителей во Христе.

Но вам нужно отстаивать свою землю против сатаны Словом Божьим, потому что он хитер и лжив и старается ослепить ваши глаза, чтобы вы думали, что у него есть власть над вами. Он все время будет пытаться вывести вас из веры в Божье Слово, заставляя сомневаться в Слове, в Боге и том, что Бог сказал вам. Вот почему борьба с ним идет на уровне веры — веры в Бога и в Божье Слово, — а не попыток победить того, кто уже побежден.

Одна из причин, почему у верующих так много проблем с дьяволом, это то, что они всегда пытаются сделать что-нибудь сами, вместо того чтобы принять свидетельство Слова, что Иисус уже расправился с дьяволом. Это означает, что они не являются делателями Божьего Слова. Они говорят: «Давайте объявим дьяволу войну!» — и пытаются изображать какие-то военные действия против него.

Но когда вы понимаете, что сатана был свергнут с престола, тогда вы знаете, что дьяволу уже была объявлена война и что Господь Иисус уже одержал победу над ним. Иисус Христос поднялся Победителем! Просто займите свою позицию соучастника Христа в Его победе над дьяволом.

Если сатана вместе со своей когортой был свергнут с престола, почему тогда духи тьмы правят жизнью стольких верующих? Верующие либо не знают о своей власти во Христе, либо не употребляют своей власти во Христе.

Сатана, конечно, все еще будет править людьми, которые не спасены, потому что они не знают ничего лучшего. Но если верующие будут проповедовать им Евангелие, они будут спасены и выйдут из-под дьявольского господства.

Церковь должна проповедовать Слово Божье всякому творению и нести весть о том, что никому не нужно больше быть под господством сатаны. Вот как мы должны «продолжать войну» с дьяволом! Когда люди узнают Благую весть и получат спасение, сатана не сможет больше править ими. Вот как верующие должны свести царство сатаны на нет и уменьшить его до нуля.

Власть в Имени Иисуса

Ключ к нашему славному наследию и власти над силами тьмы — в Имени Иисуса. У верующих есть власть над дьяволом в Имени Иисуса, а не в них самих. Но я думаю, что даже евангелистические верующие почти уверены, что Имя Иисуса — это своего рода амулет, который предохраняет их от злых сил или чего-то еще. Верующие в действительности так и не поняли, чем, связанным с Именем Христа, они владеют в своем наследстве.

Всю силу и власть Иисус вложил в Свое Имя. Верующим дано право использовать это Имя (см. Иоан. 14:13, 14).

Мы знаем, что нас уполномочили использовать Имя Иисуса в молитве, потому что Иисус сказал: *«О чем ни попросите Отца во имя Мое, даст вам»* (Иоан. 16:23).

Молитва по Слову Божьему — это один из способов верующего занять свою позицию власти во Христе на земле.

Но Иисус также сказал верующим: *«Именем Моим будут изгонять бесов...»* (Мар. 16:17). Поэтому у нас есть власть в Имени Иисуса над дьяволом.

ПОСЛАНИЕ К ФИЛИППИЙЦАМ 2:9, 10

9 Посему и Бог превознес Его и дал Ему Имя выше всякого имени,

10 Дабы пред именем Иисуса преклонилось всякое колено небесных, земных и преисподних.

Имя Иисуса имеет власть в трех сферах: Небеса, земля и ад. Дьявол знает власть Имени Иисуса; он знает, что он должен преклониться пред этим Именем. Но дьявол знает также о той власти, которая есть у *вас во* Христе, в этом Имени. Но вы должны сами знать об этой власти и использовать ее, и стоять во Имя Иисуса против дьявола.

Благословлены всяким духовным благословением во Христе

Этой властью над дьяволом в действительности обладает каждое дитя Божье. Она принадлежит каждому из нас и является одним из духовных благословений нашего наследия как святых во Христе.

ПОСЛАНИЕ К ЕФЕСЯНАМ 1:3

3 Благословен Бог и Отец Господа нашего Иисуса Христа, благословивший нас во Христе всяким духовным благословением в небесах.

Все, что сделал Иисус в деле искупления, — все, что Он искупил и сохранил в Своей победе над сатаной, — Он сделал для Своей Церкви, то есть для вас. Триумф и победа Иисуса принадлежат каждому отдельному верующему.

То, что мы благословлены *всяким* духовным благословением в Небесах, определенно включает в себя триумф и власть над сатаной, а иначе это не было бы *всяким* духовным благословением. Это включает в себя вашу победу во Христе над сатаной и его духами.

Другими словами, во Христе *каждое отдельное* духовное благословение принадлежит *теперь* нам. Вам не нужно бороться или сражаться с бесами, чтобы получить *все* духовные благословения; они уже ваши, и вы принимаете их верой в Слово, и используете то, что по праву принадлежит вам. Но все духовные благословения принадлежат нам только потому, что мы *в Нем*.

Можно услышать, как некоторые говорят: «Но такой-то и такой-то, кажется, имеет больше благословений, чем я». Мы смотрим на определенных людей и видим, что они *особенно* благословлены Господом. Но вы не найдете этого нигде в Писании, у Бога нет любимчиков.

Люди, наслаждающиеся Божьими благословениями, включая их законную власть над дьяволом, просто знают, как извлекать пользу из того, что принадлежит им, в большей степени, чем те, которые не принимают благословений Божьих. Если вы не знаете о вашем наследстве и власти во Христе, то вы не сможете стать участниками в том, что по праву принадлежит вам.

Каждый из нас в Теле Христа благословлен *всеми* и *каждым* духовным благословением во Христе, поэтому никто из нас не имеет монополии на власть над дьяволом, которой мы обладаем во Имя Иисуса. Самый меньший член Тела Христа может бесстрашно стоять перед лицом дьявола, бесов и злых духов из-за того, кто он есть во Христе. Никто не благословлен большими благословениями, чем другие, в Теле Христа.

Достойно сожаления то, что не каждый верующий в Теле Христа извлекает выгоду из того, что принадлежит ему, потому что его власть над дьяволом принадлежит ему в любом случае, не важно, знает ли он об этом или нет. Но человек не может извлечь пользу из чего-то, о чем он не *знает*, что это принадлежит ему, или не *использует* это.

Только истина, по которой вы действуете, освобождает вас

Очи вашего разумения должны быть просвещены для того, чтобы вы *знали* и *использовали* свою власть во Христе и чтобы она принесла вам пользу. Другими словами, вы можете *знать*, что принадлежит вам, и не *действовать* в соответствии с этим. Вы можете *знать*, что говорит Слово, но не будете *исполнителями* Слова.

Любое благословение, право, привилегия и власть может принадлежать вам, но если вы не знаете о нем, вы не можете действовать в соответствии с ним. Или если вы не действуете в соответствии с тем, что вы знаете, не употребляете и не принимаете то, что было дано вам, это не принесет вам пользы. Это не станет вашей реальностью, несмотря на то, что это ваша собственность.

Вот почему вам надо знать, что вам принадлежит во Христе. Но недостаточно просто знания того, что принадлежит вам. *Результат приносит знание в действии.*

Дьявол не хочет, чтобы люди наконец обнаружили власть, которая в действительности принадлежит им во Христе. Это один из способов, с помощью которых сатана хочет уничтожить дитя Божье. Он знает, что, когда дитя Божье обнаружит свою легальную, законную власть во Христе, оно порадуется победе над ним.

Вот почему сатана пытается запутать это знание, ослепить людям глаза и скрыть от них это жизненно важное знание. Но когда дитя Божье узнает истину и действует в соответствии с этим знанием, дьявол не будет больше править им.

ЕВАНГЕЛИЕ ОТ ИОАННА 8:32

32 И познаете истину, и истина сделает вас свободными.

Прежде чем истина сделает вас свободными, вы должны ее *познать*. Вот о чем говорит этот стих. Теперь, когда вы познали истину о том, кто вы во Христе, вы знаете, что вас освободит то, что вы *действуете* по истине.

Это очень важно, и я скажу об этом немного по-другому, для того чтобы вы уловили смысл.

Вы должны *познать* Слово, прежде чем оно сделает вас свободными.

Затем вы должны *действовать* по Слову, которое вы *узнали*.

Слово, которое вы *знаете* и по которому *действуете*, *освободит* вас.

Когда вы будете действовать в соответствии со Словом, которое знаете, вы во всех обстоятельствах жизни будете радоваться победе над сатанинскими силами.

ВТОРОЕ ПОСЛАНИЕ К КОРИНФЯНАМ 2:14

14 Но благодарение Богу, Который всегда дает нам торжествовать во Христе и благоухание познания о Себе распространяет нами во всяком месте.

Бог пообещал нам победу во всех обстоятельствах жизни так, чтобы испытания и скорби не могли одолеть вас. Библия не пишет: «Благодарение Богу, который время от времени дает триумф над сатаной и обстоятельствами». Потому что Иисус победил все эти сатанинские силы. Его триумф является вашим триумфом, потому что вы в Нем.

Перед лицом этих фактов каким должно быть наше отношение к дьяволу и его делам? Что-то вроде съеживания от страха? Нет. Мы больше чем победители в Том, Кто возлюбил нас (см. Рим. 8:37).

Как Тело Христа, мы занимаем место Иисуса на земле. Иисус — Глава, а мы Его Тело. Мы действуем за Иисуса на этой земле в жизненных вопросах. Иисус — разрушитель власти врага, а мы должны усилить поражение дьявола на земле.

Сатана не будет господствовать над верующими

Мы говорим о богатстве нашего наследия во Христе. Библия говорит о том, что мы были переведены из царства тьмы в Царство дорогого Сына Божьего (см. Кол. 1:13). Поэтому наше наследие включает в себя тот факт, что дела тьмы не имеют легальной власти или господства над нами.

Павел писал верующим в Риме: *«Грех не должен над вами господствовать, ибо вы не под законом, но под благодатью»* (Рим. 6:14). В некотором роде грех и сатана — слова-синонимы. Поэтому можно прочитать этот стих так: «Сатана не должен над вами господствовать».

Почему сатана не должен господствовать над верующими? Потому что он не наш господин, он низвергнут нам под ноги! Иисус — наш Господь и Глава Церкви, а не сатана.

Иисус единственный имеет господство над нами! Он Тот, Кто правит нами не только всеми вместе как Телом Христа, но и лично каждым.

Например, если симптомы беды или нужды, или чего-нибудь еще, что исходит от врага, пытаются атаковать мой разум или тело, я просто говорю: «О нет, не смей, сатана! Ты не можешь возложить это на меня. Иисус господствует надо мной. Иисус — мой Исцелитель и Освободитель. Он не разрушитель. Иисус — Дающий Жизнь, и Он Мой Господь. Сатана, ты не мой господин, и ты не можешь победить меня. Я отказываюсь принимать что-либо, что принадлежит тебе. Ты не можешь приносить мне депрессию, подавленность, болезнь или немощь. Я отказываюсь позволять это во Имя Иисуса».

Когда я встаю против сатаны во Имя Иисуса, используя данную мне по праву власть, враг не может совершить по отношению ко мне никакое из своих деяний. Когда я исполняю Слово, сатана не в состоянии поразить меня, поскольку господство Иисуса надо мной провозглашено в Слове, и я стою в своих правах и привилегиях во Христе. Господство Иисуса надо мной реально, и я подчиняюсь Ему, своему Господу.

Это действует на основании истины и освобождает вас.

Тень долины смерти

Когда мы поймем то, что мы были избавлены от сатанинского контроля и не находимся больше под господством сатаны или духовной смерти, мы сможем более отчетливо понять, что говорит нам Псалом 22.

ПСАЛОМ 22:1, 4-6

1 Господь — Пастырь мой; я ни в чем не буду нуждаться....

4 Если я пойду и долиною смертной тени, не убоюсь зла, потому что Ты со мною; Твой жезл и Твой посох — они успокаивают меня.

5 Ты приготовил предо мною трапезу в виду врагов моих, умастил елеем голову мою; чаша моя преисполнена.

6 Так, благость и милость да сопровождают меня во все дни жизни моей, и я пребуду в доме Господнем многие дни.

В Псалме 22 есть истина, которую Телу Христа не удалось принять и усвоить для своей жизни. Вы, конечно, понимаете, что многие псалмы пророческие или мессианские. Но Псалом 22 дает картину того, как мы живем *сейчас*.

В Псалме 22 говорится: *«Если я пойду и долиною смертной тени, не убоюсь зла...»* (ст. 4). Этот псалом цитируется на похоронах, но в действительности он относится к владениям дьявола здесь, на земле, а также он относится не к физической, а к духовной смерти.

Мы с вами проходим *долиной смертной тени* в этой жизни, потому что сатана — князь этого мира. Духовную смерть и ее последствия мы видим на каждом шагу. Грех, болезнь, немощь, бедность и все прочее, чем сатана окружает нашу жизнь.

Но Иисус заявил, что хотя мы живем *в* этом мире, но мы не *от* этого мира (см. Иоан. 17:16, 18). Это соотносится с ценнейшей истиной, которая находится в пятом стихе Псалма 22: *«Ты приготовил предо мною трапезу в виду врагов моих...»*

Кто наши враги? Сам дьявол, конечно, является нашим врагом; Библия называет его противником (см. 1 Пет. 5:8). Злые духи, бесы, болезни, немощи, нищета — это все наши враги. Все, что связывает и удерживает нас, — это наши враги.

Стол трапезы

В Псалме 22 Бог говорит нам, что прямо посреди сатанинской вотчины, где он правит теми, кто находится во тьме, как князь этого мира и где последствия духовной смерти окружают нас, — Бог приготовил для нас трапезу в виду наших врагов!

Да, дьявол, бесы и злые духи здесь, и мы иногда ощущаем их присутствие, их действия. Но несмотря на это, Бог приготовил нам трапезу прямо посреди них!

Почему Бог готовит для нас трапезу в присутствии наших врагов? Почему бы нам просто не *избавиться* от наших врагов? Мы не можем. Как я уже говорил, у них есть право быть здесь, и они будут здесь, пока не истечет договор с Адамом. Вот почему верующим так важно стоять в победе и приобщиться к этому столу Господнего обеспечения, потому что эти злые духи будут здесь для того, чтобы попытаться воспрепятствовать нам, искушать нас и удерживать нас от принятия всех лучших благ Господа.

Но прямо в присутствии наших врагов — бесов и злых духов — Бог приготовил нам трапезу избыточного обеспечения — богатство славного Его наследия для святых, то есть для каждого верующего в Теле Христа!

Причина того, что многие христиане терпят поражение в жизни, в том, что хотя они и посажены со Христом в Небесах, за столом Господнего обеспечения, они не *принимают* того, что принадлежит им за этим столом. Все *богатства* пребывания *во* Христе включены в этот стол снабжения.

Многие верующие даже не смотрели на то, чем обеспечил их Бог в Своем Слове. Вместо того чтобы взглянуть на свои права и привилегии во Христе, включая их власть над дьяволом, они смотрят на врага. Они сконцентрированы в жизни на дьяволе и его делах, а не на Иисусе и на Его завершенном деле искупления.

Они все время говорят о дьяволе, бесах и демонической активности, вместо того чтобы говорить о богатстве Божьей преизбыточной благодати и всех духовных благословениях, которые принадлежат им во Христе. Они не стоят в совершенной победе Креста как победоносная Церковь, правя в жизни вместе с Иисусом Христом.

Нет, просто не смотрите на врага. Не фокусируйте на нем свой взгляд. Да, бесы и злые духи здесь, мы не отрицаем их присутствия. Но, слава Богу, *Бог* приготовил для нас трапезу Своего избыточного снабжения посреди их всех.

Стол, который Господь приготовил для нас, — это стол *преизбыточных богатств*. Например, на этом столе есть новое рождение, крещение Святым Духом, власть над дьяволом и злыми духами и исцеление. На этом столе вы найдете все, что необходимо для того, чтобы подняться в этой жизни.

На этом столе есть победа и освобождение от всего, что пытается связывать нас и удерживать в отдалении от успеха. На этом столе есть благословения и милость, триумф и победа, а не падение и поражение. На этом столе есть все, что нам понадобится с момента нашего духовного рождения до того момента, когда мы вступим в вечность.

«Ну да, а почему тогда у меня нет Божьих благословений?» — спросите вы. Что ж, стол для вас приготовлен, но вы можете быть в неведении о благословениях, которые по праву ваши — *богатства вашего наследия во Христе*. Или вы даже не знаете о том, что этот стол прямо перед вами, потому что глаза вашего разумения еще не были просвещены, чтобы увидеть Божий избыток и обеспечение для вас.

Может быть, вы не знаете, что сидите за столом триумфа, а не за столом поражения, и позволяете дьяволу наступать на вас. Или, может быть, вы знаете об обеспечении — о всех духовных благословениях, — но не принимаете их в свою жизнь. Вы не используете свою власть над дьяволом верой в силу Божьего Слова.

Просто протяните руку и возьмите с этого стола то, что принадлежит вам. Ваш небесный Отец приготовил все это для *вас*. Используйте Имя Иисуса, потому что ваша власть — в этом Имени.

Нам нужно сфокусироваться на Боге и на том, что Он обеспечил для нас, вместо того чтобы смотреть на дьявола и на его дела. Нам нужно сконцентрироваться на богатстве нашего наследия во Христе, на правах и привилегиях, которые легально принадлежат нам как результат пребывания *в* Нем. Сфокусируйте свое внимание на вашей небесной позиции во Христе, в которой вы сидите *превыше* всех начальств, властей и всех дел врага.

Это правда, что мы были поражены, побеждены до того, как приняли Иисуса Христа нашим Господом и Спасителем. До того как мы узнали Иисуса, нами правил сатана. Мы не знали, что и сатана, и все его бесы были *побеждены* и *свергнуты с престола* Царем царей и Господом господствующих.

Царствование в жизни

В результате победы Иисуса на Кресте над сатаной, вместо того чтобы быть пораженными, побежденными и управляемыми, теперь, во Христе, мы, как цари, царствуем в *этой* жизни здесь, в *этом* мире. Из-за того что мы *во* Христе, сатана под нашими ногами. Прежде мы, как рабы, служили сатане и духовной смерти, но теперь мы *правим* в жизни посредством Иисуса Христа. Это часть богатства нашего наследства во Христе.

ПОСЛАНИЕ К РИМЛЯНАМ 5:17

17 Ибо, если преступлением одного смерть царствовала посредством одного, то тем более приемлющие обилие благодати и дар праведности будут царствовать в жизни посредством единого Иисуса Христа.

Звучит ли это, как Церковь, которой правили и над которой господствовали бесы и злые духи? Нет! Где в Библии сказано, что мы будем царствовать над сатаной и его злыми намерениями против нас? Когда все мы попадем на Небо? Нет, верующие царствуют, как цари, в жизненных сферах теперь. Мы, рожденные свыше, стали новыми творениями во Христе Иисусе, и мы теперь победители, а не побежденные. Мы триумфальная Церковь, а не пораженная Церковь.

Мы царствуем в жизни, как цари, посредством Христа *сейчас*. Это часть мудрости, которую Дух Святой пытается донести до Тела Христа во вдохновенных молитвах Послания к Ефесянам. В прошедших временах мы, как рабы, служили сатане, но теперь мы ходим в обновлении жизни (см. Рим. 6:4). Теперь из-за того, что мы посажены со Христом на Небесах, мы, как цари, правим посредством Господа Иисуса Христа.

Это послание, которое Дух Святой через Павла хочет донести до Тела Христа. Бог хочет, чтобы глаза сердца нашего были просвещены, чтобы мы могли понять, что в этой жизни мы *правим вместе со Христом.*

Бог хочет, чтобы мы знали, что у нас есть победа над сатаной в любых обстоятельствах, так же как у Иисуса была победа над сатаной, когда Он был на земле. Нам не нужно сражаться за победу; нам просто нужно стоять со Словом против пораженного противника в соответствии с тем, что уже завоевано во Христе.

Это не займет много времени, если вы знаете свою власть во Христе. Просто скажите им Слово во Имя Иисуса, и враги должны будут уйти. *Вам* не нужно с ними сражаться, потому что они уже поражены и свергнуты с престола. Стоя против них в Слове, вы стоите в победе Иисуса.

Буду с вами честным. Не знаю, поднимается ли во мне праведное негодование, или я теряю рассудок, но что-то восстает во мне, когда я слышу, как проповедники учат людей бояться дьявола: «Будьте осторожными! Дьявол может вас услышать!» или «Остерегайтесь. Дьявол может возложить на вас болезнь или немощь».

У меня есть власть над собой и моим домом. Если дьявол постучится в мою дверь с болезнью, нищетой, недостатком или подавленностью, я скажу ему: «Не приходи в *мой* дом! Ты должен уйти и навязывать свой хлам где-нибудь в другом месте, потому что я его не приму!»

Но у меня *нет* власти над дьяволом в *вашей* жизни. В конце концов вы должны будете научиться противостоять дьяволу сами. Конечно, если вы младенец во Христе, моя вера сможет подействовать для вас. Но в конечном счете Бог будет ожидать от вас, что вы сами возьмете власть над дьяволом.

Если вы уже приняли немощь или болезнь, или что-то еще, что дьявол пытается принести в вашу жизнь, вы сами, собственными руками, создали беспорядок, и вам нужно будет что-то с этим делать. Но, слава Богу, можно что-то сделать во Имя Иисуса.

Если вы попросите кого-нибудь, они могут помолиться за вас в вере, но в действительности *вам* самим нужно будет взять власть над дьяволом в свои руки. Это один из способов возрастать в понимании того, кто вы есть в Иисусе Христе. Возьмите власть над сатаной, болезнями и всем, что пытается всучить вам дьявол. Противостаньте этому сами во Имя Иисуса Христа. Верующие совершают ошибки, принимая то, что приносит им дьявол.

Вы будете побеждены, если не узнаете, Кто *в* вас, и о власти, которую вы имеете во Христе. Если вам не удастся узнать, что *в* вас пребывает Тот, Кто больше того, кто в мире, вы позволите дьяволу завладеть вами.

Одно дело для сатаны господствовать над неспасенными людьми, находящимися в царстве тьмы; они полностью в его власти. Но сатана со своей когортой господствует и над многими христианами, которые не *знают* о своей власти и не *используют* свою власть.

Вот почему верующие должны прийти к молитве понимания того, что все духовные силы врага были поражены Иисусом. Когда верующий молится, он должен молиться с позиции победы, потому что он посажен со Христом на Небесах, глядя вниз на побежденного врага.

Когда вы молитесь, молитесь из той позиции во Христе, в которой вы посажены превыше всякого начальства и силы, и власти, где вы восседаете со Христом. Победа Иисуса — это ваша победа. То, что сделал Иисус, освободило вас от господства сатаны.

Слишком часто христиане отступают, не понимая, на что их духовное наследство дает им право. Вместо того чтобы занять свою позицию во Христе как победители, они превозносят дьявола, и это открывает ему доступ в их жизни.

Вы можете пребывать под воздействием негативной стороны жизни и станете тем, в чем пребываете. То, о чем вы *думаете* и в чем *пребываете*, составляет то, во что вы *верите*. Во что вы *верите,* об этом вы *говорите*. И в конце концов во что вы *верите* и о чем *говорите*, тем вы и *становитесь*.

Это относится и к сфере бесов и демонической активности. Если вы мыслите дьявольскими мыслями, вы станете подавленными, угнетенными и можете совершить ошибку. Или вы можете думать о Слове, и ваши мысли будут освещены, просвещены и наполнены светом.

Вы можете разъезжать и проповедовать о том, какой сильный дьявол, или вы можете видеть позитивную сторону, в которой глаза вашего разумения просвещены для того, чтобы увидеть мудрость Божью. В этом случае вы будете на стороне *Писания* и на стороне *победы*, которую вы имеете благодаря вашему триумфу во Христе.

Я знаю, что Иисус победил дьявола, поэтому я *думаю* и *говорю* об *этом*. И Тот, Кто больше, поднимает меня в жизни и ведет к успеху, потому что я даю место *Богу* и силе Его Слова, а не дьяволу.

Христиане терпят поражение оттого, что верят, что «больше тот, кто в мире, чем Тот, Кто во мне». У них такой подтекст в разуме. А потом они это исповедуют.

Многие терпят поражение в жизни, потому что их исповедание негативное; они всегда говорят о негативной стороне вещей, и это открывает двери дьяволу в их жизни.

Они всегда говорят о том, чем они *не* являются и что они *не* имеют, а также о своих слабостях, падениях и недостатках. И они спускаются на уровень своих исповеданий.

Если вы верите и исповедуете, что сила дьявола сильнее Божьей силы, то сатана победит вас. Но если вы отстаиваете свою позицию своим правом во Христе, купленным Кровью, и исповедуете это, вы подниметесь на уровень вашего исповедания и наследства.

Какие изменения произошли бы в вашей жизни, если бы вы стояли на Слове Божьем против каждой атаки врага во всех испытаниях и проверках! Как бы все изменилось, если бы вы придерживались позитивных исповеданий во Христе, чтобы не дать места дьяволу в вашей жизни!

Тогда вы подниметесь на уровень вашего исповедания — вы займете свое законное место во Христе и будете в состоянии обладать тем, что Христос уже завоевал для вас. Вы займете свое законное место в победоносной Церкви Господа Иисуса Христа над всеми силами дьявола.

Победоносная Церковь — не воинствующая и не побежденная Церковь

Некоторые люди сегодня говорят о воинствующей Церкви. Среди них есть такие, которые говорят, что Церковь Господа Иисуса Христа должна сражаться с дьяволом, чтобы быть успешной.

Но я бы лучше говорил о победоносной Церкви, потому что это соответствует Писанию. Триумф Иисуса над сатаной — это триумф каждого верующего. И каждый верующий может радоваться этому триумфу и победе, если он будет ходить во свете своего наследия во Христе.

Те, кто постоянно говорит о воинствующей Церкви, это те, кто все время пытается сражаться с дьяволом: «Мы продолжаем войну с дьяволом. Будет трудно! Мы здесь для сражения!»

Людям, которые все время так говорят, надо просветить очи своего разумения, чтобы увидеть то, что битва уже давно была выиграна Иисусом Христом. Теперь им просто надо стоять в этой победе.

Когда глаза нашего понимания просветятся, чтобы увидеть нашу правильную позицию во Христе — *а именно: позицию победы,* — то при каждой встрече с силами дьявола мы будем знать, что с ними делать. С помощью вашей власти над злыми духами во Христе вы противостанете им Словом Божьим и поставите их на место.

Тело Христа победоносно. Слава Богу, мы можем торжествовать над грехом, болезнями, немощами, нищетой и плохими привычками, имея наследие во Христе. И мы можем торжествовать над дьяволом, злыми духами и чем угодно, чем дьявол будет пытаться связать нас, потому что Иисус уже победил их для нас.

У Иисуса не было причин вступать в ту грандиозную борьбу за наше искупление, кроме как для того, чтобы избавить нас от рук врага. Слава Богу, Он сделал это, чтобы искупить Церковь — Тело, состоящее из верующих, которые приняли бы участие в Его наследии во Христе и царствовали и правили в триумфе и победе над дьяволом в этой жизни. То, что сделал Иисус, Он сделал для нас, и победа Иисуса над сатаной принадлежит нам.

То, что принадлежит нам во Христе, не требует ничего, кроме принятия и присвоения этого верой. Нам не нужно бороться, чтобы поверить во что-то, что уже принадлежит нам. Но мы должны знать, что это наше, иначе мы не сможем занять своей законной позиции во Христе и извлечь пользу из того, что уже принадлежит нам.

Везде, где раскрывается Божий план искупления, люди спасаются и могут стать господами над своими обстоятельствами и над силами дьявола, вместо того чтобы позволять дьяволу господствовать над ними.

Тело Христа никогда не должно трусливо уступать силам тьмы или подчиняться сатанинскому господству. Нет, мы должны смело подняться во Имя Иисуса и занять свое место в наследстве как сыны и дочери Всевышнего Бога и как победоносная Церковь!

Глава 8
Духовная война: бороться или отдыхать?

Духовная война является тем предметом, которому некоторые христиане в наше время придают чрезмерное значение, что не соответствует Слову Божьему. В действительности многое из того, что преподавали в Теле Христа относительно сферы духовной войны и демонологии, является ошибочным. Вот почему это побуждает нас изучать Слово Божье, чтобы увидеть, как справляться с сатаной и его стратегиями по Писанию.

Многие верующие наполняются страхом, когда им говорят о дьяволе, бесах, злых духах и их действиях. Многие люди, кажется, думают, что лучше вообще не упоминать о дьяволе или злых духах. Но если вы не учите верующих из Слова Божьего, как справляться с дьяволом, враг будет просто продолжать свой карнавал в их жизни, потому что они не знают о своей библейской власти.

ВТОРОЕ ПОСЛАНИЕ К КОРИНФЯНАМ 2:11

11 Чтобы не сделал нам ущерба сатана; ибо нам не безызвестны его умыслы.

Нам нужно знать своего врага. Библия говорит, что мы не должны пребывать в неведении относительно его умыслов. Сатана не изменился. Дьявол — это все тот же злой дух, каким и был, и он использует все ту же тактику, которую всегда использовал. Он тот же самый дьявол, с которым приходилось иметь дело Павлу, когда он писал о том, что мы не должны быть в неведении относительно его замыслов. И один из замыслов сатаны — вводить людей в крайности даже в области духовной войны, чтобы они стали бесплодными в Царстве Божьем.

Кажется, что в любом вопросе Библии самое трудное для Тела Христа — оставаться посредине дороги. Многие верующие оказываются в канаве либо по одну сторону дороги, либо по другую. В любой канаве они становятся неэффективными, потому что из-за крайностей и эксцессов они не могут приносить плода к славе Божьей.

В действительности самый опасный враг, который грабит Церковь даже в этой сфере демонологии и духовной войны, — это *искаженное мышление* и *искаженная вера*. Вот что в конечном итоге открывает двери дьяволу. На самом деле искаженное представление о духовной войне будет сбивать Церковь с толку, пока она не вернется к Слову Божьему.

Искаженное мышление и вера в конце концов ведут к неправильным действиям. Например, одной из ошибок является то, что верующие пытаются сражаться с дьяволом и разрушать твердыни городов и народов. Нам нужно взглянуть на эту практику в свете Божьего Слова, чтобы узнать, соответствует ли это Писанию. Нам нужно знать, что Слово Божье говорит о любом предмете, и думать, верить и действовать в соответствии с Божьим Словом. Тогда у нас будут библейские результаты.

Конечно, есть оправданная духовная война. Духовная война — это такой библейский предмет, который должен нас интересовать, потому что время от времени в течение нашей христианской жизни каждый из нас должен отстаивать свои позиции в духовной борьбе.

Кроме того, есть истина в том, что противник выступает против нас, а мы состоим в армии Господа. Однако часто люди доводят эти истины до крайности и впадают в ошибки. Такое впечатление, что они думают так: «Армия должна сражаться, так давайте сражаться с дьяволом, чтобы победить его».

Но Иисус уже «сражался» с дьяволом и победил. Нам же нужно занять свою позицию в Слове против побежденного врага. Конечно, мы армия Господа. Но мы — армия власти: армия, овладевшая территорией противника, уже не сражается. Эта армия просто приводит в исполнение победу, которая уже была одержана нашим Главнокомандующим, Господом Иисусом Христом. Вот почему верующие не должны преувеличивать необходимость сражения; они должны превозносить триумф.

«Война» и «битва» в посланиях апостолов

Некоторые люди придают духовной войне такое значение, как будто это единственный предмет, о котором учит Библия. Но вы обнаружите, что настоящая духовная война сильно отличается от того, как многие ее представляют. Например, по мере изучения Нового Завета, а именно посланий апостолов, поражаешься, как редко в них встречаются слова «война» и «битва».

Также интересно отметить, что в случаях, когда слова «война» и «битва» употреблены в посланиях, ни разу в связи с ними не были употреблены слова «дьявол» или «сатана». Давайте посмотрим, как эти и похожие слова употребляются в посланиях, которые написаны нам, Телу Христа.

Например, в Первом послании к Коринфянам (9:7) Павел задает вопрос: *«Какой воин служит когда-нибудь на своем содержании? Кто, насадив виноград, не ест плодов его? Кто, пася стадо, не ест молока от стада?»* Павел не соотносит воина с дьяволом. Он просто имеет в виду, что труд служителей должен быть соответственно оплачен.

Второе послание к Коринфянам (10:3-5) — это еще одно место, где встречаются слова «война» и «воинствование».

ВТОРОЕ ПОСЛАНИЕ К КОРИНФЯНАМ 10:3-5

3 Ибо мы, ходя во плоти, не по плоти воинствуем;

4 Оружия воинствования нашего не плотские, но сильные Богом на разрушение твердынь: ими ниспровергаем замыслы

5 И всякое превозношение, восстающее против познания Божия, и пленяем всякое помышление в послушание Христу.

Если изъять эти стихи из контекста, то можно обосновать ими все что угодно. Второе послание к Коринфянам (10:3-5) широко использовалось для подтверждения необходимости сражаться с бесами, стоящими над городами и странами. Но исходя из контекста, очевидно, что Павел говорил о чем-то другом.

Павел не имеет в виду сражение с демоническими силами над какими-либо географическими областями. Он убеждает верующих контролировать собственные *мысли* и *представления*, чтобы дьявольская ложь не могла завладеть их *умами*.

Понимаете, дьявол не может войти в верующего, пока дверь не будет открыта. Неконтролируемый разум и искаженное мышление так же могут открыть двери дьяволу, как и неправильная вера и неправильные речи. Верующие должны знать, что это — самые главные поля сражения в жизни.

В Библии сказано: *«...Бог поругаем не бывает. Что посеет человек, то и пожнет»* (Гал. 6:7). Есть некоторая истина в использовании этих стихов для того, чтобы говорить грешникам, что они пожнут последствия того, что они сеют в грехе. Но в действительности, говоря так, Павел обращается к *верующим*.

Верующие пожнут то, что они сеют, — хорошее это или плохое. Верующие каждый день сеют *слова*, *действия* и *поступки*, с которых они в конце концов пожнут урожай — хороший или плохой, — и демоническая активность может быть даже и не вовлечена.

Самое важное — это слова, которые вы сеете, потому что Библия говорит, что *жизнь* и *смерть* находятся во власти языка (см. Прит. 18:21). И неправильные *мысли*, и неправильные *представления*, и неправильные *разговоры* являются способами, с помощью которых верующие осознанно или неосознанно открывают дьяволу двери в свою жизнь.

Поэтому Второе послание к Коринфянам (10:3-5) в своем контексте говорит верующим: истина Божьего Слова состоит в том, что духовной силы достаточно, чтобы победить ложь и обман, которые дьявол пытается принести в наши умы с целью заключить нас в рабство.

Что еще послания говорят о «войне» и «воинствовании»?

ПЕРВОЕ ПОСЛАНИЕ К ТИМОФЕЮ 1:18, 19

18 Преподаю тебе, сын мой Тимофей, сообразно с бывшими о тебе пророчествами, такое завещание, чтобы ты воинствовал согласно с ними, как добрый воин,

19 Имея веру и добрую совесть, которую некоторые отвергнувши, потерпели кораблекрушение в вере.

Как Павел говорит Тимофею воинствовать в качестве доброго воина? Имея веру и добрую совесть. Иными словами, Павел просто говорит Тимофею: «Стой в сражении веры. Выполни Божье призвание на свою жизнь. Вот так ты будешь добрым воином».

Дьявол в этих стихах даже не упомянут. Это заявление просто является призывом Тимофею и другим молодым служителям исполнить свое служение и не отступать перед противостоянием, с которым они столкнутся. Во Втором послании Павел дает Тимофею другое наставление о том, что значит быть воином.

ВТОРОЕ ПОСЛАНИЕ К ТИМОФЕЮ 2:3, 4

3 Итак, переноси страдания, как добрый воин Иисуса Христа.

4 Никакой воин не связывает себя делами житейскими, чтоб угодить военачальнику.

Читая этот отрывок в контексте, опять обнаруживаем, что он не имеет отношения к дьяволу. Павел просто говорит: «Продолжай посвящать себя Божьему призванию на свою жизнь, невзирая на цену». Павел говорит верующим, что надо заплатить цену за то, чтобы стать хорошим воином Иисуса Христа; это требует дисциплины и посвящения.

Павел дает Тимофею иллюстрацию для того, чтобы напомнить ему и подбодрить его хранить себя от забот этого мира и от препятствий, которые могут удержать его от эффективного служения Богу.

Затем мы встречаем термин «война» в Послании Иакова, который использован в отношении вражды, споров и разногласий, возникающих из-за того, что верующие не контролируют свою *плоть*.

ПОСЛАНИЕ ИАКОВА 4:1, 2

1 Откуда у вас вражды и распри? Не отсюда ли, от вожделений ваших, воюющих в членах ваших?

2 Желаете — и не имеете; убиваете и завидуете — и не можете достигнуть; препираетесь и враждуете — и не имеете, потому что не просите.

Слово «воюющих» использовано здесь для того, чтобы описать результаты необузданных деяний плоти, и к дьяволу это не имеет никакого отношения. В соответствии с Посланием Иакова в большинстве случаев к духовной войне относят сражения с похотями плоти, которые приходят, чтобы навредить нашему духовному развитию и воспрепятствовать нашему росту во Христе.

Нам нужно сегодня распять свою плоть так же, как это сделал Иисус тогда (см. Гал. 5:24). Если мы не распинаем свою плоть и не «усмиряем» свое тело (см. 1 Кор. 9:27), то мы можем рассчитывать на проблемы в своей жизни, которые не обязательно должны быть вдохновлены демоническими силами.

Наконец, Петр обращается к борьбе в Первом послании (2:11): *«Возлюбленные! Прошу вас, как пришельцев и странников, удаляться от плотских похотей, восстающих на душу»*. И опять абсолютно никакой связи с дьяволом. Так же, как и Иаков, Петр использует слово «восстает», чтобы описать борьбу между похотями плоти и душой — разумом, волей и эмоциями.

Павел в Послании к Римлянам также говорит о противоборстве неизмененной плоти и разума:

ПОСЛАНИЕ К РИМЛЯНАМ 7:23

23 Но в членах моих вижу иной закон, противоборствующий закону ума моего и делающий меня пленником закона греховного, находящегося в членах моих.

Мы посмотрели в те места из посланий апостолов, в которых употребляются слова «война» и «воинствовать», «вражда» и «восставать». Ни одного раза в этих отрывках не упоминалось о дьяволе. И все же если послушать некоторых, то можно подумать, что духовная брань является единственным предметом Библии!

Говоря о доктринах, некоторые люди могут делать из мухи слона. Мне кажется, это происходит потому, что некоторые христиане хотят во всем обвинить дьявола. Но в посланиях слова «война» и «воинствовать» относятся прежде всего к усмирению плоти и контролю за мыслями. Это можно сделать только Словом Божьим и с помощью Духа Божьего.

Многие верующие пытаются одержать победу в жизни другими способами. Но им нужно понять, *что истинная духовная война — это в большинстве случаев борьба с разумом и плотью, а также «подвизаться добрым подвигом веры»* (см. 1 Тим. 6:12). Те, кто хорошо ведет войну, обновляют свой разум, контролируют свою плоть и знают, как стоять в вере на обетованиях Слова Божьего.

Усмирять свою плоть и контролировать свои мысли не учат особенно широко в Теле Христа, так что многие верую-

7 Зак. 1509

щие позволяют похотям плоти и свирепствовать, и оставаться неконтролируемыми. Многие христиане, впавшие в грех, обвиняют в этом дьявола, но они никогда бы не согрешили, если бы следили за своим разумом и плотью. Они могут говорить, что сатана подвел их ко греху, но истина в том, что сатана нашел открытую дверь, через которую он смог пройти в их жизнь. Они либо думали неправильно, либо не распяли свою плоть.

Одним из наибольших недостатков харизматического движения является то, что в нем так мало учили об освящении и отделении от скверных похотей этого мира (см. 2 Кор. 6:17; 2 Пет. 1:4). Многое из того, в чем верующие обвиняют дьявола, является недостатком их освящения и отделения от этого мира. Мы отделяемся от мира, исполняя инструкции Библии, данные в Послании к Римлянам (12:1, 2). Если верующие будут выполнять эти инструкции, то большая часть духовной войны, с которой они столкнутся в жизни, уже будет пройдена.

Я не отвергаю существования дьявола и того, что он наш противник. Но когда верующие учатся с помощью Божьего Слова контролировать свои мысли и руководить своей собственной плотью, у них не будет трудностей в одержании победы над дьяволом, который поражен, лишен силы, уничтожен и превращен в ничто две тысячи лет назад Господом Иисусом Христом.

Я рассказываю вам о том, что говорит Слово о предмете духовной войны. Вместо того чтобы все время стоять *против* чего-то, почему бы нам не встать *за* что-то — за истину Божьего Слова о победе Иисуса над сатаной на Голгофском Кресте. Если мы встанем за истину и примем Слово внутрь нас, ситуации в нашей жизни начнут исправляться. Нам нужно оставаться в наступательной позиции, проповедуя Слово, а не в постоянном поражении, пытаясь сражаться с побежденным врагом, пытаясь снова одержать победу, которую Христос уже одержал за нас.

Бороться ли христианам с бесами?

Итак, мы увидели, что послания апостолов используют слова «война» и «воинствовать», чтобы описать конфликт между плотью и разумом и между плотью и возрожденным духом. Но что же Библия говорит о «борьбе»? Учит ли Библия о том, что христианам нужно бороться с бесами?

ПОСЛАНИЕ К ЕФЕСЯНАМ 6:10-17

10 Наконец, братия мои, укрепляйтесь Господом и могуществом силы Его;

11 Облекитесь во всеоружие Божие, чтобы вам можно было стать против козней диавольских;

12 Потому что наша брань не против крови и плоти, но против начальств, против властей, против мироправителей тьмы века сего, против духов злобы поднебесных.

13 Для сего примите всеоружие Божие, дабы вы могли противостать в день злый и, все преодолевши, устоять.

14 Итак, станьте, препоясавши чресла ваши истиною, и облекшись в броню праведности,

15 И обувши ноги в готовность благовествовать мир;

16 А паче всего возьмите щит веры, которым возможете угасить все раскаленные стрелы лукавого;

17 И шлем спасения возьмите, и меч духовный, который есть Слово Божие.

Брань, или борьба, означает применение усилий, не так ли? В соответствии с этим местом Писания мы боремся с дьяволом. Мы должны разобраться с ним в своей жизни. Но прочитайте этот отрывок в контексте со всем Словом Божьим, провозглашающим, что Иисус победил сатану и искупил нас от его владычества.

Одно из значений слова, переведенного как «брань», — *раскачивать, колебать*. Если мы ему позволим, враг выступит против нас и попытается поколебать, от веры увести нас в сомнения, в неверие в Слово, чтобы он смог победить. Но если мы будем стоять в вере, то он *не сможет* отклонить нас от Слова. Поэтому борьба, которую мы ведем, это не сражение с дьяволом, но стремление удержаться в вере в Божье Слово.

Понимаете, слово «брань» («борьба» в английском переводе) в Послании к Ефесянам используется в переносном смысле, так же как слово «проходить» употребляется в переносном смысле в Послании к Евреям (12:1): *«...будем проходить предлежащее нам поприще»*. Слово «бороться» в Библии употреблено не для того, чтобы побудить верующих ввязаться в суровую битву и бороться с дьяволом в молитве.

Нет, Библия хочет показать верующим, что наше противостояние в этой жизни происходит в духовном мире и что мы не боремся против плоти и крови, но мы хотим занять свою позицию на Слове Божьем и воплотить в действительность нашу победу над пораженным врагом.

Мы можем принять победу Иисуса Христа, которая уже была одержана за нас, и признать поражение сатаны во всех ситуациях, или мы можем проиграть сражение веры. Бог не хочет, чтобы мы проигрывали, но, не веря в Божье Слово о том, кто мы во Христе и чем мы уже владеем во Христе, и не употребляя нашу власть во Христе против дьявола, мы можем позволить сатане играть главную роль в любой ситуации.

Итак, если не прочитать этот отрывок из Послания к Ефесянам во всеобщем контексте, но только обратить внимание на двенадцатый стих, можно оказаться смущенным и разбитым, потому что сразу подумается: *«Я должен это делать! Я должен бороться со всеми этими начальствами и властями, и силами тьмы злобы поднебесными, чтобы попытаться победить их»*.

Но всякий раз, выделяя одну часть Писания и вырывая ее из контекста, очень легко приписать ей смысл, совершенно ей не свойственный. А если представить стих Библии так, что он будет исключать другие места Писания, то мы не получим полного Божьего ответа на вопрос. То, что нам нужно сделать, так это упорядочить свои мысли и начать верить в соответствии *со всей* мудростью Слова Божьего.

Например, прочитав только двенадцатый стих, можно понять, какое потрясение испытывают люди, когда думают, что им нужно будет бороться со злыми духами и победить их. Но таким образом они начинают сосредоточиваться на дьяволе. И вместо того чтобы с благодарностью *принимать* совершенную на Кресте работу, они пытаются *бороться* с врагом, забыв, что он уже побежден! Это дает дьяволу возможность создать хаос в их умах, телах и жизни, поскольку получается, будто они не верят в утверждение Слова о том, что Иисус сделал для них. Чрезмерно акцентируя только один стих, не принимая во внимание всей мудрости Божьей, люди сосредоточиваются не на том, что Христос уже сделал для верующих, а на том, что еще должны сделать христиане, чтобы одержать победу над дьяволом. Это не соответствует Писанию, потому что каждый верующий уже является участником победы Иисуса над сатаной.

Нам нужно постоянно устремлять свой разум ко всей мудрости Божьей. Хотя Послание к Ефесянам (6:12) и говорит, что мы боремся против начальств и властей, в другом стихе Библия говорит, что наша война против врага, который уже поражен! Поэтому читайте шестую главу Послания к Ефесянам, но вместо того чтобы застрять на двенадцатом стихе, создавая из него учение, уясните для себя полный взгляд Бога на этот вопрос.

Например, читайте Послание к Ефесянам (6:12): *«Наша брань против начальств и властей»*, но читайте также в Послании к Колоссянам (2:15): *«Отняв силы у начальств и властей, Иисус властно подверг их позору, восторжествовав над ними собою* [на кресте]». А затем посмотрите в Евангелии от Луки (10:19): *«Се, даю вам* [Телу Христа] *власть наступать на змей и скорпионов* [на дьявола и на его злые силы] *и на всю силу вражию, и ничто не повредит вам»*.

Да, конечно, мы сражаемся, но сражаемся против начальств и властей, которых Иисус уже поразил Своей смертью, погребением и воскресением! Отметьте также, что в Евангелии от Луки (10:20) Иисус призывает Своих учеников не радоваться своей власти над дьяволом, а радоваться своим взаимоотношениям с Богом и тому факту, что их имена записаны в Книге Жизни на небесах. Поэтому мы должны сосредоточиться не на сражении, а на общении с могучим и любящим Богом.

Некоторые люди говорят, что Тело Христа должно сражаться с дьяволом. Но зачем сражаться с врагом, который уже был свергнут со своей позиции власти!

Да, некоторые приходят на собрание в церковь в армейской форме, и вместо того чтобы славить Бога, они проводят все время, вопя, крича и пытаясь биться с дьяволом в молитве. Они пользуются такими местами Писания, как Второе послание к Тимофею (2:3, 4), чтобы оправдать свои действия:

«Итак, переноси страдания, как добрый воин Иисуса Христа. Никакой воин не связывает себя делами житейскими...»

На самом деле во Втором послании к Тимофею, как и в Послании к Ефесянам, Павел употребляет слова «воин», «брань» в переносном смысле. Павел использует иллюстрацию из римской армии, для того чтобы людям было легче понять, о чем он говорит. Он выбрал сравнения, которые могли понять люди тех дней. Это можно увидеть, прочитав приведенный отрывок в контексте.

ВТОРОЕ ПОСЛАНИЕ К ТИМОФЕЮ 2:3-6

3 Итак переноси страдания, как добрый воин Иисуса Христа.

4 Никакой воин не связывает себя делами житейскими, чтоб угодить военачальнику.

5 Если же кто и подвизается, не увенчавается, если незаконно будет подвизаться.

6 Трудящемуся земледельцу первому должно вкусить от плодов.

В этих стихах Павел использует военные, спортивные и сельскохозяйственные термины, для того чтобы проиллюстрировать различные аспекты служения. В стихах 3 и 4 он употребляет слово «воин», чтобы показать тяжесть, дисциплину и посвящение, которое иногда требуется для того, чтобы исполнить призвание Божье. Выражение «подвизаться» (состязаться в мастерстве) в пятом стихе относится к завоеванию первого приза в атлетических соревнованиях. И слово «земледелец» относится к крестьянину, собирающему урожай.

Итак, основываясь на Писании, вырванном из контекста, мы должны были бы стать «воинствующей» Церковью, чтобы сражаться с дьяволом, а в соответствии со Вторым посланием к Тимофею (2:3-6) мы должны стать «спортивной» Церковью и приходить на собрание в спортивных костюмах, или нам следует стать «сельскохозяйственной» Церковью и приходить одетыми, как фермеры!

Вы видите, как это нелепо? Нам не следует предпринимать практические действия, основываясь на стихах, служащих сравнениями. Эти стихи служат для того только, чтобы проиллюстрировать различные аспекты христианской жизни и служения.

Некоторые люди — хорошие, действующие из лучших побуждений христиане — приходят в церковь или идут на молитвенное собрание, чтобы воевать в молитве с дьяволом. Мы должны стоять в своей позиции победы во Христе, приводя в исполнение истину Божьего Слова, потому что сатана был повержен на Голгофском Кресте.

Опять же постоянные сражения и битвы с дьяволом не могут соответствовать Писанию, потому что это отрицает победу Иисуса на Голгофском Кресте. Благодаря победе Иисуса над сатаной верующим теперь нужно только занять свою позицию власти в завершенной работе Креста и присвоить верой то, что Иисус сделал для них.

Борьба в духовном мире

Церковь Господа Иисуса Христа должна научиться сохранять баланс. Выделение одних мест Писания в ущерб другим или превозношение чего-то, кроме Божьего Слова, включая небиблейскую практику, все это может увести верующего с прямого пути. Любой может взять один аспект Библии, сделать на нем ненужный акцент и исказить общий смысл Библии.

Именно так поступили некоторые христиане по поводу «брани» с дьяволом. Они обращаются к использованию плотских приемов, таких, как крики, вопли на дьявола, чтобы «победить» его. Но борьба, которую ведут верующие против сил зла, не совершается в естественном мире с помощью плотских способов. Она совершена уже в духовном мире с помощью веры в Слово.

Некоторые верующие даже место Писания о злых духах в поднебесье (см. Еф. 2:6), вырванное из контекста, понимают буквально и уверяют, что нам нужно подняться выше *физически*, чтобы бороться молитвой с этими злыми духами в поднебесье! Все, что им действительно нужно, так это спуститься на землю, где ведется *настоящая* борьба — с разумом и плотью!

То, что делают эти люди, является попыткой *физически* достичь того места, где Бог уже посадил нас — на Небесах с Иисусом Христом (Еф. 2:6). Мы уже *превыше* начальств и властей в своей позиции во Христе.

И не только это, но Библия еще говорит: *«...что вы свяжете на земле, то будет связано на небе»* (Мат. 18:18) и *«...если двое из вас согласятся просить на земле о всяком деле, то, чего бы ни попросили, будет им от Отца Моего Небесного»* (Мат. 18:19). Библия учит делать все это *на земле*; нигде не упомянуто, что для того, чтобы справиться с дьяволом, нам нужно подниматься в духовную атмосферу! Все, что Иисус и Его ученики совершили, совершено *на земле*, а не над землей, в небесах.

Павел и Сила молились так, что сила Божья сошла на землю

Если вы хотите знать, соответствует ли Писанию духовная практика, посмотрите в Слово и найдите места, где описывается, как Иисус с учениками делает то же самое. Например, что делали ученики, встретив сильное сатанинское противостояние?

Конечно, Павел и Сила переживали войну с врагом, когда их избили и бросили в тюрьму (см. Деян. 16:18, 22, 23). В этом нет сомнений. Это дьявол настроил людей против них. Это не по вине Бога Павла и Силу бросили в тюрьму; за этой ситуацией стоял *дьявол*. Дьявол мешал Церкви и Благой вести, действуя через людей.

Нашли ли Павел и Сила способ подняться под облака, чтобы сражаться с дьяволом? Они воевали и боролись, кричали и сражались с бесами на языках?

Нет, когда Павла и Силу бросили в темницу, их ноги заковали в колодки, так что апостолы не были в состоянии двигаться, и бросили их в самый дальний угол тюрьмы (см. Деян. 16:23-26). Как могли они подняться в небеса, чтобы встретиться с силами тьмы, которые стояли против них? Им это не было нужно! Они славили *Бога*, и к ним сошел Дух Святой!

Прямо здесь, на земле, в полночь Павел и Сила молились и пели восхваления *Богу*, а Бог услышал и освободил их (см. Деян. 16:25). Видите, *молитва* и *прославление* — это вид библейской «брани» в *духовном* мире, потому что нужно иметь веру, чтобы это делать. И потому, что Бог ответил на веру (см. Евр. 11:6), Он спустился и потряс эту старую тюрьму, выпустив Павла и Силу.

Нам не нужно подниматься в поднебесье для того, чтобы справиться со злыми духами! Мы должны быть заинтересованы в том, чтобы пребывать в Силе Божьей, которая уже доступна нам как верующим прямо здесь, на земле! Да, слово «брань» показывает нам, что существует *духовный* конфликт между верующим и дьяволом. Но борьба совершается на арене веры — в духовном мире, а не в физическом. Это сражение требует от нас твердого стояния на обетованиях Божьих и на совершенном деле искупления.

Духовная «брань» — сражение веры

Когда верующие поймут свою власть во Христе и начнут считать своей победой совершенное на Кресте дело, они точно поймут, в какого рода борьбе они должны быть заняты.

Верующие не должны *пересиливать* или *побеждать* дьявола и бороться с ним своей собственной силой. С демоническими силами можно бороться только верой в Божье Слово с *победной позиции* рядом со Христом, потому что наша власть над бесами — во Христе. Вот почему единственная борьба, в которую мы вовлечены, — это сражение веры. Если мы сражаемся как-то по-другому, то мы сражаемся неправильно: *«Подвизайся добрым подвигом веры...»* (1 Тим. 6:12).

Понимаете, иногда нам нужно бороться, чтобы остаться в вере, потому что, как только дьявол сможет удержать вас *в мире чувств*, в котором он является богом, и вы будете смотреть на обстоятельства, он всякий раз будет побеждать вас. Но пока вы будете оставаться в *сфере веры*, зависящей от Слова Божьего, вы будете побеждать его.

Сражение веры — позволять Божьему Слову действовать за вас — единственное сражение, которым должны сражаться христиане в соответствии с тем, что сказано в Библии: *«Итак постараемся войти в покой оный, чтобы кто по тому же примеру не впал в непокорность»* (Евр. 4:11). Мы трудимся, чтобы войти в покой веры: *«А входим в покой мы уверовавшие...»* (Евр. 4:3). Некоторые люди работают и работают над тем, чтобы победить врага. Им нужно просто войти в покой веры, потому что они верят в Слово.

Если вы верующий, то вы — во Христе, и у вас есть власть над сатанинскими силами *сейчас*. Вам не нужно трудиться, чтобы достичь власти над сатаной, потому что Иисус это обеспечил в Своем искуплении, поразив эти начальства и власти для вас. Поэтому вы не приходите на молитву с той идеей, что *вам* непременно нужно сломить начальства и власти. Иисус сделал это *для вас* на Кресте.

Да, эти начальства и власти восстают против нашей жизни. Но те же самые начальства и власти, с которыми так долго сражался народ в Ветхом Завете, Иисус в Новом Завете победил и уничтожил. Это мудрость Божья, а не мудрость свергнутых властей этого мира, пытающихся ослепить наши глаза, чтобы мы не видели нашей победной позиции во Христе (см. 1 Кор. 2:6; Кол. 2:15).

Поэтому, приходя на молитву, всегда молитесь, исходя из понимания того, что те начальства и власти, против которых мы должны бороться, как говорит Библия в Послании к Ефесянам (6:12), были *побеждены*, *свергнуты с престола*, *лишены власти* в вашей жизни Иисусом Христом (см. Кол. 2:15).

Как мы можем помочь другим людям справляться с дьяволом? Учить их тому, что говорит *Слово*. Расскажите им, кто они во Христе и каковы в искуплении их права кровного завета и привилегии. Расскажите им об их власти над дьяволом и как использовать свою власть во Христе, чтобы по-библейски справляться с силами тьмы.

Будьте сильными в Господе

В Послании к Ефесянам (6:10) написано, что верующие должны *«укрепляться Господом и могуществом силы Его»*. Можно услышать, как говорят: «Я *пытаюсь* укрепляться». Но Библия ни одного слова не говорит о том, чтобы быть сильными в самих себе. Павел говорил: *«...Когда я немощен, тогда силен»* (2 Кор. 12:10).

Часто в разных обстоятельствах, с которыми мы сталкиваемся в жизни, мы чувствуем себя слабыми, опустошенными и беспомощными. Но, слава Богу, мы можем опираться на обетования Божьи. Мы можем приходить к Скале и стоять на Слове. Павел сказал: *«...мы отягчены были чрезмерно и сверх силы, так что не надеялись остаться в живых. Но сами в себе имели приговор к смерти, для того, чтобы надеяться не на самих себя, но на Бога, воскрешающего мертвых»* (2 Кор. 1:8, 9).

Доверять Богу означает доверять Его Слову. Вот что упускают многие верующие; они пытаются быть сильными своей собственной силой и не понимают, что их сила находится в Слове.

Вам нужно быть сильными в Господе и в силе Его могущества для того, чтобы вы смогли устоять против дьявола *«в день злый»* (см. Еф. 4:13). Злой день наступит, когда сатана придет проверить, испробовать и испытать вас, а вам нужно быть сильным в Господе и в силе Его могущества, чтобы суметь выстоять в вере против него.

Один способ стать сильным в Господе — это *облачаться во всеоружие Божье* (см. Еф. 6:11-18). Это вы делаете по двум причинам:

1. Всеоружие Божье защищает вас, когда вы молитесь. Если у вас есть оружие, вы готовы молиться, то есть вы одеты для молитвы.
2. Вы надеваете всеоружие для того, чтобы оно помогло вам в жизни устоять против козней, испытаний и попыток дьявола поработить вас.

Всеоружие Божье

Если нам нужно всеоружие Божье, для того чтобы стать сильными в Господе, нам нужно для начала посмотреть на него поближе. Заметьте, что Библия в первую очередь говорит: *«Облекитесь во всеоружие Божие...»* (Еф. 6:11). Слово «облекитесь», использованное в Библии, — это *endио*. Оно означает *утонуть в одежде*, *закутаться одеянием*, *наряжаться* или *надевать на себя что-нибудь*. Итак, чтобы быть сильным в Господе, нужно надеть всеоружие Божье для защиты от козней дьявольских. Затем в стихе 13 этой главы говорится: *«...примите всеоружие Божие...»* Это слово означает *подхватить*, *взять на себя*. Другими словами, получив всеоружие Божье, вы должны что-то с ним сделать, а именно: использовать!

Павел здесь использует пример вооружения римского воина, чтобы проиллюстрировать, на что похоже всеоружие Божье. *Шлем спасения* — это знание вашей позиции в Боге, которое вы имеете благодаря вашему спасению и искуплению во Христе.

Шлем спасения напрямую относится к молитвам, которыми Павел молится о Церкви в Послании к Ефесянам (1:17-22): *«Чтобы Бог Господа нашего Иисуса Христа... дал вам духа премудрости и откровения к познанию Его...»*

Шлем спасения включает в себя обновление вашего разума, для того чтобы вы знали и понимали свои права и привилегии во Христе и то, кто вы во Христе. Шлем спасения защищает ваш разум — основное поле битвы сатаны.

Пояс истины представляет ясное понимание Божьего Слова. Как ремень воина, он держит все обмундирование. Ваши чресла должны быть препоясаны истиной Божьего Слова, потому что вы не сможете никуда продвинуться в молитве, если Слово Божье не пребывает в вас (см. Иоан. 15:7). Успешная молитвенная жизнь должна быть основана на обетованиях Божьего Слова.

Затем вам нужна *броня праведности*. Это относится к вашему хождению с Богом. Когда вы принимаете Иисуса Христа, вы становитесь праведностью Божьей во Христе (см. 2 Кор. 5:21). Вы не будете равным по силе противником дьяволу, если не будете праведными в Боге. Но вы праведны в Боге благодаря вашему искуплению во Христе, и вы посажены на престоле вместе со Христом: *«А если дети, то и наследники, наследники Божии, сонаследники же Христу»* (Рим. 8:17).

Ваши ноги должны быть *обуты в готовность благовествовать мир*. Для того чтобы быть эффективным в молитве, вам нужно ходить во свете Божьего Слова (см. 1 Иоан. 1:7). Как когда-то говорил псалмопевец, *«откровение слов Твоих просвещает...»* (Пс. 118:130). Трудно идти, когда дорожка впереди тебя темна. Но со светом Божьего Слова вам никогда не нужно будет ходить в темноте под властью дьявола.

Как только приходит свет Божьего Слова, за ним приходит вера. Чтение и размышления над Божьим Словом приносят *свет* и *веру*, потому что *«вера от слышания, а слышание от слова Божия»* (Рим. 10:17). А вера в Божье Слово — ваша главная защита против дьявольских посягательств на ваш разум и на вашу жизнь.

Затем вы должны взять *щит веры*. Заметьте, что шестнадцатый стих говорит: *«А паче всего возьмите щит веры...»* Почему Библия говорит «паче всего», то есть важнее всего. Прочитайте этот стих до конца: *«А паче всего возьмите щит веры, которым возможете угасить все раскаленные стрелы лукавого»*. Важнее, чем что бы то ни было, взять щит веры, потому что именно его вы используете для того, чтобы угасить все раскаленные стрелы, которые он попытается запустить в вас.

Щитом веры вы должны пользоваться ежедневно, а также в своей молитвенной жизни. Пока вы молитесь, дьявол может послать вам любого рода стрелы, чтобы ваш разум обратил внимание на что-нибудь другое, и удержать вас подальше от веры. Щитом веры в Божье Слово вы сможете погасить все его стрелы.

Щит веры вам понадобится и в ежедневной жизни, потому что вам нужно пребывать в вере постоянно, а не только во время молитвы. Вам нужно мыслить верой и говорить слова веры постоянно, чтобы не дать дьяволу места в вас. Если вы будете стоять на фундаменте веры в обетования Божьи, вы сможете стать против дьявола и прогнать его.

Меч Духа

А как же *меч Духа?* Вы когда-нибудь задумывались о нем? Все части вооружения имеют оборонительное значение, кроме одной, и это меч Духа. Меч Духа — Слово Божье — единственная часть вооружения, которой вы сражаетесь с сатаной.

Вы не поражаете врага шлемом; он вас защищает. Вы не сражаетесь щитом веры или поясом истины; они защищают вас. Вы не атакуете сатану броней праведности или обувью мира; это они защищают вас. Но сражаетесь вы с сатаной Словом Божьим — мечом Духа. Это единственное *наступательное* оружие, упомянутое в Библии.

Каков же библейский способ борьбы с силами тьмы? Мечом Духа. Как Иисус расправлялся с дьяволом во время своего земного служения?

Во-первых, Иисус никогда не искал дьявола, чтобы сразиться с ним. Да, Библия рассказывает, как дьявол искушал Иисуса (см. Лук. 4:1, 2). Но когда сатана искушал Иисуса, чтобы не дать Ему принести искупление человечеству, Иисус не рычал на дьявола три часа и не пытался низвергнуть его твердыни. Он был защищен истиной и праведностью, поэтому Он просто стоял на Своем месте, используя только меч Духа, Слово Божье.

Во всех искушениях Иисус говорил: *«Написано»* (см. Мат. 4:4, 7, 10). Иисус Сам цитировал Слово, используя его против дьявола как меч. В этом смысле Иисус «сражался», или «боролся», с дьяволом. Но единственным оружием, которым пользовался Иисус, была вера в *Божье Слово*. Никаким другим способом он с дьяволом не сражался. И дьявол ушел, побежденный. Если Иисус сражался с дьяволом с помощью Слова, то именно так и мы должны расправляться с ним.

В этой схватке с дьяволом Иисус показал нам, как владеть мечом Духа в качестве наступательного оружия против сатаны. Иисус — наш пример даже в духовной битве с дьяволом.

Подумайте об этом. Если бы мы не знали, как пользоваться мечом Духа, то, даже имея все другие части всеоружия, мы все-таки были бы в невыгодном положении. Но, слава Богу, мы можем просто стоять в вере в Слово, используя против сатаны меч Духа, пиная его в каждой схватке, просто произнося Слово: «Написано!»

Почему Библия называет Слово Божье мечом Духа? Слова «Дух» и «помазание» часто в Библии используются как синонимы. В Библии говорится, что ярмо распадется от помазания (см. Ис. 10:27). Божье Слово помазано. Поэтому мы можем сказать: *меч помазания* — Слово Божье — разрушает ярмо сатанинского рабства.

Каждое ярмо, накидываемое на вас, встречайте мечом Духа — мечом помазания! Освободитесь от того, чем сатана пытается связать вас, и ходите в свободе, которую обеспечил Иисус для христиан, используя меч помазания — Святое написанное Слово Божье.

Сила в Крови Иисуса

Что еще могут означать слова: *«...укрепляйтесь Господом и могуществом силы Его»* (Еф. 6:10)? Мы не можем быть сильными в Господе без принятия спасающей силы Его Крови.

ПОСЛАНИЕ К КОЛОССЯНАМ 1:13, 14

13 Избавившего нас от власти тьмы и введшего в царство возлюбленного Сына Своего,

14 В котором мы имеем искупление Кровию Его и прощение грехов.

Каждое преимущество или благословение, которым мы обладаем в своем искуплении, включая полную и совершенную победу над сатаной, основано на Иисусе и на Его триумфе над сатаной на Кресте. Мы имеем победу над сатаной, потому что Иисус пролил Свою Кровь. Ветераны Пятидесятницы понимали истину о Крови Иисуса. Они ссылались на Кровь, выступая против дьявола. Это соответствует Писанию.

Когда вы, борясь с дьяволом, ссылаетесь на Кровь, вы на самом деле ссылаетесь на права защиты против врага, заключенные в завете (см. Ис. 54:17; Лук. 10:19; Фил. 2:9, 10; Кол. 1:13).

ОТКРОВЕНИЕ 12:11

11 Они победили его [сатану] кровию Агнца и словом свидетельства своего...

Одна миссионерка поведала однажды об интересном свидетельстве о защищающей силе Крови Иисуса. Эту женщину оставили одну на миссионерской станции на поле, а в той области обитали особенного вида скорпионы. Их укусы были смертельны, ни один, ужаленный ими, не выжил.

Однажды эта миссионерка была в деревне, и такой скорпион ужалил ее. Сначала это ее напугало, потому что она была одна на станции, все остальные миссионеры уехали. «Сначала я запаниковала, — рассказывала она. — А потом я просто сказала: "Я призываю Кровь Господа Иисуса Христа на укус этого скорпиона"».

Местные жители смотрели на нее, ожидая, что она упадет замертво. Но у нее не было никакой опухоли и никаких признаков болезни. Местные жители наблюдали за тем, как она продолжала делать свое дело. Наконец вся деревня ходила за ней по пятам, потому что они были уверены, что она умрет.

Но эта женщина даже не испытала боли. Она просто призвала Кровь Господа Иисуса Христа и стояла на своих правах завета защиты, и яд не причинил ей никакого вреда (см. Ис. 54:17; Мар. 16:18; Лук. 10:19). И в результате этого чуда почти все жители деревни были спасены.

Да, нам нужно выступать против дьявола и всего, что пытается восстать против нас, чтобы причинить нам вред и разрушить нашу жизнь. Но есть победа в Иисусе и Его Крови. Давайте не будем превозносить дьявола, его дела и то, что он делает в нашей жизни. Давайте превозносить победу, данную нам нашим кровным заветом во Христе над всеми делами дьявола.

Позиция верующего во время «битвы» — стоять

Когда вы надели на себя всеоружие, вы готовы занять свою позицию «битвы» против дьявола. Однако благодаря победе Иисуса над сатаной и месту верующего в этом триумфе Библия предлагает нам только одну позицию в «военных действиях» против дьявола: *«...все преодолевши, устоять»* (Еф. 6:13).

Заметьте, как много раз слово «стоять» используется в Послании к Ефесянам (6:11-14). Ни разу не употребляется слово «атаковать». Дух Святой говорит верующему, что его позиция доброго подвига веры против врага — стоять в вере и стоять, покоясь на обетованиях Божьих. Он должен восставать против дьявола Словом.

1. *«Облекитесь во всеоружие Божие, чтобы вам можно было стать против козней диавольских»* (Еф. 6:11).
2. *«...примите всеоружие Божие, дабы вы могли противостать в день злый...»* (Еф. 6:13).
3. *«...и все преодолевши, устоять»* (Еф. 6:13).
4. *«Станьте, препоясавши чресла ваши истиною, и облекшись в броню праведности, и обувши ноги в готовность благовествовать мир; а паче всего возьмите щит веры, которым возможете угасить все раскаленные стрелы лукавого»* (Еф. 6:14-16).

Позиция, которую занимает верующий, не является позицией борца, который должен победить дьявола, потому что битва уже была проведена и в ней была одержана победа на Голгофе. Но иногда может вестись напряженная борьба в том, чтобы *стоять* против врага на вере в Божье Слово. Но это единственная позиция борьбы, упомянутая в Библии, — *стоять* и *устоять* против дьявола, имея всеоружие Божье, используя помазанный меч Духа против него.

Библия говорит, что верующие должны стоять против врага во всеоружии Божьем, чтобы успешно противостать дьяволу в злой день испытаний, проверок и искушений (ст. 13). Нравится нам это или нет, но Дух Святой говорит нам, что наступит злой день, когда враг выступит против каждого из нас. Иисус сказал: *«...В мире будете иметь скорбь; но мужайтесь: Я победил мир»* (Иоан. 16:33).

Что вы будете делать, когда сатана выступит против вас? Попросите, чтобы все святые молились за вас? Это поможет только временно. Замечали ли вы когда-нибудь, что ни один верующий не может выстоять против испытаний и искушений просто потому, что святые молились за него? Рано или поздно каждый из нас должен будет сам отстаивать свое место на Слове против козней дьявольских. И если мы не сделаем этого, то никто не сделает.

Стойте в вере

Как только вы надели всеоружие Божье, единственная позиция против сатаны, о которой упоминает Библия, — *стоять* против него. Это значит воплощать в действительность победу над ним, используя Слово Божье. Павел писал: «стойте, стать, противостать и устоять». Он ни разу не сказал: «Нападайте».

Цель облачения во всеоружие в том, чтобы мы могли стоять против козней и уловок дьявола. Библия не предлагает нам облечься в него, чтобы атаковать дьявола, но чтобы мы могли успешно устоять под его атаками.

Слово «стоять» я отношу только к позиции в борьбе против нашего врага сатаны. Это слово не должно смущать вас, вы не должны воспринимать его как повеление не *идти* для проповеди Евангелия (см. Мат. 28:19; Мар. 16:15). Что касается *мира*, то мы должны идти, а что касается *врага*, то нам нужно стоять.

Поэтому в настоящей духовной войне мы не ищем дьявола. Но когда он нападает, мы с ним разбираемся. Шестая глава Послания к Ефесянам учит нас не тому, как не сражаться с дьяволом, а как надеть всеоружие Божье, чтобы противостать атакам, которые сатана предпринимает против нас. Мы берем меч Духа и сражаемся добрым подвигом веры, чтобы привести в исполнение поражение сатаны и наш триумф над ним.

Библия также точно указывает нам, каким образом крепко стоять против врага. Мы делаем это Словом и нашей твердой, непоколебимой верой в Слово.

ПЕРВОЕ ПОСЛАНИЕ К КОРИНФЯНАМ 16:13

13 Бодрствуйте, стойте в вере, будьте мужественны, тверды.

ВТОРОЕ ПОСЛАНИЕ К КОРИНФЯНАМ 1:24

24 ...верою вы тверды.

Слово «стоять» в этом стихе имеет значение *быть неподвижным* и *упорно, настойчиво добиваться,* слово «твердо» — *укрепленно, стабильно, без колебаний.* Ваша позиция против дьявола — это твердо, стабильно и без колебаний стоять на обетованиях Божьего Слова для вашей жизни. Вы должны быть прочно закреплены в вашей настойчивой вере в Божье Слово.

Стойте твердо в благодати

Поскольку сатана поражен, теперь в нашей власти занять свою позицию против него в вере и в благодати, которою Господь Иисус Христос обеспечил нас: *«Посему да приступаем с дерзновением к престолу благодати, чтобы получить милость и обрести благодать для долговременной помощи»* (Евр. 4:16).

ПОСЛАНИЕ К РИМЛЯНАМ 5:1, 2

1 Итак, оправдавшись верою, мы имеем мир с Богом чрез Господа нашего Иисуса Христа,

2 Чрез Которого верою и получили мы доступ к той благодати, в которой стоим...

Почему Дух Святой через Павла говорит Телу Божьему твердо стоять в вере и в благодати Божьей? Потому что все в мире, включая нашего противника сатану, будет пытаться оттянуть нас от веры и заставить нас полагаться только на собственную силу.

В Библии сказано: *«Сколько... различных слов в мире, и ни одного из них нет без значения»* (1 Кор. 14:10). И если вы будете слушать все голоса вокруг, — даже хороших друзей, проповедников и теологов, — вы можете оказаться вне путей веры и будете искушаемы ходить видением и обстоятельствами. Но, слава Богу, мы прочно закреплены, стоя на Божьем Слове и в Божьей благодати. И это предусмотрел Бог для защиты против натиска врага и его атак.

Только ваша вера в Бога и Его Слово даст вам способность успешно стоять против дьявола. Первое послание к Коринфянам (16:13) гласит: *«Бодрствуйте, стойте в вере, будьте мужественны и тверды»*. Другими словами: «Не будьте младенцами в вере и не сдавайтесь просто, когда сатана выходит против вас. *Стойте* против него со Словом». Когда мы родились свыше, мы были духовными младенцами, но младенцы вырастают. Нам не нужно оставаться младенцами в делах с дьяволом. *Мы* должны заставить *его* бежать.

Сатана будет искушать вас, чтобы вы сомневались в Боге и в Его Слове, он будет использовать неблагоприятные обстоятельства для испытания и проверки. Но во всех неприятностях вы должны будете научиться отстаивать свою позицию, прочно закрепившись в Божьем Слове. Вам нужно будет научиться быть духовно зрелыми, становясь сильными в вере и в благодати Господа Иисуса Христа, чтобы вы могли успешно стоять против вражеских лжи и обмана (см. Рим. 5:2).

Стойте твердо в одном духе

ПОСЛАНИЕ К ФИЛИППИЙЦАМ 1:27

27 Только живите достойно благовествования Христова, чтобы мне, приду ли я и увижу вас, или не приду, слышать о вас, что вы стоите в одном духе, подвизаясь единодушно за веру евангельскую.

Стояние в вере и *стояние в Божьей благодати* — это мощные крепости против дьявола. Но Библия также говорит, что мы должны *стоять твердо в одном духе*. Споры и несогласие всегда открывают двери дьяволу (см. Иак. 3:16). Когда вы крепко стоите в единстве и запрещаете сатане приносить разногласия и разделения, вы препятствуете ему завладеть какой-либо частью вас.

Верующие, возможно, никогда не увидят одинаково один и тот же предмет, потому что все мы находимся на разных стадиях духовного роста и развития. Но то, что мы расходимся в мелочах, не означает, что мы не можем быть в одном духе и в согласии. Верующие твердо стоят против врага, когда находятся в одном духе и не допускают разногласий и разделения. Даже перед лицом различий верующие должны научиться твердо стоять в одном духе, если они собираются продолжить свое наступление на дьявола.

Если вы стоите в одном духе, вы можете не соглашаться в мелочах, но ожесточаться из-за этого. Хождение в любви закрывает двери перед дьяволом. Когда вы в Духе и ходите в любви, многие вопросы, казавшиеся главными для вас, не кажутся больше столь уж важными. Нам не следует допускать, чтобы мелочи разделили нас. Будьте едиными — твердо стойте в одном духе.

Стойте твердо в Господе

ПОСЛАНИЕ К ФИЛИППИЙЦАМ 4:1

1 Итак, братия мои возлюбленные и вожделенные, радость и венец мой, стойте так в Господе, возлюбленные.

Что еще должен сделать верующий, чтобы *стать* против сатаны? Библия говорит, что мы должны твердо стоять в Господе. Что это значит? Ответ находится в Послании к Ефесянам (6:10).

ПОСЛАНИЕ К ЕФЕСЯНАМ 6:10

10 Наконец, братия мои, укрепляйтесь Господом и могуществом силы Его.

Занять позицию против сатаны значит занять правильную позицию во Христе. Вы заметили, что Библия говорит о том, что нам надо быть сильными в двух сферах:

1. Укрепляйтесь в Господе.
2. Укрепляйтесь могуществом силы Его.

Для того чтобы быть сильными в Господе, нужно быть сильными в Его Слове. Но что такое могущество силы Его? Могущество силы Бога — это Святой Дух. Просмотрите Новый Завет и отметьте, сколько раз слово «сила» упомянуто в связи с Духом Святым. Некоторые из этих стихов перечислены ниже (см. также Деян. 10:38; Рим. 15:13, 19; 1 Фес. 1:5).

ЕВАНГЕЛИЕ ОТ ЛУКИ 4:14

14 И возвратился Иисус в силе духа в Галилею...

ЕВАНГЕЛИЕ ОТ ЛУКИ 24:49

49 И Я пошлю обетование Отца Моего на вас; вы же оставайтесь в городе Иерусалиме, доколе не облечетесь силою свыше.

КНИГА ДЕЯНИЯ АПОСТОЛОВ 1:8

8 Но вы примете силу, когда найдет на вас Дух Святый...

ПЕРВОЕ ПОСЛАНИЕ К КОРИНФЯНАМ 2:4

4 И слово мое, и проповедь моя не в убедительных словах человеческой мудрости, но в явлении духа и силы.

Вы не сможете быть сильными силой Божьего могущества без исполнения Духом Святым и без молитвы. Частью занятия победной позиции против дьявола является быть исполненным, и исполненным с избытком, Святым Духом. Вы не сможете твердо противостоять дьяволу, будучи пустым сосудом.

Горячая молитва

Посмотрите в Послание Иакова (5:16) в связи с силой Духа Святого. Христианин может продолжать исполняться Святым Духом, для того чтобы стоять в силе Божьего могущества, если будет горячо молиться.

ПОСЛАНИЕ ИАКОВА 5:16

16 ...Много может усиленная молитва праведного.

Другой перевод говорит, что усиленная молитва праведного много дает. Но сколько дает усиленная молитва? Какие возможности у силы, которая достигается усиленной молитвой?

Расширенный перевод Библии проливает больше света на то, что дает усиленная молитва праведного: «...искренняя (от всего сердца, продолжительная) молитва праведного высвобождает потрясающую силу, динамичную в своем действии».

Потрясающая, динамичная сила высвобождается в результате горячей молитвы. Теперь прочитайте снова Послание к Ефесянам (6:10, 18).

ПОСЛАНИЕ К ЕФЕСЯНАМ 6:10, 18

10 Укрепляйтесь Господом и могуществом силы Его...

18 Всякою молитвой и прошением молитесь во всякое время духом...

Сила Бога всегда доступна, но молитва приводит эту силу в действие. Искренняя, горячая молитва делает доступной невероятную силу. Молитва не просто производит невероятную силу, но сила горячей молитвы динамична в своем действии. Искренняя, горячая молитва — это один из способов исполнения с избытком Святым Духом — силой Божьей, для того чтобы противостать врагу.

Как только вы надели всеоружие Божье, укрепились в Господе и в могуществе его силы, вы готовы молиться. С этим всеоружием, надетым на вас, вы можете произвести с помощью Духа Святого невероятную силу. Когда вы наденете всеоружие и укрепитесь Духом Святым, тогда, как говорит Библия, вы находитесь в позиции *действенной* молитвы.

Какое отношение молитва имеет к духовной войне? Первая битва настоящей духовной войны происходит в разуме и плоти верующего. Но затем она проходит в молитве и в вере. И много раз победа в сфере молитвы была основана на Слове. Часто причины тому, что мы не готовы к битве, мы ищем в естественном мире, тогда как мы не вступили в молитву и в сражение веры, которая должна идти в *духовных* сферах.

Иначе говоря, мы не находимся в молитвенном состоянии и не наполнены Духом Святым. Если вы не наполнены Святым Духом и не молитесь много, очень легко оказаться пораженным, когда дьявол восстает против вас.

В Послании к Ефесянам (6:10-17) Павел отвел место описанию всеоружия Божьего, для того чтобы приготовить вас к следующему указанию: *«Всякою молитвой и прошением молитесь во всякое время духом...»* (Еф. 6:18). Только когда вы облеклись во всеоружие, вы готовы молиться чистосердечной, продолжительной молитвой (см. Иак. 5:16). «Молиться *во всякое время»* означает не сдаваться, но продолжать молиться.

Молитва, о которой здесь упоминается, это не особый тип молитвы или особенный вид деятельности, в которую вовлечен верующий с целью свергнуть с престола сатану или низвергнуть твердыни над общинами, городами и странами.

Павел говорит о стиле жизни в общении с Богом, чтобы быть способными противостать козням и обману врага, пытающегося огорчить и поразить нас. Придерживаясь образа жизни в общении и присутствии Бога, мы сможем эффективно молиться всякой молитвой и прошением в Духе.

Библия не предлагает верующему агрессивно атаковать в молитве дьявола и его царство. Нет, верующий должен горячо простираться в молитве за всех святых и служителей, которые спасают погибших: *«...молитесь во всякое время... о всех святых»* (Еф. 6:18).

Другой перевод этого стиха гласит: «Молитесь *всеми способами и видами* молитвы и прошения в Духе». Поэтому одна постоянная борьба с дьяволом не может соответствовать Писанию, потому что она не является молитвой всеми способами и видами молитв.

«Воинственные» языки

Если вы следуете за Духом Святым, Он поведет вас молиться *всеми способами* и видами молитвы, а не просто одним видом молитвы, потому что Он поведет вас в соответствии с тем, что говорит Слово.

Вот почему члены Тела Христа, преувеличивающие «воинственный» аспект молитвы, не могут молиться «всеми видами и способами молитвы и прошения в Духе». Они говорят, что на молитве помазание Духа Святого, а иные языки, которые понимает только дьявол, используются в битве против него и для войны с сатаной в Духе.

Но нет такого места Писания, которое бы подтверждало, что мы должны молиться против дьявола и сражаться с ним на иных языках. Ни разу в Библии иные языки не упоминаются в связи с дьяволом. Даже если Дух Святой и дал вам помазание для того, чтобы молиться против дьявола, то только тогда, когда вас ведет Дух Святой, и вы не можете учить об этом других.

Другими словами, вы не можете объявлять людям: «Давайте все вместе воевать с дьяволом на языках». Если есть помазание, приходящее в молитве от Духа Святого, то и ведет

Дух Святой, а не человек, и это будет происходить в соответствии со Словом Божьим.

Другая причина, по которой это учение о «воинственных языках» или попытка поразить дьявола в молитве не может соответствовать Писанию, в том, что в этом случае молитва сфокусирована не на общении с Богом Отцом, но на сражении с дьяволом и злыми духами в поднебесье. Следовательно, сатана, а *не* Бог становится центром нашего духовного внимания и деятельности.

Весь смысл «воинственных языков» в том, чтобы они «проткнули» злых духов, обитающих в поднебесье над землей. Это правда, что злые духи находятся в поднебесье. Но люди, обучающие других молиться воинственными языками, пытаются употребить плотское оружие для выполнения духовной работы.

Учение о воинственных языках игнорирует библейское значение языков и завершенную работу на Голгофском Кресте. Апостол Павел писал, что, говоря на иных языках, христианин говорит тайны *Богу* (см. 1 Кор. 14:2) и превозносит Бога (см. Деян. 10:46). Библия также говорит, что, молясь на иных языках, верующий назидает себя (см. 1 Кор. 14:4; Иуд. 20). И иногда Бог говорит человеку с помощью духовного дара различения языков (см. 1 Кор. 12:29). Это библейское использование дара иных языков.

Игнорируя библейское использование языков, учение о «воинственных языках» ведет к тому, что на иных языках говорится что-то, направленное *против* дьявола, вместо того чтобы обращаться *к* Богу. И это отвлекает внимание верующего от Бога и направляет его в сторону дьявола.

Слава Богу за молитвы на иных языках. Но не тратьте попусту время, молясь на языках, чтобы победить уже побежденного врага. Вместо этого доверьтесь Святому Духу и дайте Ему возможность использовать вас, когда вы молитесь на иных языках, в качестве благословения для человечества. Это самый эффективный способ завоевать землю для Бога и произвести великий урон в дьявольском царстве тьмы.

Видите, нигде в Библии *в принципе* нас не учат молиться на иных языках против дьявола. И *практически* нигде в Библии вы не найдете описания того, как это делают верующие.

В каждом случае, когда верующие молились, они молились верному и любящему Отцу, который слышит и отвечает на молитвы. Иисус Сам говорит нам, Кому молиться: *«...о чем ни попросите Отца во Имя Мое, даст вам»* (Иоан. 16:23). А экстремальное учение о воинствовании игнорирует этот библейский акцент и превращает дар иных языков во что-то, что делается *против дьявола*, а не *для Бога*.

Вместо того чтобы вести святых в более глубокую духовность, это учение и его крайность ведут верующих к плотским эксцессам, потому что в центре внимания находятся *переживания* в молитве. Это учение приводит верующих к ошибкам, потому что делает ударение не на том, что уже совершил Христос для верующего в Своем искуплении, но на том, что еще должен сделать верующий для того, чтобы достичь победы над дьяволом.

Понимаете, вместо того чтобы акцентировать внимание на триумфе Иисуса над сатаной на Кресте, на победоносной позиции верующего во Христе и на власти, которая дана каждому верующему, это военное учение представляет христианина подавленным и пораженным, все еще находящимся под господством сатаны, пытающимся «отвоевать» свое победное место.

Ударение делается не на том, что Христос уже сделал, а на том, что еще должен сделать *сам* верующий, чтобы одержать победу над дьяволом. Поэтому верующего обучают «рычать» на дьявола и молиться на языках против него.

Посмотрите сами на указания Нового Завета о том, как расправляться с дьяволом (см. Еф. 4:27; Иак. 4:7; 1 Пет. 5:9). Только подчиняясь Богу и не давая места дьяволу в своей жизни, верующие будут способны противостать дьяволу и выступить против него со Словом Божьим. *Тогда* дьявол *убежит*. Только выполнив свою часть работы, верующие смогут эффективно бороться с дьяволом и успешно стоять против него со Словом Божьим.

Следовательно, это экстремальное учение ошибочно определило *позицию* христиан. Истинная духовная власть над дьяволом заключена в победной позиции во Христе, находящейся *превыше* всякого начальства и власти, когда верующие знают, что враг поражен и лишен власти.

Однако, стараясь избежать ошибок, мы не должны уклоняться от того, что истинно и соответствует Библии. Например, Церковь не может отступить от подлинного ходатайства и истинной духовной войны, которая возникает в результате послушания Духу Святому. Тело Христа должно быть вовлечено в истинные и библейские действия Святого Духа и поддерживать их горячими молитвами, как учит Писание. Есть истинные молитвы и прошения, в которых Церковь должна принимать участие.

Да, есть духовные сражения, в которых надо участвовать и побеждать. Но сражение в молитве — это сражение веры. Духовные битвы в молитве ведутся и выигрываются с позиции во Христе, которая превыше начальств и властей, где верующий знает, что сатана — под его ногами (см. Еф.1:3, 22), и поэтому смотрит свысока на побежденного врага.

Недостаток грамотного библейского учения в этой области очень навредил Телу Христа. Писание говорит нам, что Слово должно пребывать в нас *«со всякою премудростию»* (см. Кол. 3:16).

Мудрость Божья, обильно изливаемая в верующего, приносит зрелость, необходимую для духовных битв с дьяволом. Недостаток библейского учения и мудрости приводит к нелепым установкам в церквях и ранит людей. Крайности пагубны, потому что приводят людей в канаву на обочине, к фанатизму, эксцессам и ошибкам.

Тело Христа должно внимательно относиться к служителям, которые учат каким-либо действиям, не отраженным в Божьем Слове. Только то, что некоторые служители церкви учат чему-то или используют какие-то приемы на своих служениях, еще не означает, что они созвучны Писанию.

Служители должны быть осторожны с тем, чем они питают Божье стадо. Павел говорил Тимофею: *«Проповедуй слово...»* (2 Тим. 4:2). Людей надо учить тому, что написано в Слове о неприятеле, чтобы они не находились в неведении о планах сатаны. Но стойте на Слове, а не на мнениях и переживаниях. Переживания могут помочь, но только если они находятся в соответствии со Словом. Служители с осторожностью должны сначала закладывать основание на Божьем Слове.

ПОСЛАНИЕ К ТИТУ 2:1

1 Ты же говори то, что сообразно с здравым учением.

Люди должны быть внимательными к тому, чтобы то, чему они учат о духовной войне, было доктринально выверено. Некоторые уверяют, например, что имеют дальнейшее откровение о духовной войне, которое вне Слова Божьего.

Вне Слова нет откровений. Любое откровение, исходящее от *Духа Божьего*, находится в соответствии со Словом Божьим. Оставляя Слово, люди оказываются на вражеской территории. Они говорят, что следуют за Духом, но они не могут за Ним следовать вне Божьего Слова. *Сначала Слово, потом Дух*.

Когда люди пытаются следовать за тем, что они называют «духом», оставляя Слово, они открываются для иллюзий.

Например, один служитель на протяжении ряда лет имел чудесное служение, основанное на Слове Божьем. Но несколько лет спустя один мой друг пастор посетил несколько собраний этого служителя. Он сказал, что в проповеди этого служителя было несколько вещей, выпадающих из доктрины, но они не были основополагающими истинами Евангелия. Пастор вернулся на следующий вечер, и этот служитель рассказал ему о своих «откровениях».

Пастор знал этого служителя тридцать лет, и уже много лет он находился в служении. Но не имеет значения, как долго вы были в служении и насколько доктринально верным было ваше учение в прошлом, — если вы оставили Слово, вы оказываетесь широко открытым для обманов сатаны.

Мой друг пастор рассказал мне, что он поднялся к служителю после собрания и сказал: «Вчера я не обратил внимания на некоторые моменты, о которых ты говорил, потому что они не были столь важными, но сегодня ты сказал то, что тебе придется подтвердить главой и стихом из Библии».

Помните, в Библии сказано: *«...при устах двух или трех свидетелей будет твердо всякое слово»* (2 Кор. 13:1). Если бы люди слышали это место Писания, то оно предостерегло бы их от построения доктринальных воздушных замков и от заблуждений, основанных на одном месте Писания, взятом из контекста.

Служитель ответил: «О, ты не найдешь в Библии того, что я проповедую. Я пошел намного дальше *этого*».

Если человек находится дальше Божьего Слова, то, по моему мнению, он зашел слишком далеко. Не оставляйте Слова, пытаясь следовать за Святым Духом. Вы окажетесь в той сфере, где сатана сможет обмануть вас. Павел не случайно говорил Тимофею проповедовать *Слово* (см. 2 Тим. 4:2). Если на первое место ставить Слово, оно всегда будет держать вас в духовном балансе, чтобы вы не открыли себя обманам сатаны.

Я на протяжении пятидесяти лет говорю людям: «Проверяйте то, что вам говорят, посредством Слова, и если это не соответствует Слову, не принимайте никаких откровений, не имеет значения, я говорю о них или кто-нибудь другой». Имеет силу только то, что говорит Слово. Ставьте Слово на первое место. Я против крайностей в любой сфере, потому что крайности и учения, идущие дальше Слова, наносят вред Телу Христа.

Нам нужно понять, что, как и в любом духовном предмете, есть грань между духовностью, излишествами и фанатизмом. Поэтому давайте будем открытыми Слову и Святому Духу и позволим Ему вести и учить нас. Стойте на середине дороги учений, не сходите в канаву ни с какой стороны дороги.

Не имеет значения, кто учит той или иной библейской теме, нам самим нужно изучать Библию, чтобы определять правильность того, чему учат. Не принимайте того, чему кто-то учит, только потому, что он уверяет, будто он «эксперт». Вы не должны принимать того, что кто угодно может сказать по какому угодно библейскому предмету, если человек не подтверждает это Словом Божьим.

При изучении демонологии и духовной войны, как и с другими библейскими предметами, будьте внимательны, «верно проповедуя» то, что говорит Библия об этом предмете (см. 2 Тим. 2:15). В этом случае вы не останетесь в неведении о планах сатаны, но будете твердо стоять в вере и отражать его выпады во всех обстоятельствах. Подчиняясь Слову, а не людским мнениям и опыту, и вступая в истинную библейскую войну, вы будете всякий раз побеждать врага!

Глава 9
Разрушение твердынь

Злые духи любят оставаться в тех местах, где они создали свои твердыни. Библия дает нам пример этого в пятой главе Евангелия от Марка. Когда Иисус встретил гадаринского сумасшедшего, злые духи, поселившиеся в человеке, не хотели, чтобы Иисус выслал *их из страны той*.

ЕВАНГЕЛИЕ ОТ МАРКА 5:9-13

9 И спросил его: как тебе имя? И он сказал в ответ: легион имя мне, потому что нас много.

10 И много просили Его, чтобы не высылал их из страны той.

11 Паслось же там при горе большое стадо свиней.

12 И просили Его все бесы, говоря: пошли нас в свиней, чтобы нам войти в них.

13 Иисус тотчас позволил им.

Эти злые духи не хотели покидать той местности, поэтому они попросили Его послать их в стадо свиней. Иисус дал им разрешение (ст. 13).

Твердыни в определенных областях

Из этого отрывка мы можем понять, что злым духам нравится оставаться в определенных частях мира или в определенных странах. Например, во время путешествий мне легко определить, какого рода духи есть в данной местности.

Когда я еду по городу, я знаю, какой дух преобладает там, не каким-то духовным даром, действующим в моей жизни, а просто через духовные ощущения.

У каждого христианина должно быть достаточно духовного восприятия, чтобы отличить, какой дух доминирует в данной местности. Иногда преобладают аморальные или оккультные духи, или духи других религий. Не только в больших, но и в маленьких городах могут быть духовные твердыни, а также правящие ими духи.

Злые духи, преобладающие в городе, могут попытаться проникнуть в поместные церкви, если туда ходят люди, которые уступают им.

Духи в церкви

Мы с женой как-то были в одном городе, и пастор просил меня проповедовать в его церкви. В то время я был на миссионерском служении и учил Слову. Он был настойчив, упрашивая меня проповедовать в его церкви.

Наконец я сказал ему, что не буду этого делать. Я объяснил, что не хочу проповедовать в этом городе, пока Бог Сам не скажет мне определенно. Видите ли, люди в этом городе гордились своим консерватизмом; и правда, они были так консервативны в сфере даяния, что стали скупыми. Тот дух, который преобладает в городе, войдет и в церковь, если люди ему позволят.

Я сказал пастору, что город полон закрытых, консервативных людей, мотивированных и побуждаемых скупыми бесами и демонами. Я сказал ему, что эти бесы проникли в церковь, и если я пойду туда, то люди меня не поддержат. Глаза его округлились, и он раскрыл рот от удивления. Он спросил: «Вы с кем-нибудь разговаривали?» Я ответил: «Нет, только с Господом».

Я сказал пастору: «Люди в вашей церкви неправильно относятся к служителям Евангелия! Вот почему я не приду к вам». Пока Бог не скажет, не имеет смысла идти в группу, подобную этой. Они не могут принять то лучшее, что есть у Бога, потому что плохо относятся к Божьим служителям; злые духи влияют на них.

Скупая церковь не соответствует Писанию. В Библии сказано: *«Не заграждай рта у вола молотящего» и «трудящийся достоин награды своей»* (1 Тим. 5:18). Павел цитировал Ветхий Завет (см. Втор. 25:4), но говорил о тех, кто находится в служении (см. 1 Кор. 9:7-14).

Когда члены церкви подобным образом уступают злым духам, это дает право дьяволу на лазейку в церковь. Это огорчает Духа Божьего и мешает Ему проявить Себя так, как Он этого хочет. Мы должны понять, что, являясь христианами, мы не должны слушать дьявола. И нам не нужно ему уступать! Мы не обязаны разрешать богу этого мира брать верх над нашими мыслями и действиями.

Разрушение твердынь

Итак, какие бы духи ни доминировали в городе, те же самые духи будут пытаться проникнуть в церковь, если люди в церкви будут уступать им и впустят их. Мы можем это увидеть, например, в Посланиях Павла к Коринфянам.

Коринф в то время был самым аморальным городом Востока. Аморальный дух, контролирующий город, проник в церковь, потому что некоторые члены церкви своими проступками впустили их. Там был человек, который сожительствовал с женой своего отца. Павел должен был разобраться с этим аморальным деянием в своих посланиях.

ПЕРВОЕ ПОСЛАНИЕ К КОРИНФЯНАМ 5:3-5

3 А я, отсутствуя телом, но присутствуя у вас духом, уже решил, как бы находясь у вас: сделавшего такое дело,

4 В собрании вашем во Имя Господа нашего Иисуса Христа обще с моим духом, силою Господа нашего Иисуса Христа,

5 Предать сатане во измождение плоти, чтобы дух был спасен в день Господа нашего Иисуса Христа.

Заметьте, в этом отрывке Павел имеет дело только с человеком и его грехом; он не разбирается с «правящим духом» в церкви или в городе. Это правда, что доминирующие в городе духи будут пытаться проникнуть в церковь, если только верующие и церковь не встанут против них. Однако в наше время существует учение об этом, полное крайностей.

Некоторые сегодня скатываются в канаву, действуя во имя духовной войны. Духовная война является библейской. Но некоторые милые и дорогие христиане впали в крайность, предпринимая действия, которые не соответствуют Библии.

Хотя многие из этих крайностей перечислены под так называемым заголовком «ниспровержение твердынь», они не соответствуют тому, что мы видим в Новом Завете. Некоторые из этих добрых, заблудившихся людей верят, что они действительно ниспровергают твердыни над городами и странами, используя такую крайность, как «воинственные» языки.

На самом деле у нас нет прямой духовной поддержки для ниспровержения демонических твердынь над городами и странами, особенно в виде воинственных языков и криков на дьявола. Нам нужно вернуться к тому, что говорит Божье Слово.

Что конкретно Божье Слово говорит о ниспровержении твердынь? И что такое «твердыня» по-библейски?

ВТОРОЕ ПОСЛАНИЕ К КОРИНФЯНАМ 10:4, 5

4 Оружия воинствования нашего не плотские, но сильные Богом на разрушение твердынь: ими ниспровергаем замыслы
5 И всякое превозношение, восстающее против познания Божия, и пленяем всякое помышление в послушание Христу.

В этих стихах Павел определяет, что такое твердыня. Потому что некоторые упустили это, они взяли один стих и довели его до крайности. Например, некоторые взяли на вооружение фразу «орудия воинствования нашего сильные на разрушение твердынь» из стиха 4, изъяв ее из контекста, и попытались создать из него законченную доктрину. Вырвав этот стих из контекста следующих стихов, они утверждают то, что на самом деле не говорится.

Но прочтение только стиха, вырванного из его контекста, может оставить неправильное впечатление. Вы пропустите то, о чем в действительности говорил Павел, если не прочитаете стих о твердынях в контексте, в котором он был написан.

На самом деле Павел говорит здесь о том, чтобы верующий позаботился о своем разуме — о собственном *мышлении*. Он говорит о ментальных связях — мыслях, причинах и аргументах, — которые противоречат Богу и Его Слову.

Павел в основном говорит о разрушении оправданий, представлений и мыслей, а не демонических твердынь над городами и странами.

Более ясным его значение становится в Расширенном переводе Библии.

ВТОРОЕ ПОСЛАНИЕ К КОРИНФЯНАМ 10:4, 5 (Расш. перев.)

4 Оружие воинствования нашего не физические (не оружие плоти и крови), но они сильны перед Богом для разрушения и ниспровержения твердынь,

5 (Поскольку) опровергают *аргументы*, *теории* и *оправдания*, и любую *гордость*, и *превозношение*, которое восстает против (истинного) познания Божия; и всякую *мысль* и *цель* мы пленяем в послушание Христу, Мессии, Помазанному.

Самую большую битву, в которой вам придется «сражаться», вы будете вести в сфере ваших мыслей и разума. Все начинается там. Сражение в сфере разума, чтобы устоять в вере, — это путь к победе в любой сфере вашей жизни.

Хорошо, но что же делать по поводу *этой* битвы? Для того чтобы успешно воевать в этой битве, вам нужно обновить свой разум Словом и выбросить оправдания, представления и тщеславные мысли, которые противоречат Слову, потому что сатана попытается бомбардировать ваш разум.

Стратегия дьявола в том, чтобы сбить верующего с колеи истинной духовной борьбы, которая пленяет всякое помышление в послушание Божьему Слову.

Сатана знает, что верующий, стоящий в вере в Слово, опасен для него, потому что он сможет выполнить Божью волю для своей жизни на земле.

Вот почему сатане нравится, когда верующие совершают ошибки и впадают в крайности, пытаясь разрушить демонические твердыни над городами и странами. Он знает, что эти твердыни не могут быть разрушены полностью за один раз раньше времени — до тех пор, пока не истечет время договора, заключенного с Адамом.

Поэтому дьявол смеется, когда верующие кричат на него во плоти, пытаясь низвергнуть его с места над городом. Верующие, сражающиеся с дьяволом таким образом, в действительности наносят поражение себе, постоянно надеясь на свои плотские усилия.

Они либо пытаются молитвой получить победу, которая уже принадлежит им, или пытаются молитвой ниспровергнуть злых духов, которые не могут быть ниспровергнуты до времени.

Разбирая разные переводы Библии, можно ясно увидеть, что этот отрывок из Второго послания к Коринфянам говорит о пленении мыслей, воображения, аргументов, теорий, оправданий, ложных фантазий, человеческих представлений и

8 Зак. 1509

барьеров гордости и подчинении их истинному познанию Божьему — познанию *Божьего Слова*.

Здесь не сказано, что я могу пленить мысли вашего разума и ниспровергнуть их. Однако я могу применять власть и контроль над *моими* мыслями, но я не могу контролировать *ваши* мысли.

Понимаете, из-за того, что разум является главной областью «сражения» и атак сатаны, стратегия дьявола в том, чтобы разместить в нашем мышлении твердыни, которые «превозносятся против истинного познания Божия».

Это одна причина, по которой верующие должны облачаться во всеоружие Божье, шлемом спасения и щитом веры, — чтобы быть в состоянии защититься от сатанинских атак на разум. И Библия учит нас, чтобы мы покаялись в неправильных мыслях и преобразились в своем мышлении в образ Христа (см. Рим. 8:29; Фил. 2:5). Это одно из наших самых великих оружий против сатаны.

В наши дни излишний акцент делается на некоторых аспектов духовной войны, которые основаны на неверном восприятии отрывка о «разрушении твердынь» из Второго Послания к Коринфянам (10:4, 5) и на стихе о «брани» из Послания к Ефесянам (6:12). Но оба эти места Писания нужно рассматривать в контексте всего послания, а не выхватывать из контекста, чтобы построить учение о духовной войне, полное крайностей.

Я верю в духовную войну и, конечно, в духовную воинственность. Будьте агрессивны, проповедуя Слово. Будьте агрессивными и горячими, проповедуя о рождении свыше, крещении Святым Духом, исцелении и о правах и привилегиях верующего во Христе. Будьте агрессивны, проповедуя веру и молитвы и проповедуя против дьявола и бесов.

Но в наше время предмет духовной войны и воинственности преподносится так, что исключает другие библейские истины и может завести Церковь в канаву.

Да, мы должны быть горячими в Слове, горячими в молитве и горячими в евангелизации. Когда слово «воинственность» означает *горячность*, это хорошо. Но когда люди учат других сконцентрировать всю свою духовную деятельность на личности дьявола — это и опасно, и не соответствует Писанию.

И самое очевидное в этом отношении — это практика попыток низвергнуть власть сатаны над городами. Воинственность переходит все пределы, когда мы вдруг становимся одержимыми идеей, что мы должны совершить что-то, что Иисус уже совершил для нас. Почему верующие хотят свергнуть с престола сатану или начальства и власти?

Истина в том, что Иисус уже победил сатану за нас (см. Кол. 2:15). Как Церковь, мы торжествуем эту победу — победу, которую Иисус уже одержал за нас на Кресте. Наша задача теперь — сделать так, чтобы реальность этой победы стала очевидной, в проповеди Божьего Слова (см. 2 Кор. 2:15). Мы продолжаем торжествовать эту победу ежедневно, если пребываем в Божьем Слове.

Нам не нужно одерживать победу над сатаной. Иисус уже завоевал эту победу для нас. Нам просто нужно жить в свете Божьего Слова, говорящего об этой победе, и победа Иисуса над дьяволом будет проявляться в нашей жизни каждый день.

Тот факт, что сатана и его духи все еще здесь, не должен беспокоить нас. Они будут здесь до тех пор, пока не истечет срок договора с Адамом. Пока они здесь, мы можем Словом приводить в исполнение реальность их поражения. В Послании к Колоссянам (2:15) сказано, что Иисус, *«отняв силы у начальств и властей, властно подверг их позору»*. Нам нужно торжествовать в победе Иисуса.

Тот факт, что сатана управляет жизнью других, используя твердыни обмана, не означает, что нам нужно заново вступать в битву с ним, — это сделал Иисус. Мы можем использовать Имя Иисуса в молитве, чтобы связывать и разрушать его влияние на людей, а также приводить в исполнение поражение дьявола проповедью Слова. Свет Божьего Слова рассеет темноту сатанинских обманов в жизни людей.

Нам не нужно воевать плотскими методами, пытаясь победить сатану с помощью таких приемов, как воинственные языки и вопли на дьявола. Попытки сражаться со злыми духами в поднебесье — это усилия плоти в попытке победить уже побежденного врага.

Однако в некоторых христианских кругах сегодня низвержение сатаны с престола над городами и странами в ходе духовной войны и усиленного ходатайства является неотъемлемой частью подготовки к любому пробуждению или эффективной евангелизации. *Но вы не сможете найти подобного в Библии*.

Изучите Евангелия и Деяния, чтобы понять, что делали Иисус и Его ученики для пробуждения. Во-первых, вы заметите, что Иисус и Его ученики никогда не ниспровергали демонические силы, правящие городами и странами. Иисус и Его ученики имели дело только с бесами, связанными с *конкретными* людьми.

Читая книгу Деяния, я нахожу очень интересным тот факт, что ученики не упоминали того типа воинственности, о котором учат в некоторых церквях сегодня.

Еще один интересный факт — это то, что в книге Деяния мы не найдем мест, где был бы упомянут этот вид воинствования. Нет, книга Деяния показывает нам, что Церковь сосредоточена на Божьем Присутствии и сконцентрирована на обучении людей Слову Божьему, чтобы они были успешными во всех областях своей жизни, а не в одной, которая вся заключается в борьбе с дьяволом.

Изучите места, данные в книге Деяния, описывающие, чему *учили* и как *действовали* апостолы. Вы обнаружите, что это сильно противоречит тому, о чем учат и что практикуют в некоторых христианских кругах нашего времени. Книга Деяния делает упор на доктрины и проповедь Евангелия, чтобы привести людей в Царство Божье, а не на сражение с бесами и ниспровержение твердынь.

В Писании нет места, подтверждающего необходимость разрушения твердынь над городами и странами, но у нас есть библейские основания для того, чтобы связывать действия и стратегии начальств и властей в их атаках против нас (см. Мат. 18:18; Лук. 10:19; Фил. 2:9, 10).

Мы делаем это Словом Божьим и Именем Иисуса. Мы занимаем свою позицию против врага со Словом Божьим так же, как это делал Иисус (см. Мат. 4:4-10).

Давайте посмотрим на служение Иисуса, чтобы выяснить, что Он делал, поскольку можно с уверенностью говорить, что

Он со своими учениками перевернул весь существующий тогда мир.

Как они сделали это? Если бы они вступали в прямую битву с дьяволом, тогда у нас было бы библейское основание для того, чтобы делать то же самое. Но если это было не так, то нам тоже не следует этого делать.

Верующие должны следовать тому *учению*, которое *практиковалось* в Новом Завете.

Пытался ли Иисус воевать с бесами в Своем земном служении?

Что делал Иисус в Своем служении, чтобы изменять города? Должен ли Он был разрушать твердыни с помощью воинственной молитвы, переходя из города в город? Необходимо ли было для Него «распознать» правящий дух над каждым городом и воевать против него?

Учили ли Иисус и Его ученики других людей определять правящий дух над городом, для того чтобы разбить твердыни? Нет, мы не найдем места в Писании, где бы говорилось об этом.

Почитайте Евангелия сами. Вы обнаружите, что служение Иисуса заключалось в том, что Он путешествовал с места на место, уча и проповедуя Евангелие — *Слово* (см. Мат. 4:23; 9:35; Лук. 13:22). На первое место Он ставил Слово, и Слово освобождало людей от власти дьявола.

ЕВАНГЕЛИЕ ОТ ЛУКИ 4:18, 19

18 «Дух Господень на Мне; ибо Он помазал Меня благовествовать нищим и послал Меня исцелять сокрушенных сердцем, проповедовать пленным освобождение, слепым прозрение, отпустить измученных на свободу,

19 Проповедовать лето Господне благоприятное».

Иисус был послан *учить* и *проповедовать* Евангелие, сфокусированное не на разрушении твердынь над городами и странами. Это было учение и проповедь, которые разрушали твердыни в жизни людей!

Если бы было возможным разрушить их над городами и странами, Иисус научил бы людей, как это делать, но Он не сделал этого. В Библии описано, как Иисус освобождал людей от рабства сатаны, уча их тому, что говорит Слово и как ходить во Свете Божьего Слова (см. Иоан. 8:32).

Мы должны делать то, что делал Иисус. Проповедовать освобождение, проповедуя Слово. Заметьте, в Евангелии от Луки не сказано, что Иисус *молился* за освобождение. Там написано, что Он *проповедовал* освобождение.

Другими словами, Он говорил людям то, что Слово говорит: «Итак, если Сын [Слово, ставшее плотью] освободит вас, то истинно свободными будете» (Иоан. 8:36). Люди освобождались по мере того, как их освобождало Слово.

В Писании, которое есть у нас, Иисус молился Своими молитвами Отцу (см. Мат. 11:25; Лук. 23:34; Иоан.11:41; 17:1).

Пыталась ли ранняя Церковь воевать с дьяволом, правящим городами?

Прочитайте сами книгу Деяния и посмотрите, есть ли там конкретное место, заявляющее, что ученики придавали значение борьбе с демоническими князьями над городами, областями и странами.

На самом деле, когда ранняя Церковь собралась вместе и начала говорить на иных языках, они, как описывает Библия, говорили о чудесах Божьих: *«...слышим их нашими языками говорящих о великих делах Божиих»* (Деян. 2:11). Они не сражались с дьяволом на языках. Они не разрушали твердыни над Иерусалимом. Они возвышали *Бога*. Бог был в центре их молитв.

Давайте посмотрим на библейский пример того, как верующие молились, встретившись с великим дьявольским противостоянием. Сражались и воевали ли они, когда сатана выступил против них? Нет.

Например, в книге Деяния (16:25) Павел и Сила победили противостояние врага с помощью молитвы и прославления Бога. Петр и Иоанн также столкнулись с противодействием (см. Деян. 4:3, 5-7). Оно исходило от людей: им приказали не проповедовать и не учить во имя Иисуса (см. Деян. 4:18).

Когда Петра и Иоанна наконец отпустили, они вернулись к своим и начали молиться Богу. В соответствии с книгой Деяния эти верующие не сражались на языках против начальств и властей в поднебесье. Они не «вели войну» с дьяволом и не пытались низвергнуть религиозных духов над городом. Что они делали?

ДЕЯНИЯ АПОСТОЛОВ 4:24

24 Они же, выслушавши, единодушно возвысили голос к Богу и сказали: Владыко Боже, сотворивший небо и землю и море и все, что в них!

Они не возвеличивали проблему или дьявола. Они превозносили и возвеличивали Бога. Я не говорю, что их хвала и поклонение не влияли на духовное противостояние дьявола. Я говорю об их главных заботах.

Это печально, но некоторые верующие проводят большую часть своего времени, молясь против дьявола и говоря о нем. Слушая их, можно подумать, что «бедный старина Иисус» ничего не совершил, когда Он умер и воскрес из мертвых, пригвоздив начальства и власти и подвергнув их позору (см. Кол. 2:14, 15). Ничто так не ослабляет хвалу Богу в ваших молитвах, как концентрация внимания на дьяволе.

В четвертой главе книги Деяния, когда ранняя Церковь столкнулась с сильным противостоянием дьявола, верующие возвысили свои голоса к Богу в вере. Они стояли в вере; они не пытались сражаться с дьяволом в молитве. Они говорили о том, как велик Бог, и возносили к Нему в молитве Слово Божье (Деян. 4:25-28).

В действительности в стихах 25–28 они говорят о том, как велик Бог и какие великие дела Он сотворил. Затем они обратились к тому, что говорит Слово Божье о подобной ситуации.

ДЕЯНИЯ АПОСТОЛОВ 4:25-28

25 Ты устами отца нашего Давида, раба Твоего, сказал Духом Святым: «что мятутся язычники, и народы замышляют тщетное?

26 Восстали цари земные, и князи собрались вместе на Господа и на Христа Его».

27 Ибо по истине собрались в городе сем на Святого Сына Твоего Иисуса, помазанного Тобою, Ирод и Понтий Пилат с язычниками и народом Израильским,

28 Чтобы сделать то, чему быть предопределила рука Твоя и совет Твой.

И затем, в конце, в стихе 29 они говорили о проблеме. Но заметьте, что за всю молитву, длящуюся с двадцать пятого по тридцатый стих, о проблеме говорится только в одном стихе (ст. 29).

ДЕЯНИЯ АПОСТОЛОВ 4:29,30
29 И ныне, Господи, воззри на угрозы их и дай рабам Твоим со всею смелостью говорить слово Твое,
30 Тогда как Ты простираешь руку Твою на исцеление и на соделание знамений и чудес именем Святого Сына Твоего Иисуса.

Эти верующие говорили Богу, а не дьяволу, хотя дьявол и стоял за проблемой. И самое главное, что они попросили у Бога, чтобы решить эту проблему, это даровать им смелость для проповеди Слова с чудесами и знамениями. Они знали, что Слово может изменить людей и ситуацию (см. Иоан. 8:32).

Эта молитва ранней Церкви показывает нам, как молиться, когда мы сталкиваемся с противостоянием сил тьмы. Мы должны молиться *Богу*. И мы должны молиться о смелости провозглашать Слово, потому что *Слово* может освободить людей от сатаны. И еще, заметьте, что они даже не просили Бога сделать что-либо по поводу дьявола.

Затем, когда Церковь рассеялась из-за усилившихся гонений, верующие пошли повсюду, проповедуя Слово, — не борясь напрямую с бесами: *«Между тем рассеявшиеся ходили и благовествовали слово»* (Деян. 8:4). Если и нужно было разрушать твердыни, Церковь доверяла Богу и Его Слову, что Они это сделают.

Когда Петр был в тюрьме, святые, которые молились за него, не пытались сражаться против религиозных бесов над Иерусалимом. Они обращали к *Богу* свои прилежные мольбы о Петре.

ДЕЯНИЯ АПОСТОЛОВ 12:5
5 Итак Петра стерегли в темнице; между тем церковь прилежно молилась о нем Богу.

А как насчет того, когда пророки и учителя собрались в Антиохии? Они объявили духовную войну и проводили свое время в духовной битве, прежде чем послать Павла и Варнаву на дело служения?

ДЕЯНИЯ АПОСТОЛОВ 13:2

2 Когда они служили Господу и постились, Дух Святый сказал...

Нет, они служили Господу! Они не сражались с бесами. Слишком часто люди, не знающие ничего о служении Господу, проводят все свое время в попытках победить уже побежденного врага.

Когда верующие начинают служить Богу, они создают атмосферу, где может говорить Дух Святой: *«Когда они служили Господу... Дух Святой сказал...»*

В книге Откровение Иисус говорил с апостолом Иоанном на острове Патмос о церкви в городе Пергаме. Пергам был оплотом сатаны, а Иисус и здесь не сказал ни слова о сражении с сатанинскими правителями над этим городом. Конечно, если бы было по-библейски вести духовную войну в плане сражения с дьяволом и разрушения твердынь над городами, то Иисус упомянул бы здесь об этом.

ОТКРОВЕНИЕ СВЯТОГО ИОАННА БОГОСЛОВА 2:12, 13

12 И Ангелу Пергамской церкви напиши: так говорит имеющий острый с обеих сторон меч:

13 Знаю твои дела, и что ты живешь там, где престол сатаны, и что содержишь имя Мое, и не отрекся от веры Моей даже в те дни, в которые у вас, где живет сатана, умерщвлен верный свидетель Мой Антипа.

Хотя Иисус и сказал, что Пергамская церковь стоит там, где «престол сатаны», заметьте, что Иисус не велел тамошним верующим сражаться против сатаны. Нет, Иисус похвалил верующих за то, что *они содержат Имя Его и не отреклись от веры* (ст. 13). Другими словами, Он ободрял их, чтобы они оставались в вере!

Пытались ли ученики Христа воевать против бесов, правящих над городами?

Заглянем в некоторые места Нового Завета, чтобы увидеть, что делали ученики Иисуса, путешествуя из города в город. Эти люди были выбраны Иисусом. Мы не сможем найти ни одного места, которое бы описывало, как ученики разрушают твердыни над городами, в которые они направляются. А также мы не найдем стиха, описывающего, как они учат этому других людей.

В Иерусалиме

Когда Петр и Иоанн вошли в храм, Имя Иисуса исцелило человека, который был хромым от рождения.

ДЕЯНИЯ АПОСТОЛОВ 3:6, 16

6 Но Петр сказал: серебра и золота нет у меня, а что имею, то даю тебе: во имя Иисуса Христа Назорея встань и ходи...

16 И ради веры во имя Его, имя Его укрепило сего...

Заметьте, что это Имя Иисуса вызывало вопросы и страх религиозных лидеров того времени (см. Деян. 4:10-12), потому что в этом Имени верующие имеют власть над дьяволом.

Другими словами, ученики учили о силе и власти, вложенных в Имя Иисуса (см. Деян. 4:15-20). Имя представляет всю власть Иисуса и все, что Он совершил, победоносно восстав из смерти, ада и могилы.

ДЕЯНИЯ АПОСТОЛОВ 6:7

7 И Слово Божие росло, и число учеников весьма умножалось в Иерусалиме; и из священников очень многие покорились вере.

Это интересно, что, когда Слово Божье *росло*, число учеников умножалось. Если верующие действительно хотят нанести урон царству сатаны, они должны выходить и проповедовать Слово.

Слово Божье имеет силу освобождать людей. Ни разу в Иерусалиме ученики не говорили о низвержении твердынь или правящих духов над городами с помощью воинственных языков или покрикивая на бесов.

На самом деле, если пройти по всей книге Деяния и выделить все, о чем ученики учили, путешествуя из города в город, вы обнаружите, что ученики учили и проповедовали Слово Божье. Они также учили об Имени Иисуса, и они учили и проповедовали Евангелие — спасение верой в Иисуса Христа.

В любом случае принятие Слова и действие по Слову выводили людей из-под власти сатанинских твердынь.

Пытался ли Павел воевать с твердынями над городами?

Посмотрим, что делал Павел, когда он путешествовал и соприкасался с твердынями в некоторых городах. В конце концов этот великий муж Божий написал большую часть Нового Завета. Если бы низвержение твердынь над городами посредством воинственных языков и запугивания бесов криком было библейской практикой, несомненно Павел сказал бы что-нибудь об этом, или он совершил бы это в тех городах, которые он посещал.

Павел в Дамаске

Пытался ли Павел свергнуть твердыни над городом Дамаском? Нет, сразу же после обращения Павел начал проповедовать об Иисусе. Иисус Христос был центром учения Павла, а не дьявол и не твердыни.

ДЕЯНИЯ АПОСТОЛОВ 9:20, 22, 27

20 И тотчас стал проповедывать в синагогах об Иисусе, что Он есть Сын Божий...

22 А Савл более и более укреплялся и приводил в замешательство Иудеев, живущих в Дамаске, доказывая, что Сей есть Христос...

27 Варнава же, взяв его, пришел к Апостолам и рассказал им, как на пути он видел Господа, и что говорил ему Господь, и как он в Дамаске смело проповедывал во имя Иисуса...

Заметьте, что Павел превозносил и возвеличивал Имя Иисуса Христа. Это Имя Христа разрушает твердыни и в мышлении людей, и в их жизни. Павел учил людей превозносить силу и могущество Иисуса. Но когда верующие учат других концентрироваться на низвержении твердынь и воевать против дьявола, акцент ставится на сатане и его делах. Они на самом деле превозносят дьявола, а это открывает ему двери. Но когда верующие превозносят *Бога*, они дают *Ему* доступ в свои сердца и жизни.

Читая о путешествиях Павла по городам и селам того времени, первое, что мы отмечаем, это то, что Павел утверждал верующих *в вере*. Мы не увидим ни одного места, где бы Павел делал упор на войну с дьяволом.

ДЕЯНИЯ АПОСТОЛОВ 16:4, 5

4 Проходя же по городам, они предавали верным соблюдать определения, постановленные Апостолами и пресвитерами в Иерусалиме.

5 И церкви утверждались верою и ежедневно увеличивались числом.

Утверждаясь в вере, церкви увеличивались числом ежедневно. Где бы ни проповедовалось Слово Божье, там было умножение душ в Царстве Божьем. Вот как «низвергаются твердыни» по-библейски — проповедь Евангелия разрушает их в жизни верующих, приводя их к спасению.

Павел в Филиппах

Пытался ли Павел разрушить твердыни над Филиппами? Это в Филиппах Павел должен был иметь дело с демоном, который доставлял неприятности с помощью молодой девицы.

ДЕЯНИЯ АПОСТОЛОВ 16:16-18

16 Случилось, что, когда мы шли в молитвенный дом, встретилась нам одна служанка, одержимая духом прорицательным, которая через прорицание доставляла большой доход господам своим.

17 Идя за Павлом и за нами, она кричала, говоря: сии человеки — рабы Бога Всевышнего, которые возвещают нам путь спасения.

18 Это она делала много дней. Павел, вознегодовав, обратился и сказал духу: Именем Иисуса Христа повелеваю тебе выйти из нее. И дух вышел в тот же час.

Злой дух использовал эту женщину для того, чтобы воспрепятствовать служению учеников в этом городе. Эта женщина имела дух предсказания будущего или судьбы, и дух в ней знал, кем были ученики.

Но заметьте, что Павел разобрался только *с тем духом*, из-за которого эта женщина постоянно кричала, вызывая неудобства, — он ничего не делал с твердынями над городом.

Эта женщина ходила за ними много дней, и дух внутри нее везде провозглашал: *«Сии человеки — рабы Бога Всевышнего, которые возвещают нам путь спасения»* (ст. 17). То, что она говорила, было истиной, но кто хочет, чтобы дьявол свидетельствовал о нем!

Это было досадно, что дьявол объявлял о них, но почему Павел не запретил ему сразу же в первый день? Или на второй день? Причина в том, что дар различения духов не действовал тогда, когда этого хотел Павел, а тогда, когда желал Дух Святой (см. 1 Кор. 12:11). Пока действие дара различения духов не проявилось, Павел был таким же беспомощным, как любой из нас, чтобы справиться с этой ситуацией.

Павел ждал, пока Дух Святой не даст ему видение в духовном мире, перед тем как что-либо предпринять по поводу злого духа, причиняющего беспокойство. Видите, Павел не просто связал злого духа, действовавшего против него и против Евангелия, — он изгнал злого духа из человека. Павел должен был иметь помазание и дары Духа Святого в действии, чтобы *освободить* женщину от беса.

Когда дар различения духов пришел в действие, Павел просто сказал злому духу, действующему через эту женщину: *«Именем Иисуса Христа повелеваю тебе выйти из нее...»* (Деян. 16:18). И Библия говорит: *«...дух вышел в тот же час»* (ст. 18).

Чтобы изгнать из служанки беса, Павлу не понадобилось целого часа криков, воплей и визга. И апостол не пытался низвергнуть правящего над Филиппами духа из-за этого инцидента. Павел приказал злому духу выйти во Имя Иисуса, и он вышел *в тот же час.*

Ключ в том, что Павел ждал до тех пор, пока он не получит ведения от Духа Святого, прежде чем действовать. Другими словами, он имел дело со злыми духами, когда был *в Духе* — силой и помазанием Святого Духа, — и женщина была освобождена. Мы должны полагаться на Духа Святого, как это делал Павел.

В некоторых христианских кругах нашего времени люди кричат, вопят и орут на дьявола, а происходит не очень много. Это потому, что они пытаются справиться с дьяволом с помощью энергии собственной плоти.

Только помазание, или сила Духа Святого, разрушает иго дьявольского рабства (см. Ис. 10:27). Помазание основано на

Слове, поэтому у вас никогда не будет помазания для того, чтобы справиться с дьяволом, если вы не проводите время, чтобы сеять Слово в свое сердце. И в вашей жизни не будет действовать сила Божья, если вы не будете исполнителями Слова.

Некоторые христиане сегодня находятся вне Слова. Они не уделили времени сеянию Слова в свои сердца изучением, чтением и размышлениями над Словом Божьим, поэтому они пытаются воевать с дьяволом с помощью своей собственной плоти. Это не подействует. Вы не можете «сражаться» с дьяволом по плоти — крича и вопя. Люди, делающие так, просто изнуряют себя.

Библия учит, что *«рожденное от плоти есть плоть, а рожденное от духа есть дух»* (Иоан. 3:6). Дьявол и его бесы — это духовные существа. Вот почему вы не сможете справиться с ними энергией своей плоти. Тело Христа должно будет осознать, что в духовном мире ему нужно будет разбираться с ситуациями *Духом Божьим* и *Словом Божьим*.

Без помазания Павел не смог бы сделать ничего больше, чем могли бы вы или я! Мы абсолютно зависим от Слова Божьего и помазания Духа Божьего.

ЕВАНГЕЛИЕ ОТ МАРКА 16:17, 20

17 Уверовавших же будут сопровождать сии знамения: именем Моим будут изгонять бесов...

20 А они [ученики] пошли и проповедывали везде, при Господнем содействии и подкреплении слова последующими знамениями. Аминь.

Что Иисус говорил ученикам об изгнании бесов? Сказал ли Он, что подтвердит его чудесами и знамениями, если они будут кричать на дьявола на языках? Или сказал, что подтвердит знамениями, когда они будут учить о своих духовных переживаниях? Конечно же, нет!

Библия говорит, что Иисус подтвердил, что будет содействовать ученикам и знамения будут следовать за Словом, которое они будут проповедовать. Он сказал им проповедовать Слово, а знамения последуют (ст. 20).

Ставьте Слово на первое место, и тогда вам не надо будет беспокоиться о том, чтобы последовали знамения, — включая изгнание бесов. Одно из знамений, следующих за Словом, будет тем, что верующие будут изгонять бесов (см. Мар. 16:17-20).

Павел в Афинах

Афины были еще одним большим городом, где накопилось много зла. Что Павел учил людей делать с твердынями в том городе?

ДЕЯНИЯ АПОСТОЛОВ 17:15, 16

15 Сопровождавшие Павла проводили его до Афин и, получивши приказание к Силе и Тимофею, чтобы они скорее пришли к нему, отправились.

16 В ожидании их в Афинах, Павел возмутился духом при виде этого города, полного идолов.

Афиняне воздвигли множество статуй различных богов на Холме Марса. Писание говорит, что Павел возмутился, увидев, что город Афины полностью был отдан идолопоклонству (ст. 16). Дух Павла возбудился из-за твердынь, с которыми он столкнулся в этом городе.

Что сделал Павел с идолопоклонством и твердынями в этом городе? Завязал ли он духовную войну против «духовных князей» на Марсовом Холме? Нет, Библия четко говорит нам, что он этого не делал. Он учил людей Евангелию. Он проповедовал *Слово*.

ДЕЯНИЯ АПОСТОЛОВ 17:17, 22, 23

17 Итак он рассуждал в синагоге с Иудеями и с чтущими Бога, и ежедневно на площади со встречающимися.

22 И, став Павел среди ареопага, сказал: Афиняне! по всему вижу я, что вы как бы особенно набожны;

23 Ибо, проходя и осматривая ваши святыни, я нашел и жертвенник, на котором написано: «неведомому Богу». Сего-то, Которого вы, не зная, чтите, я проповедую вам.

В соответствии с книгой Деяния Павел не пытался разрушить никакие демонические твердыни над городом, несмотря на то, что он видел множество твердынь в этом городе. Он проповедовал *Евангелие*, и он проповедовал *об Иисусе* (см. Деян. 17:31, 32). В проповеди Павла не было даже упоминания о дьяволе.

Те, кто поверил в то, что говорил Павел, были спасены. Вот как Павел разрушил твердыни в жизни людей — он проповедовал Слово, чтобы они могли спастись! После этого сатана больше не имел власти над ними.

Павел в Ефесе

Девятнадцатая глава книги Деяния показывает нам, как Павел служил в Ефесе. Люди Ефеса сделали образы богини Артемиды и продавали их. Когда Павел пришел в город, проповедуя Евангелие, они почувствовали, что их заработок оказался под угрозой, поэтому они восстали против Павла, чтобы поднять шум и воспрепятствовать Павлу проповедовать Слово.

Некоторого рода злые духи правили городом, побуждая людей восставать против Павла, не так ли? Но Павел не предпринял духовную военную атаку, чтобы низвергнуть «дух Артемиды».

Это серебряник Димитрий привлек внимание к богине Артемиде, а не Павел. Павел был занят привлечением внимания к Иисусу. Он был занят проповедью Слова, чтобы люди смогли выйти из-под сатанинского контроля.

ДЕЯНИЯ АПОСТОЛОВ 19:1, 8-10, 20

1 Павел, прошед верхние страны, прибыл в Ефес...

8 Пришед в синагогу, он небоязненно проповедывал три месяца, беседуя и удостоверяя о Царствии Божием.

9 Но как некоторые ожесточились и не верили, злословя путь Господень пред народом, то он, оставив их, отделил учеников и ежедневно проповедывал в училище некоего Тиранна.

10 Это продолжалось до двух лет, так что все жители Асии слышали проповедь о Господе Иисусе, как Иудеи, так и Еллины.

20 С такою силою возрастало и возмогало Слово Господне.

Город Ефес был захвачен культом богини Артемиды. Везде были построены храмы в ее честь. Она была богиней, преобладавшей в этом городе, а там были еще боги и богини. Город был отдан на поклонение идолам.

Но Павел расправлялся с этими демоническими твердынями, проповедуя Слово! Это заняло два года, но, как в Библии написано, *Слово* росло и превозмогало. Много людей поверили в Слово, которое Павел проповедовал, и Слово Божье стало преобладать в их жизни. Слово Божье преобладало в городе, когда отдельные люди принимали Благую весть и делали Иисуса Христа своим Господом.

В день Пятидесятницы ранняя Церковь началась со ста двадцати человек. Читая книгу Деяния, очень легко увидеть, что дьявол пытался воспрепятствовать Церкви расти. Мы говорим о поражении дьявола!

Дьявол атаковал раннюю Церковь со всех сторон гонениями, испытаниями и трудностями. Сатана пытался разрушить Церковь в ее младенчестве, но верующие победили его Словом. И из-за того, что Слово превозмогало, Господь ежедневно прибавлял к Церкви тех, кто должен был быть спасен (см. Деян. 2:47).

Сегодня сатана использует те же самые методы — испытания и трудности, — которые он использовал во времена апостолов. Он все еще пытается навредить эффективности Церкви в распространении Евангелия. Но Библия говорит, что врата ада не одолеют Церковь (см. Мат. 16:18). Церковь сегодня снаряжена тем же самым оружием, что и ранние христиане, в борьбе против дьявола, чтобы продемонстрировать его поражение и сохранять победу над ним.

Мы можем победить попытки врага так же, как и ранняя Церковь, не уделяя внимания борьбе с побежденным врагом и не пытаясь разрушить твердыни над городами, но духовными молитвами. У нас есть власть связывать начальства и власти в их действиях против нас. И мы можем молиться Богу, чтобы сердца людей открылись Евангелию. Затем нам нужно выходить и проповедовать Слово и говорить людям о правах завета во Христе, чтобы они могли быть свободными.

Кроме того, вы когда-нибудь бывали в странах, где люди, похоже, разрушили демонические твердыни над собой? Это интересно, но после того, как их «разрушили», твердыни все еще там! Это потому, что только Слово может изменить людей, повлиять на народы и вывести людей из-под сатанинского давления и рабства, чтобы они могли научиться стоять против него.

«Муки» для дьявола

Наряду с теми попытками выступать против дьявола, о которых я говорил и которые не действуют и вредны Телу Христа, есть еще другая практика, которая наносит ущерб отдельным церквям в наше время.

Один пастор рассказал мне недавно о «школе освобождения», в которую он поступил. Я называю их «школами рабства». Я не видел ни одной из них, которая не превратилась бы в школу рабства, потому что все они учат людей концентрировать свое внимание на дьяволе и бояться его. Они не новы. Я видел, как они поднимались много лет назад.

Пастор рассказывал мне позже: «Я думал, что в этой школе будут учить предметы Библии. Но там никогда ни о чем не учили. Больше четырех часов все собравшиеся кричали и вопили на дьявола на самых верхних нотах своих голосов — и это все. Они говорили, что "мучают" дьявола. Я не вынес ничего оттуда».

Я не хочу недобро отзываться об этом, но я называю это невежеством! Люди в этих школах освобождения с таким же успехом могли бить баклуши, повторяя считалочки. Пытаться мучить побежденного врага криком — значит пропустить настоящий бой. Основная «битва» верующего ведется с его необновленным разумом и выигрывается, когда верующий встает в своей власти во Христе.

Некоторые верующие думают, что крики на дьявола показывают их власть над ним. Но дьявол не будет склоняться перед громким человеческим голосом. Он не боится шума; он боится Имени Иисуса! Он боится верующих, которые стоят в своей власти во Христе.

Дьявол не должен отказываться действовать против вас, как бы громко вы ни кричали на него. Но он просто обязан прекратить любые действия, направленные против вас, когда вы используете свою власть во Христе. Вы просто должны знать свои права и привилегии во Христе и приводить в исполнение победу Иисуса над сатаной Словом Божьим. Мы не должны пытаться одержать победу над сатаной. Иисус уже одержал эту победу. Мы просто с помощью Слова Божьего приводим в исполнение победу Иисуса в нашей жизни.

Я слушал одну аудиокассету с уроком, который, по-видимому, «преподавался» в такой «школе». Служитель сказал: «В Библии написано, что Иисус входил в синагоги, и злые духи кричали: “Ты пришел мучить нас!” Итак, мы будем мучить дьявола».

Он цитировал из Евангелия от Марка (5:7), из Евангелия от Луки (8:28). Но в Евангелии от Матфея (8:29) сказано: *«...И вот, они закричали: что Тебе до нас, Иисус, Сын Божий? Пришел Ты сюда прежде времени мучить нас»*.

Иисус еще не мог «мучить» злых духов, и мы тоже не можем. До тех пор пока договор, заключенный с Адамом, не истечет, бесы и злые духи будут здесь, на земле. Но, слава Богу, придет день, когда они будут изгнаны в свое вечное обиталище и будут мучимы (см. Отк. 20:1-3).

Подумайте об этом! Почему кто-либо пытается мучить дьявола? Иисус наказал его на Кресте. Сатана является побежденным врагом, и меня он не заботит. Я знаю, что с ним делать, если он покажется, слава Богу! Я больше заинтересован в проповеди об Иисусе, чтобы люди могли выходить из-под власти дьявола и узнавали, как успешно занимать свою позицию против сатаны во всех испытаниях и трудностях.

Давайте находить, что говорит Библия, и строить свою стратегию против царства тьмы на библейских основаниях, чтобы мы смогли привести потерянных этого мира к Иисусу!

Ищите места Писания для себя. Снова и снова вы будете обнаруживать, что Иисус, его двенадцать учеников и апостол Павел учили верующих проповедовать Слово.

Они учили об Имени Иисуса и о власти, которую верующие имеют в этом Имени над силами тьмы. Они учили верующих крепко стоять в вере в Божье Слово, потому что Слово разрушает твердыни в людских жизнях и мыслях. Помазание Слова имеет силу для освобождения из любого демонического рабства!

Глава 10

Библейские молитвы, направленные против царства тьмы

Если верующие не должны разрушать твердыни с помощью небиблейских дел, таких, как война на языках в поднебесье, то как же мы можем молиться, чтобы наши молитвы изменили наши города и страны?

Прежде и главнее всего, Тело Христа должно понять, что только Слово Божье, которое растет и преобладает в жизни людей, имеет такую силу. Слово Божье будет расти и преобладать над обстоятельствами, любыми бесами или любой дьявольской силой в жизни любого человека и страны, если оно насаждено в почву, приготовленную молитвой, и полито Словом и Духом Святым.

Выращивание урожая Словом и молитвой

Однажды один служитель пробуждения сказал: «Для верующих пробуждение не более сверхъестественно, чем для фермера урожай». Он имел в виду, что к естественным и сверхъестественным сферам относится один и тот же принцип сеяния и жатвы. Урожай не появится сам по себе и за одну ночь. Фермер готовит почву, сажает в нее семя, и дождь помогает семени расти. В конце этого процесса урожай готов к жатве.

Библия называет людей, готовых принять Евангелие, жатвой (см. Мат. 9:38). И Библия дает инструкции для того, как вывести людей из царства тьмы и собрать урожай душ для Царства Света. В естественном мире урожай произрастает из семени. Но перед тем как посадить семя, нужно подготовить почву. Затем, чтобы добиться урожая, посаженное семя нужно поливать. То же самое происходит и в духовном мире.

В духовном мире мы подготавливаем почву людских сердец библейской молитвой и сеянием нетленного семени — Слова Божьего (см. 1 Пет. 1:23). Слово должно быть посеяно в людские сердца с помощью проповеди Слова, потому что оно приносит свет в сердца, чтобы освободить их от власти дьявола (см. Пс. 118:130).

Задача сеяния нетленного семени и рассказы людям о победе Иисуса над сатаной является долгом каждого верующего, а не только проповедников, потому что Иисус сказал: *«Идите, научите все народы...»* (Мат. 28:19). Дьявол был поражен и свергнут Иисусом со своего места владычества над верующими, но теперь верующие должны пойти и рассказать людям Благую весть.

Кроме того, Иисус в Своем Великом повелении сказал верующим проповедовать Его Слово во всех народах. Он не сказал: «Итак, идите и разрушьте все демонические твердыни во всех народах!»

Если бы верующие только молились об урожае, но никто не проповедовал бы Слово, то жатвы душ не было бы никогда: никто не смог бы выйти из-под власти сатаны. Можно молиться об урожае весь год, но если не выйти и не посадить в саду семена, то ко времени сбора урожая он будет пустым. И как бы хороши ни были семена, и как бы хорошо ни была подготовлена почва, — если не будет дождя или воды, не будет и урожая. В Библии воду представляют Слово и Дух Святой.

В Послании Иакова (5:7) говорится, что земледелец с терпением ждет драгоценного плода от земли, пока не получит *ранний и поздний дождь*. Дождь, упомянутый здесь, — это символ Святого Духа. А в Книге Захарии (10:1) Библия учит нас просить Господа послать дождь — духовный дождь Святого Духа: *«Просите у Господа дождя во время благопотребное...»*

Чтобы подготовить почву для посева семени Слова, мы можем молиться, чтобы Дух Святой излился на народы. Но после кто-нибудь должен будет пойти проповедовать Евангелие и освободить людей, потому что освобождает *Слово* (см. Иоан. 8:32). Вот библейский путь для того, чтобы изменить страны.

Вы не будете в состоянии расправиться с дьяволом над целым народом другим способом, нежели *молитвой* в соответствии со Словом Божьим и *сеянием* нетленного семени Слова Божьего.

Поэтому библейский путь, — просить о дожде, Святом Духе, чтобы он излился на каждую страну и семя Слова Божьего, посаженное в сердца людей, могло расти. Другой способ по-библейски молиться, чтобы вывести людей из царства тьмы, — это просить Бога послать делателей на жатву (см. Мат. 9:38).

Не имеет значения, как хорош урожай, но если нет работников, то плоды не будут собраны. Поэтому продолжайте просить у Господа дождя Святого Духа, продолжайте проповедовать Слово Божье, продолжайте молиться, чтобы были посланы делатели. Тогда урожай душ будет собран для Царства Божьего. Вот как можно изменять страны и города по-библейски, и, поскольку это основано на Слове, *Бог* даст рост (см. 1 Кор. 3:6).

Подготовка почвы молитвой

Главной целью верующих, когда они молятся за весь мир, должно быть достижение того, чтобы Слово стало преобладать в жизни людей. Если верующие перестанут молиться не по-библейски и начнут эффективно молиться в соответствии со Словом Божьим, сатанинские планы в городах и странах будут разрушены, а Божьи цели будут исполнены на земле в большей мере.

Молитва о пробуждении изменяет наши города и страны, выталкивая тьму. Служение Чарльза Финнея, великого служителя пробуждения, дает нам представление о том, как готовить путь пробуждению с помощью молитвы, основанной на Слове.

Финней приносил пробуждение в один город за другим. Иногда даже целые города почти полностью получали спасение, когда он приезжал и проповедовал там. Это наносило уроны царству тьмы! Большинство изучавших историю Церкви признают, что у Чарльза Финнея был самый большой успех после апостола Павла в деле приобретения душ для Господа. И вот еще один исторический факт: восемьдесят процентов обращенных Финнеем остались верными Богу в своей христианской жизни. В большинстве других пробуждений не наберется даже пятидесяти процентов продолжавших жить для Господа.

Когда у Финнея спросили о секрете успеха его служения, он просто сказал: «Секрет в молитве. Каждое утро я встаю в четыре часа утра и молюсь с четырех до восьми. У меня были некоторые молитвенные переживания, которые меня насторожили. Я обнаружил, что говорю: "Господь, ведь Ты думаешь, что у нас не будет здесь пробуждения, не так ли!" После этого я стал цитировать Господу одно место Писания за другим, напоминая Ему о Его обетованиях».

Когда я прочитал описание того, как Чарльз Финней молился за пробуждение, я осознал, что Финней практиковал то, что Бог предписал нам делать в Книге пророка Исаии.

КНИГА ПРОРОКА ИСАИИ 43:26

26 Припомни Мне; станем судиться; говори ты, чтоб оправдаться.

Видите, Финней оспаривал у Бога пробуждение в тех городах, куда он должен был ехать, основываясь на обетованиях Божьего Слова. Он напоминал Богу о том, что Он говорил в Своем Слове. Он молился за пробуждение в соответствии со Словом Божьим, чтобы души пришли в Царство Божье. Нет ни одного описания того, чтобы Финней разрушал демонические твердыни, молился против бесов или расправлялся бы с князьями над городами, и все же он «побеждал» для Господа целые города, в которых проповедовал.

Финней также говорил о человеке по имени отец Нэш, который поддерживал Финнея в молитве. Иногда он должен был заранее ехать в следующий город, где Финней должен был проповедовать, чтобы молитвой приготовить путь для пробуждения.

Однажды, когда Финней приехал в очередной город и начал там свои собрания, одна женщина подошла к нему и сказала: «Неделю назад отец Нэш снял у меня комнату. Через три дня мне стало интересно, почему он не выходит из комнаты, я поднялась к его двери и услышала, как отец Нэш стонет. Я подумала, что что-то с ним не так, открыла дверь и заглянула. Он лежал на полу посреди комнаты, стонал и молился».

Финней ответил: «Не беспокойтесь об отце Нэше, сестра. Оставьте его в покое. Просто на нем бремя ходатайства, чтобы молиться за погибшие души».

Вы видите, отец Нэш не разрушал твердыни и не сражался с бесами, которые правили над городами, в которых собирался проповедовать Финней. Он молился в соответствии с Посланием к Римлянам (8:26), Дух Святой помогал ему молиться за погибшее со стонами, которые невозможно было выразить словами.

Однако мы должны понимать, что Дух Святой в личной молитве может повести такими путями, которые неприемлемы во время публичных служений. Например, многие люди, особенно если присутствуют неверующие, не поняли бы, если бы кто-то вдруг в церкви упал на пол и начал стонать в молитве.

Но молитва, которая соответствует Слову, готовит почву людских сердец, чтобы Слово могло быть посеяно и принесло плод в жизни людей. Это и есть библейский способ изменить города и страны — не тратить время в войне с духовными силами, правящими городами и странами, которые уже были побеждены Иисусом.

Тысячи душ были приобретены для Царства Божьего через служение Финнея. Финней достиг этого молитвой за души — драгоценные плоды земли — и проповедью Слова.

Позвольте мне рассказать о моей знакомой женщине, которая молитвой вела подготовительную работу для освобождения многих людей от царства тьмы. Мы звали ее мать Говард, и она была сильной молитвенницей.

Когда мать Говард переехала в центральную часть Северного Техаса, ни в одном городе этой области не было ни одной полноевангельской церкви. Но Господь вложил в ее сердце желание молиться за то, чтобы церкви Полного Евангелия были учреждены в каждом городе той местности.

Итак, мать Говард начала молиться за какой-то один город, продолжая молиться до тех пор, пока в этом городе не открывалась церковь. Она молилась с десяти утра и до обеда, а затем после ужина и до полуночи или позже, в зависимости от того, как вел Дух Святой.

В своих молитвах мать Говард не пыталась разрушить твердыни или сражаться с дьяволом. Она не основывала свои молитвы на том, что дьявол *делал* и чего он *не делал*. Как и отец Нэш, она с помощью святого Духа молилась о том, чтобы души были спасены. Она не вопила на дьявола, но определенно вносила очень много разрушений в царство тьмы. Она говорила с Богом и просила, чтобы души приходили в Царство Божье.

Мать Говард взяла на себя ответственность за молитву о создании церкви в каждом городе того района Техаса. Она является хорошим примером того, как верующим нужно молиться, чтобы помочь победить для Бога города горячей духовной молитвой и ходатайством.

«Я дам вам город»

Библейская молитва и ходатайство *силой* и *помазанием* Святого Духа производят изменения в городах и странах в пользу Царства Божьего. Позвольте мне показать это на примере. Однажды я проповедовал в одной церкви, и посреди проповеди дух молитвы сошел на собрание, и все упали в молитве на пол. Невидимый Святой Дух руководил собранием. Мы молились довольно продолжительное время.

И в конце этого времени молитвы Господь сказал мне: «Скажи этому народу, что если они войдут в ходатайство и родовые муки за грешников этого города, то Я дам им город. Я дам его им, но они должны завладеть им. Завладеть им можно только ходатайственной молитвой и душевными родовыми муками за погибших».

Понимаете, мы можем ходатайствовать за других своим разумением, как это делал Финней, когда оспаривал у Бога свой урожай, основываясь на обетованиях Божьего Слова. Но мы не всегда знаем, как нам должно молиться за народ. Вот почему нам нужно быть чувствительными, чтобы молиться так, как Дух Святой ведет нас и как Он подкрепляет нас (см. 1 Кор. 14:14; Рим. 8:26). Молитва за погибших, таким образом, является частью библейского способа победить город для Бога. Для того чтобы завоевать город, вы должны завоевать души.

Завоевание города для Бога не обязательно означает, что каждый отдельный человек в этом городе должен быть спасен, потому что у людей остается возможность выбора. Но молитва и ходатайство облегчают людям процесс подчинения Богу и производят желание быть спасенными. В результате молитв верующих многие пришли к Господу.

Когда я приехал в тот город двумя годами позже, эта церковь была самой большой в городе, и многие, многие души были вымолены из царства тьмы и приведены в Царство Божье. И верующие этой церкви никогда не пытались разрушить твердыни! Они просто посвятили себя молитве, основанной на Слове Божьем и на водительстве Святого Духа.

«С такою силою Слово Божье росло и возмогало»

Как насаждение нетленного семени — проповедь Слова — выводит людей из царства тьмы и приносит умножение Царства Божьего?

Мы видели это в девятнадцатой главе книги Деяния: Павел проповедовал Слово Божье в Ефесе и великие чудеса происходили к Славе Божьей. Люди спасались, верующие крестились Святым Духом и говорили на иных языках, больные исцелялись, а угнетенные освобождались.

Все это случилось в результате того, что Павел проповедовал Слово: *«С такою силою возрастало и возмогало Слово Господне»* (Деян. 19:20). Слово Божье росло и преобладало в сердцах и жизни людей Ефеса и выводило их из рабства царства тьмы.

Если вы хотите видеть, как происходят чудеса, включая освобождение людей от демонического давления и влияния, проповедуйте Слово. Ставьте Божье Слово на первое место, потому что оно никогда не обманывает. Когда вы подчеркиваете или превозносите что-то другое, а не Слово, вы отходите от доктринальных установок, и люди не способны освободиться от рабства сатаны. Превозношение чего-то, кроме Слова Божьего, открывает двери дьяволу, потому что уводит вас от Божьих целей для Церкви.

Проповедуйте *Слово!* Утверждайте людей в *Слове*. Тогда они будут способны стоять против всяких испытаний и козней, которые дьявол пытается принести на их пути, потому что у них будет верное основание для веры — *Слово Живого Бога*.

В книге Деяния (19:20) сказано, что Слово Божье «возмогало» (преобладало) в жизни людей. Слово «возмогать» означает *получить господство силой и преимуществом, торжествовать, быть или стать эффективным, преобладать*.

Когда Слово занимает главенствующую роль в человеческих сердцах, у него есть сила преобразить их жизнь и освободить их от всякого рабства дьявола. Слово, преобладающее в человеческой жизни, является ключевым моментом для того, чтобы победоносная Церковь возобладала над силами тьмы на земле. Это библейский способ изменять города и страны для Бога.

Я читал отчет миссионера, который много лет служил на Филиппинах. Его отчет о служении на Филиппинах является примером того, как проповедь Слова Божьего может влиять на изменения в стране.

Группа его служителей поехала на остров, до которого никогда не доходило Евангелие, а люди, населявшие его, находились под сильным влиянием сатаны. Миссионеры проповедовали Слово, и многие освободились от рабства тьмы.

Верующие могли поститься и молиться за людей этого острова до конца своей жизни, но ни один не был бы спасен, если бы кто-то ни поехал на этот остров и ни проповедовал бы там Слово.

Верующие могли бы приказать дьяволу прекратить свое правление над этим островом, но он только усилил бы свое правление, потому что без знания Слова люди сознательно или несознательно продолжали бы уступать дьяволу.

Без проповеди и учения Слова люди не знали бы, что они сами имеют власть над дьяволом и что они больше не должны быть побежденными им.

Эффективная библейская молитва сыграла свою роль для людей острова, находящихся в рабстве сатаны. Но после кто-то должен был поехать туда и насадить нетленное семя, проповедуя людям Слово, так что многие, многие могли родиться свыше и освободиться от царства тьмы.

Чем больше верующие добиваются, чтобы Слово преобладало, тем больше городов и стран мы увидим измененными к славе Божьей. Вот так нужно стоять победоносной Церкви Господа Иисуса Христа на земле, достигая Евангелием все народы в эти последние дни.

Зачем молиться?

Хотя Библия и не учит верующих фокусироваться в своих молитвах на сражении с бесами или разрушать твердыни над городами и странами, нам нужно молиться, для того чтобы распространять Царство Божье на земле.

Кто-то может сказать: «Давайте вообще все вместе прекратим молиться за наши города и страны, чтобы избежать ошибок и крайностей, таких, как разрушение твердынь и битвы с дьяволом в молитве. Пусть Бог делает то, что Он хочет; в молитве нет ничего важного».

Но мы не можем оставить молиться за погибших. Мир очень нуждается в молитвах. А Церковь — в молитвенниках.

Некоторые даже могут спросить: «Почему нам все равно нужно молиться и ходатайствовать за других? Если Бог всемогущ, почему Он не может спасти всех сегодня, если Его воля, чтобы все были спасены?» (1 Тим. 2:4).

Однажды я читал заявления Джона Уэсли, который отвечал на этот вопрос. Он сказал: «Такое впечатление, что Бог ограничен нашей молитвенной жизнью. Он ничего не может сделать с человечеством, если Его кто-нибудь не попросит».

Слово говорит нам, почему это действительно так.

ПОСЛАНИЕ ИАКОВА 4:2

2 ...не имеете, потому что не просите.

ЕВАНГЕЛИЕ ОТ ИОАННА 16:23, 24

23 И в тот день вы не спросите меня ни о чем. Истинно, истинно говорю вам: о чем ни попросите Отца во имя Мое, даст вам.

24 Доныне вы ничего не просили во имя Мое; просите и получите, чтобы радость ваша была совершенна.

Бог ждет, чтобы Его дети попросили Его сделать что-то для погибших. Просьба, основанная на Слове Божьем, — это один из способов для верующих стоять в своей позиции власти во Христе и приводить в исполнение поражение сатаны на земле.

Стоять в проломе

Бог может двигаться по земле, только когда верующие Его просят. Бог ожидает кого-то, кто поставил бы стену и стал бы перед Ним в проломе, и ходатайствовал бы за души во всех странах. Это библейский способ завоевать города и страны для Бога.

КНИГА ПРОРОКА ИЕЗЕКИИЛЯ 22:30

30 Искал Я у них человека, который поставил бы стену и стал бы предо Мною в проломе за сию землю, чтоб Я не погубил ее, но не нашел.

В этих стихах Бог сказал, что Он должен был погубить землю: как справедливый Бог, Он должен был произнести приговор греху. Божий приговор греху не был несправедливым, потому что люди своим грехом навели на себя осуждение: *«...поведение их обращу им на голову»* (ст. 31).

Это место Писания говорит о том, что, если бы Бог нашел кого-нибудь, кто воздвиг бы стену, стал бы в проломе и ходатайствовал за землю, Ему не нужно было бы посылать на народ осуждение.

Это возвращает нас к тому, что говорил Джон Уэсли: кажется, Бог не может ничего сделать для человечества, пока кто-нибудь не попросит Его об этом.

Если бы только кто-нибудь попросил Его. Подумайте об этом! Бог не говорил, что нам нужно идти и сражаться с сатаной, побежденным врагом. Эти стихи говорят о том, что если бы дети Божьего завета просто попросили Его начать движение по земле, Он услышал бы и ответил бы на их молитвы. Сатана для Бога не равный противник!

Неспасенные люди этого мира находятся под управлением и властью дьявола, а не Бога. Поэтому им суждено иметь «поведение, обращенное на головы их», до тех пор пока они не услышат и не примут истину Евангелия и не покаются.

Бог взирает на тех, кто дерзновенно попросит Его удержаться от осуждения и дать неспасенным больше времени покаяться и прийти к познанию истины.

А после мы должны взять на себя ответственность за проповедь Евангелия, чтобы люди могли спастись, и научить их позиции власти во Христе над дьяволом.

Понимаете, это принципы Божьего Слова, на которых мы должны строить учения о молитве и о завоевании городов и стран для Бога. Бог следит за тем, чтобы подтверждать Свое Слово, а не доктрины, основанные на переживаниях и отрывках текста, доведенные до крайностей (см. Ис. 55:11; Мар. 16:20).

Молитва за правителей

Другой библейский способ, как завоевывать города и страны для Бога, представлен в Послании к Тимофею. Нам предписывают молиться за правителей. Если люди, имеющие власть в стране, изменяются к славе Божьей, то у Бога есть больше свободы двигаться в этой стране, чтобы планы дьявола не состоялись, а люди были спасены.

ПЕРВОЕ ПОСЛАНИЕ К ТИМОФЕЮ 2:1-4

1 Итак прежде всего прошу совершать молитвы, прошения, моления благодарения за всех человеков,

2 За царей и за всех начальствующих, дабы проводить нам жизнь тихую и безмятежную во всяком благочестии и чистоте...

3 ...Богу,

4 Который хочет, чтобы все люди спаслись и достигли познания истины.

Заметьте, что Павел сказал: *«прежде всего...»* Это означает, что нам нужно молиться за всех людей и за правителей, прежде чем мы начнем молиться о себе и о своих близких.

Молитва по Слову и постановка первостепенных вещей на первое место всегда дает результат. Молитва по последним духовным «причудам», которые не базируются на Слове Божьем, никогда не произведет стабильного и продолжительного результата.

Молясь за тех, кто находится у власти, как говорит Библия, мы производим изменения в странах этого мира: *«...дабы проводить нам жизнь тихую и безмятежную»* (1 Тим. 2:2).

Да, есть над городами и странами правящие духи, которые влияют на людей у власти. Хотя мы и не можем разрушить эти демонические твердыни, но, молясь за руководителей страны, мы можем расстроить и обезвредить дьявольские стратегии на земле и сделать так, чтобы Божьи цели одержали верх.

Но молитва за власть не означает, что мы должны молиться о том, чтобы политики нашей любимой партии были избраны на всевозможные посты. Мы не можем судить по одной политической партии, кто из кандидатов лучше всего подошел бы на руководящую должность.

Другими словами, нам не нужно переходить на личности в наших молитвах за правительство; нам просто нужно молиться о том, чтобы в правительство был избран правильный кандидат. У нас у всех может быть свое мнение о том, кто должен быть у власти, но только Бог знает это наверняка. Поэтому нам нужно молиться о Божьей воле и о Его пути.

Бог хочет, чтобы мы молились за тех, кто находится у власти, чтобы в нашей стране был мир. Тогда мы сможем проповедовать Евангелие беспрепятственно. Если дьявол держит страну в постоянных переворотах, то мы не можем вести жизнь тихую и безмятежную и проповедовать Евангелие до края земли.

ВТОРОЕ ПОСЛАНИЕ К ФЕССАЛОНИКИЙЦАМ 3:1, 2

1 Итак молитесь за нас, братия, чтобы слово Господне распространялось и прославлялось, как и у вас,

2 И чтобы нам избавиться от беспорядочных и лукавых людей; ибо не во всех вера.

Когда мы молимся, Бог освободит нас от «беспорядочных и лукавых людей» в каждой области и регионе нашей страны, чтобы Слово Божье шло свободным курсом.

Поэтому самой важной причиной, почему Бог учит нас молиться за руководство стран, является то, чтобы можно было проповедовать Евангелие и люди освобождались от царства тьмы. Божий план и цель для Церкви — проповедовать Евангелие всем народам: *«И проповедано будет сие Евангелие Царствия по всей вселенной, во свидетельство всем народам; и тогда придет конец»* (Мат. 24:14). Это библейский способ воздать дьяволу должное на этой земле.

Когда Евангелие будет проповедано всем народам, тогда придет конец, как говорит Библия. Дьявол не хочет, чтобы наступал конец, потому что он знает, что когда придет конец, наступит конец и ему! Поэтому сатана будет пытаться поставить всякого рода преграды, чтобы Слово не могло быть проповедано по всему миру (см. Мар. 16:15). Во времена войн и беспорядков Евангелие распространять труднее. Вот почему дьявол использует неверующих, которым он ослепляет разум (см. 2 Кор. 4:4), чтобы создавать проблемы. Сатана хочет попытаться воспрепятствовать распространению Божьего дела.

Однако от христиан зависит, преуспеет ли дьявол в своей стратегии. Следуя библейским предписаниям молиться за тех, кто стоит у власти, мы можем помочь нарушить планы сатаны и исполнить Божьи цели на земле.

У христиан есть власть молиться во Имя Иисуса и изменять обстоятельства в своей стране, не имеет значения, в какой стране они живут. Молясь, мы призываем Бога двигаться и управлять ситуацией вместо сатаны, бога этого мира. Когда христиане стоят на своем месте делегированной им власти в молитве во Имя Иисуса, Бог приводит многих в Свое Царство. Власть уже дана нам во Имя Иисуса (см. Мат. 28:18, 20). Когда мы стоим на своей позиции в молитве, мы просто используем ту власть, которую Иисус нам передал.

Мы уже видели пример того, как Слово Божье преодолело твердыни сатаны при падении коммунизма в странах Восточного блока. В 1983 году Господь начал побуждать меня молиться в соответствии с Посланием Иакова (5:7): *«...земледелец ждет драгоценного плода от земли... пока не получит дождь ранний и поздний»*.

Мы проводили еженедельное молитвенное собрание в своем центре РЕМА, и я объявил: «Мне кажется, что мы не совсем правильно молились за страны Восточного блока. Я думаю, что многие из нас считают коммунистические страны недосягаемыми для Евангелия. Мы молились за христиан, которые живут там, но кто из нас молился за коммунистических лидеров?

Но в Библии не говорится, что Господь ждет драгоценного плода только в Соединенных Штатах и в свободном мире. Он ожидает драгоценного плода от земли, а это включает в себя и коммунистические страны. Это означает, что до того, как Иисус придет снова, должно произойти пробуждение между Железным и Бамбуковым занавесами, потому что Библия говорит, что урожай будет собран со всей земли».

Неделю за неделей на молитвенных собраниях мы молились за коммунистические страны так же, как за страны всего мира. Мы просили Господа послать дождь — излияние Святого Духа — на те страны, как написано в Книге пророка Захарии (10:1): *«Просите у Господа дождя во время благопотребное...»* Мы молились за руководителей коммунистических стран, как написано в Первом послании к Тимофею

(2:1, 2). И мы просили Господина жатвы послать делателей (см. Мат. 9:38).

Направляя свои молитвы Господину жатвы, мы занимаем свою позицию на земле как победоносная Церковь Иисуса Христа, и власть сатаны над жизнью погибших начинает ослабевать. Вот каким образом мы освобождаем людей из плена врага. Молясь за стоящих у власти в городах и странах мира, мы ослабляем эффективность царства сатаны в этих странах и городах. Когда мы молимся, Бог устанавливает свои порядки вместо сатаны.

Я удовлетворен тем, что те изменения в Восточном блоке, свидетелями которых мы стали, произошли оттого, что многие верующие по всему миру молились с помощью Духа Святого и в соответствии с Писанием за эти страны.

Как у христиан у нас есть власть в Имени Иисуса, для того чтобы связать силы дьявола на политической сцене страны. У нас есть право требовать, чтобы сатана убрал свои руки от правительственной, экономической и общественной жизни страны. Мы можем связывать всякого злого духа, который влияет на эти сферы, и приказывать ему прекратить свои действия против нас (см. Мат. 18:18; Иоан. 14:13, 14).

Действия сатаны против нас могут быть прекращены при первом же столкновении, а Божьи планы исполнены, когда верующие стоят в своей позиции власти во Христе в пользу стран всего мира, молясь за начальства и власти.

Поэтому давайте главное оставим главным, чтобы Бог, а не сатана мог иметь власть в наших городах и странах. Перед тем как молиться за свою семью, молитесь за власти, чтобы *«проводить нам жизнь тихую и безмятежную во всяком благочестии и чистоте»* (1 Тим. 2:1). Это один из способов удерживать сатану, *«ибо нам не безызвестны его умыслы»* (2 Кор. 2:11).

Мы потому не были эффективнее сил тьмы, что мы не занимали свое правильное место во Христе и не основывали свои молитвы на Слове Божьем. И мы не ставили главное на первое место, как должны были делать.

Видение о «лягушках»

У меня было два похожих и необычных переживания, одно в 1970-м, а другое в 1979 году, которые показали мне,

9 Зак. 1509

как реальна наша ответственность за то, чтобы молиться за нашу страну и за мир. В обоих видениях я видел три огромных черных творения, выпрыгивающих из Атлантического океана. Они были похожи на лягушек, только намного больше, размером с кита.

В видении 1970 года эти черные существа вышли из Атлантического океана и как будто перепрыгнули через всю страну. Во втором видении, в 1979 году, я опять увидел, как эти три творения вышли из воды и как будто собирались приземлиться на нашем побережье.

Вы должны знать, как истолковывать духовные видения. То, что эти лягушки вышли из океана, не означает, что это был настоящий океан. От Бытия до Откровения «моря» и «воды» часто символизируют *скопления людей*.

В первом видении я знал, что три похожие на лягушек существа, прыгающие по нашей земле, означают, что в трех областях дьявол поднимется против нашей страны из большого скопления людей. Первой атакой дьявола должны были стать мятежи и беспорядки. Другой должен был стать политический переворот. А третьей — проблемы в экономическом секторе нашей страны.

Эти действия врага не исходят от христианского населения; они обычно возникают в массах, ходящих во тьме, потому что грешники находятся в рабстве и под воздействием дьявола, царя тьмы.

Во втором видении, в 1979 году, Иисус сказал мне: «Если бы христиане этой страны сделали бы то, что Я в Своем Слове говорил им, и молились бы за руководство своей страны, они смогли бы удержать от проявления тех злых духов, которых ты видел в 1970-м. Ни одно из этих потрясений не произошло бы в вашей стране. У вас не было бы политических, общественных и экономических беспорядков, и президент не сделал бы тех ошибок, которые он совершил. На самом деле Я возлагаю ответственность за президентские ошибки на Церковь».

Когда я услышал, как Иисус сказал это, я закричал: «Мой Бог!» и заплакал. Иисус продолжал: «Да, Церковь ответственна перед Всемогущим Богом. Я знаю, что, если ты расскажешь об этом некоторым христианам, они будут смеяться.

Но подожди, когда они предстанут пред Моим Судом, и посмотри, будут ли они смеяться, выяснив, что они попали под осуждение».

Иисус говорил, что христиане могли остановить эти злые замыслы дьявола, заняв свое место в молитве, основанной на Слове Божьем. У христиан есть власть на земле во Имя Иисуса Христа, и если бы христиане молились со своей властью, то Америка не имела бы таких беспорядков и политических и экономических потрясений, которые мы пережили в семидесятых.

В видении 1979 года я снова увидел, как другие лягушки почти приземлились на наших берегах, и Иисус сказал мне: «Ты видишь, как три таких же враждебных замысла дьявола чуть не осуществились в этой стране снова. Во-первых, если христиане не будут молиться, по всей стране наступит еще один период беспорядков и смущений, возникших по другим причинам, чем мятежи начала семидесятых.

Во-вторых, что-то должно произойти с вашим президентом, что не должно произойти и не произойдет, если христиане будут молиться и употребят свою власть над дьявольскими стратегиями и свяжут его дела во Имя Мое. И в-третьих, если христиане не будут молиться, то произойдет нечто, что повлечет за собой сбои в экономической сфере и в финансовой структуре страны».

Иисус заключил: «Я скажу еще раз: христиане могут остановить все эти намерения дьявола, направленные против их страны. Они могут остановить перевороты, мятежи, волнения и беспорядки в *социальной структуре*. Они могут предотвратить переворот и дьявольскую активность на *политической сцене* своей страны. И они могут остановить дьявола от воздействия на *финансовую жизнь* их страны».

Многие христиане молились, и план врага был успешно предотвращен и остановлен. Потому что христиане встали в свою позицию власти в Имени Иисуса и начали молиться и употреблять свою власть над дьяволом, которую Бог дал нам ради нас.

Как по-библейски изменять страны

Посмотрим на двух человек в Ветхом Завете, которые изменили свои страны с помощью молитвы. Если вы хотите увидеть, как люди Библии изменяли свои страны, исследуйте их молитвенную жизнь и посмотрите на то, как они молились. Вы обнаружите, что они молились в соответствии со Словом.

Ходатайство Авраама за Содом и Гоморру — это пример того, как дети Божьего завета могут ходатайствовать и влиять на курс событий в этом мире так, чтобы цели Бога могли осуществиться, — невзирая на сатанинские твердыни над городами и странами (см. Быт. 18:16-33).

Как Авраам повлиял на изменения в своей стране? Разбирался ли он с дьяволом или бесами? Пытался ли он разрушить демонические твердыни? Нет, Авраам молил Бога (см. Быт. 18:16-33; Ис. 43:26). Он говорил *Богу* о Содоме и Гоморре.

Конечно, в Содоме и Гоморре были злые духи; суд Божий вот-вот должен был сойти на эти города из-за их беззаконий (см. Быт. 19:13). Но Авраам не сражался с духами, правящими этими городами, чтобы спасти людей. Авраам ходатайствовал за эти города перед Господом, а Господь ответил Аврааму спасением праведного.

Ходатайство Авраама учит нас тому, что не так уж много людей своей молитвой производили изменения на этой земле. В Библии сказано: *«...если двое из вас согласятся на земле просить о всяком деле, то, чего бы ни попросили, будет им»* (Мат. 18:19). А в Книге пророка Иезекииля (22:30) говорится: *«Искал Я у них человека...»* Один человек может произвести изменения.

Кроме того, мы находимся под заветом, который еще лучше, чем был у Авраама. У Авраама не было власти над дьяволом, как у нас в Новом Завете есть власть в Имени Иисуса. Если Бог сделал что-то по ходатайству Авраама в Ветхом Завете, то насколько больше в Новом Завете Он мог бы сделать для наших городов и стран только потому, что верующие попросят Его, — невзирая на стратегии сатаны!

Христиане могли бы достичь для Царства Божьего намного больше, если бы они только употребили власть, которая у них есть в Имени Иисуса, и приблизить поражение дьявола на этой земле. Большинство христиан не используют всех преимуществ власти в молитве, которая принадлежит им.

Если бы они это сделали, царству тьмы был бы нанесен огромный урон и много душ было бы завоевано для Бога.

Христиане могут изменять политическую, экономическую и социальную сферы в жизни городов и стран с помощью библейской молитвы. Христиане могут удерживать осуждение неспасенных, давая им больше времени для того, чтобы услышать Евангелие и покаяться. Когда бы Божьи люди ни встали в молитве за страны мира, как это делал Авраам, они смогут изменить обстоятельства на земле к славе Божьей и к поражению планов врага в любой сфере.

Молитвенная жизнь Даниила: «воевал» ли Даниил с дьяволом?

В молитвенной жизни Даниила мы найдем другой пример того, как человек завета молитвой изменяет курс событий. Если Даниил смог изменить весь курс страны Израиль своими молитвами, не касающимися сатанинских твердынь, значит нам нужно посмотреть на то, как он молился. Во всех записанных эпизодах мы обнаружим, что Даниил молился *Богу*. Ни разу Библия не сообщает нам, что Даниил «воевал» с дьяволом или расправлялся напрямую с начальствами и властями.

Следующий отрывок показывает нам молитвенную жизнь Даниила.

КНИГА ПРОРОКА ДАНИИЛА 10:2, 3, 5, 6, 12-14

2 В эти дни я, Даниил, был в сетовании три седмицы дней.

3 Вкусного хлеба я не ел; мясо и вино не входило в уста мои, и мастями я не умащал себя до исполнения трех седмиц дней...

5 И поднял глаза мои и увидел: вот один муж, облеченный в льняную одежду, и чресла его опоясаны золотом из Уфаза.

6 Тело его — как топаз, лице его — как вид молнии; очи его — как горящие светильники, руки его и ноги его по виду — как блестящая медь, и глас речей его — как голос множества людей...

12 Но он сказал мне: «не бойся, Даниил; с первого дня, как ты расположил сердце твое, чтобы достигнуть разумения и смирить себя пред Богом твоим, слова твои услышаны, и я пришел бы по словам твоим,

13 Но князь царства Персидского стоял против меня двадцать один день; но вот, Михаил, один из первых князей, пришел помочь мне, и я остался там при царях Персидских.
14 А теперь я пришел возвестить тебе, что будет с народом твоим в последние времена, так как видение относится к отдаленным дням».

И Иезекииль, и Иеремия пророчили, что Бог избавит Израиль от Вавилона. Даниил в то время был одним из еврейских пленников в Вавилоне. Однажды Даниил прочел эти пророчества об освобождении Израиля из плена и начал искать Бога в том, что Бог обещал.

Слово Божье побуждало Даниила молиться Богу и просить Его за свой народ. И пока Даниил искал Господа, Бог показал ему не только то, что должно произойти в ближайшем будущем, но Он также показал Даниилу некоторые царства, которые падут, и царства, которые поднимутся в будущем.

Даниил молился Богу, а не *против* дьявола

Когда мы смотрим на то, что говорит Божье Слово, мы видим, что Даниил лично не имел дела в молитве ни с одним князем, правящим в небесах. Даниил молился *Богу*.

С другой стороны, есть ощущение, что Даниил косвенно имел дело в молитве со злыми духами, потому что, *когда* Даниил *молился*, Бог слышал и отвечал ему, и Божье Царство укреплялось, а царство сатаны терпело поражение. И в *результате* молитв Даниила к Богу происходило сражение в небесах. Но сам Даниил не сражался.

Понимаете, когда Тело Христа молится, в небесах — на первом и втором небе, где действуют бесы, — происходит гораздо больше, чем мы представляем.

И кажется, что решение вопроса, возобладают ли ангелы на небе или нет, зависит от нас здесь, на земле, и от слов и молитв, которые мы возносим относительно данной ситуации. Помните, ангел сказал Даниилу: *«...слова твои услышаны, и я пришел бы по словам твоим»* (Дан. 10:12).

Молясь, Даниил не пытался победить дьявола. Даниил напоминал Богу Его Слово (см. Ис. 43:26). Однако молитвы Даниила косвенно *влияли* на начальства и власти и послужили причиной для битвы, которая велась в поднебесье с силами тьмы, мешавшими Даниилу получить ответ.

Даниил, должно быть, понял, что ответ не может пробиться к нему, и продолжал поститься и искать Бога. Что было бы, если бы Даниил оставил свои молитвы? Ангел мог бы не победить в поднебесье. Но Даниил не сдавался в молитве, и, как результат молитвы, получившей ответ, ситуация в стране изменилась к славе Божьей.

Из-за того, что Даниил молился *Богу*, хотя в стране было великое зло и преобладали твердыни сатаны, Израиль был освобожден из вавилонского плена. Божье Слово, высказанное Даниилом в молитве Богу, изменило эти обстоятельства, а не непосредственная битва Даниила в молитве со злыми силами в поднебесье, потому что мы не видели, чтобы Даниил молился против злых духов в поднебесье.

«Я пришел по словам твоим»

Этот отрывок из десятой главы Книги пророка Даниила дает нам представление о силе, которую имеют наши слова и молитвы в *духовной сфере*, когда Бог отвечает на наши молитвы в *естественном мире*. Мы видим это из того, что ангел сказал Даниилу: *«...с первого дня... слова твои услышаны, и я пришел бы по словам твоим»* (Дан. 10:12).

Очень интересное заявление: «Я пришел бы по *словам* твоим». Не сказанные на небе слова послали ангела к Даниилу или побудили ангела Божьего к действию. Эти слова были сказаны на земле человеком, который молился в соответствии со Словом Божьим, и призвали ангела действовать против сил тьмы (см. Пс. 103:20).

Это говорит нам о том, что где бы на земле ни совершалась победа, это зависит от Божьих детей, занимающих свое место власти во Христе и молящихся в соответствии со Словом Божьим.

В Ветхом Завете у Даниила не было власти в Имени Иисуса, чтобы стоять против дьявола или связывать действия и стратегии начальств и властей, потому что Иисус еще не пришел и не победил сатану. Власть над бесами еще не была дана, потому что Иисус еще не умер и не воскрес из мертвых, и не делегировал Свою власть Церкви.

Поэтому Даниил не мог взять власть над стратегиями дьявола, как сегодняшние верующие под Новым Заветом. В Новом Завете мы имеем завет намного лучший, установленный на лучших обетованиях, чем у Даниила. Мы можем взять власть над стратегиями сатаны и обезвредить его на земле. Мы не сражаемся, чтобы получить эту власть, мы просто занимаем свою позицию во власти, которую Христос уже дал нам.

Роль молитвы в борьбе с царством тьмы

Когда верующие молятся в соответствии со Словом Божьим, Бог будет сражаться за нас. Когда мы молимся по Слову, кажется, наши молитвы теснят силы тьмы и позволяют нам проповедовать Евангелие.

Я поделюсь с вами одним примером, который показывает, как сила библейской молитвы сдвигает силы тьмы и изменяет течение событий в стране. Несколько лет назад посол одной африканской страны посетил центр РЕМА с личным благодарственным посланием от премьер-министра страны.

За несколько месяцев до этого группа служителей из центра РЕМА посетила эту страну, которая находилась на грани революции. Люди из РЕМА встретились с руководителями этой страны и говорили с ними об истине Иисуса Христа, после чего их пригласили на собрание парламента, чтобы они молились за мирное разрешение кризиса в стране.

Бог ответил на их молитвы, и кризис был разрешен без кровопролития. Премьер-министр прислал нам письмо: «Истина об Иисусе Христе, которую ваши люди привезли в нашу страну, спасла нашу землю от рек крови». Вы видите, дьявол замышлял кровавую революцию. Но когда верующие встали в своей власти во Имя Иисуса, связали действия врага и затем проповедовали Евангелие людям, действия сатаны были предотвращены.

Но посол той африканской страны сказал: «Мы точно можем определить разницу, когда христиане молятся за нашу страну и за ее лидеров. Когда они молятся, действия оппозиции как бы останавливаются. Но когда верующие прекращают молитвы, силы тьмы сразу же возвращаются».

Молитвы за власти и страны мира должны войти в ежедневную практику верующих. Это способ сотрудничества с Божьей волей, чтобы она могла взять верх в определенной ситуации. Молитвы за руководителей страны — один из способов обезвредить демонические препятствия, которые мешают Божьему Слову распространяться и брать верх в жизни людей.

Мы не можем убрать дьявола и его бесов с лица земли или свергнуть их в бездну до времени окончательного суда (см. Отк. 20:3). Но с помощью библейской молитвы мы можем загнать силы тьмы в безвыходное положение, чтобы иметь возможность говорить и свободно проповедовать Евангелие и сердца людей были бы восприимчивы к Слову Божьему. Свет обезвреживает силы тьмы и рассеивает тьму, чтобы люди могли принимать Евангелие. Например, когда вы входите в темную комнату и включаете свет, то тьма рассеивается. Тьмы нет там, где есть свет!

В Библии сказано, что дьявол пытается ослепить умы тех, кто должен верить: *«...у которых бог века сего ослепил умы, чтобы для них не воссиял свет благовествования о славе Христа, Который есть образ Бога невидимого»* (2 Кор. 4:4). Проповедуя Слово и молясь о том, чтобы души пришли в Царство Божье, мы прогоняем тьму, и люди могут услышать Евангелие и получить спасение.

Связывание первых трех классов бесов на земле

Помните, я рассказывал вам, что когда Иисус явился мне в видении 1952 года, Он сказал: «Ты возьми власть над тремя классами бесов, а Я позабочусь о духовной злобе в поднебесье».

Начальства, власти и правители тьмы этого мира — это те классы бесов, которые напрямую воздействуют на нашу жизнь, потому что они правят на нашей территории. Их мы можем связать и взять над ними власть на земле во Имя Иисуса. И если мы употребляем свою власть во Христе, Иисус разберется с духами злобы поднебесными.

В Евангелии от Матфея (18:18), когда Иисус говорил: *«Что вы свяжете на земле, то будет связано на небе...»*, Он не имел в виду связывание начальств и сил на Божьем Небе, потому что в Божьих сферах нет ничего, что нужно было бы связывать. Нет, Иисус говорил о первом и втором небе, потому что именно там действуют злые силы.

Начальства и власти правят этими сферами на земле, потому что они могут действовать через неверующих или через тех верующих, кто находится в неведении и непослушании. Но своими действиями во Имя Иисуса, употребляя свою власть во Христе, верующие могут остановить начальства, власти и силы тьмы этого мира.

Связывание дел дьявола, направленных против нас, — это библейский способ расправиться с правящими духами в поднебесье.

Позвольте мне проиллюстрировать один библейский способ борьбы со злыми духами. Я проповедовал в одном из больших городов, и Дух Господень сошел на меня и побудил меня молиться за определенную ситуацию.

Я сказал под действием и помазанием Святого Духа: «Ты, лживый дух в поднебесье, который собирается выступить против нашей страны и правительства, прекрати мутить воду и откажись от своих действий против нас. Вы, лживые бесы, все трое, владеющие этим городом, я приказываю вам прекратить все ваши маневры во Имя Иисуса. Руки прочь от этого политика. Руки прочь от людей, стоящих у руководства. Вы поражены и во Имя Иисуса должны уйти прочь!»

Я молился так, направляемый и руководимый Святым Духом. Я не имел ни малейшего представления о том, что происходило в том городе в это время. Но Дух Святой направлял меня, и вскоре после этого главный политический лидер этого города был смещен из-за коррупции и беззаконий.

И в результате использования власти над делами дьявола в этом городе силой Святого Духа вскоре осуждение пало на других коррумпированных политических деятелей, и многие состоящие на ключевых постах в правительстве были смещены.

С помощью помазания Духа Святого я по-библейски расправился с этими злыми духами, которые правили в невидимом мире. Затем в видимом мире этого города коррумпированные политические лидеры были разоблачены и смещены с должностей.

Ограничения нашей власти

Власть человека в естественной и духовной сферах может быть реализована не всегда. Например, верующий имеет власть над темными силами в своем собственном доме и для помощи своим родственникам (см. Деян. 16:15, 31; Мат. 8:1-13). Но когда верующий идет дальше своей власти или своей юрисдикции, молясь за других людей, ему нужно получить разрешение, чтобы использовать свою власть для них.

Во почему Иисус велел нам молиться молитвой согласия (см. Мат. 18:19), где двое должны согласиться на Божьем Слове. Если мы молимся вне сферы нашей власти за других, то тот человек должен быть в согласии с нами, чтобы наши молитвы были эффективными.

Нам также нужно понимать ограничение нашей власти над царством сатаны, если мы хотим бороться с ним эффективно. Например, у нас есть власть разрушать во Имя Иисуса силы дьявола в жизни людей (см. Мат. 18:18, 19; Фил. 2:9, 10), чтобы им стало легче принять Христа. Но у них все равно есть свобода выбора, и они сами могут выбрать, принять Иисуса или отвергнуть Его. После того как сила дьявола будет разрушена в жизни человека, он сможет без препятствий со стороны сатаны сделать свободный выбор для Христа.

Но у нас нет в Писании указаний на то, чтобы разрушать силы дьявола над городами, потому что города состоят из людей. У людей свободный выбор, и люди могут выбрать, кому служить — сатане или Богу, — и многие люди выбирают служение сатане и постоянно уступают ему. Но мы можем потеснить влияние тьмы молитвами о том, чтобы Слово получило возможность преобладать в людских сердцах проповедью Евангелия.

По тому же самому принципу устанавливаются ограничения и в том, каким образом верующие могут использовать свою власть применительно к демонической активности. Другими словами, я могу иметь дело с бесами в своей жизни. Но я не могу расправиться с дьяволом в чьей-либо жизни, если этот человек не даст мне право сделать это. Может быть, он хочет, чтобы бес присутствовал в его жизни; может быть, он любит дела тьмы и не хочет выходить на свет. Каждый человек вправе выбирать, кому он будет служить, и вы не сможете принудить его.

Мы совершаем ошибку, пытаясь использовать власть, которую мы имеем над бесами в своей жизни во Имя Иисуса, в жизни кого-нибудь другого. У нас нет такого рода власти. Мы можем изгнать беса из своей собственной жизни, но мы не можем все время выгонять бесов из жизни других. Человеку самому придется потрудиться над своим собственным освобождением.

Я приведу пример из естественной сферы. Я могу распоряжаться своими финансами, но я не могу распоряжаться вашими деньгами, если вы не дадите мне на это право. Духовные вещи настолько же реальны, как и естественные. Но когда дело касается духовного, нам кажется, что мы можем вторгаться в жизнь других без их согласия. А иногда люди действуют так, что кажется, будто они дали согласие, но их сердце все-таки не вполне согласно. И пока люди не дадут свое согласие, вы не будете в состоянии освободить их, если только вами не будет двигать Божий Дух, как это сделал Павел в шестнадцатой главе книги Деяния Апостолов.

Но пока разум и воля человека в действии и он может контролировать себя, он сам должен предпринимать шаги для своего освобождения. Вот почему нам нужно учить людей об их личной ответственности в борьбе с дьяволом, которая состоит в том, чтобы стоять исполненными Слова и Святого Духа и уметь давать отпор дьяволу за себя. И если люди приходят к вам за помощью, вы должны научить их, как связывать дьявола и противостоять ему самостоятельно.

Например, когда ко мне приходят за помощью, обычно я могу помочь таким людям, потому что их приход ко мне говорит о том, что они дают свое *согласие* и *право* помочь им. И, пока они умственно в состоянии дать мне эту власть, я могу помочь им. В противном случае для того, чтобы освободить их, мне нужно действие сверхъестественного дара Духа.

Смит Виглсворт рассказывал историю, которая поможет проиллюстрировать сферы власти верующего. Виглсворт возвращался на корабле из Соединенных Штатов в Англию, и в каюте вместе с ним плыл один незнакомец. Это был молодой человек, который лежал в постели больной, когда Виглсворт вошел в каюту.

Человек представлял из себя только кожу да кости, и он сказал проповеднику: «Я еду в Англию. Мой отец недавно скончался, и я унаследовал его недвижимость. Но я все пропил, я все потерял в играх и выпивке. Я так много пил, что не могу теперь ничего есть: у меня язва желудка».

Виглсворт никогда раньше не видел этого человека. Но он сказал: «Только скажи слово, и я избавлю тебя от этого». Человек ответил: «Да, я хочу освободиться». Виглсворт возложил на него руки, изгнал из него злого духа, и парень тотчас же был исцелен. После этого он был совершенно освобожден и мог есть любую еду.

В этой ситуации присутствовал библейский принцип. Виглсворт сказал: «Только скажи слово». Вы видите, несмотря на то, что у Виглсворта была *способность* освободить этого человека, у него не было *власти* сделать что-нибудь для него, пока молодой человек не дал ему *разрешение* и *право* изгнать дьявола из его жизни. Пока он не дал разрешения, служитель не мог ему помочь.

Вы не можете *заставить* людей принять Иисуса Христа, или *заставить* кого-нибудь захотеть освобождения, или выбрать то, что Бог имеет для них, потому что у людей есть свободная воля. Да, вы можете молиться за них и связать силы дьявола в их жизни, чтобы они могли сделать выбор без препятствий сатанинского влияния. Но все равно их выбор свободен.

Например, один человек привел свою жену на мое собрание для освобождения. Он поставил ее в очередь для исцеления, и, когда я за нее молился, Духом Святым я знал, что злой дух завладел ее разумом. Я также знал, что она могла бы быть свободной, если бы захотела.

Затем Бог точно открыл мне то, что прежде всего послужило причиной потери рассудка. Она услышала, как один известный проповедник сказал, что слышал внятный голос Бога. Когда она это услышала, она начала прислушиваться к голосам — не Бога, но просто голосам, — пока не сошла с ума и не угодила в психиатрическую больницу.

Бог также открыл мне, что муж приводил ее для освобождения на собрания многих служителей. Но она не получала освобождения, и ее муж злился на всех проповедников. Я знал это по откровению Святого Духа.

И вот муж привел ее на мое собрание. Однако я знал, что если она не захочет освободиться от злого духа и прекратить слушать голоса, я тоже не смогу помочь ей, и тогда ее муж разозлится на меня. Поэтому я не стал молиться за нее; я подождал до тех пор, пока мне не представилась возможность поговорить с ними обоими после служения.

Я сказал этой паре в точности все, что Господь открыл мне. Эту женщину взяли из больницы на некоторое время, и ее должны были отвезти обратно, потому что ее разум снова помутился. Однако женщина могла понимать то, что ей говорили, поэтому я сказал ей: «Сестра, пока вы будете хотеть слышать эти голоса, вы будете их слышать. Но если вы захотите освободиться, вы освободитесь».

Она ответила: «Нет, я хочу и дальше слышать эти голоса».

Если бы ее разум действовал слабо и кто-нибудь, кто имеет на это право, например, ее муж, дал бы мне разрешение, я смог бы изгнать беса из ее разума. Или если бы Дух Святой сверхъестественным образом подействовал даром Духа, я мог бы сверхъестественно расправиться с этим злым духом.

Но ее разум был достаточно ясен для того, чтобы принять рациональное решение, и она хотела слышать голоса, поэтому я ничего не мог сделать. Я не мог подавлять ее свободную волю. Бог не подавлял ее свободную волю тоже. Но когда бы она ни захотела освобождения, во Имя Иисуса она смогла бы быть свободна.

Этот принцип показывает христианам, что у власти над бесами в жизни других людей есть ограничения. Разум — это двери к сердцу.

Если разум человека находится в таком состоянии, что с ним можно общаться и он дает свое разрешение, то вы сможете расправиться со злым духом в его жизни. Но если он не дает разрешения или хочет остаться со злым духом, вы не будете способны справиться с дьяволом в его жизни.

Если разум человека не функционирует, как должно, и он не может дать своего разрешения, вы можете помочь ему, если Господь даст вам сверхъестественное действие дара

Духа, чтобы разделаться с духом, мучающим его. Или человек может посидеть некоторое время и послушать учение Слова — и освободиться.

Но я хочу подчеркнуть, что у нашей власти в духовных сферах есть ограничения, когда это касается изгнания бесов из жизни других людей, точно так же, как и ограничения нашей власти в жизни других людей в естественном мире.

Некоторые верующие совершают ошибку, взяв во внимание только один стих: «Уверовавших же будут сопровождать сии знамения: именем Моим будут изгонять бесов» и пытаясь изгнать бесов из всех, кого ни встретят.

Понимаете, вы не можете просто ходить повсюду, демонстрируя свою власть на всех, кого ни встретите. Иисус не делал этого, когда ходил по земле. И апостолы не делали этого. Значит, это неправильно, если мы делаем это. На самом деле в Новом Завете нет никаких оснований для того, чтобы изгонять бесов из любого встречного.

Часто, когда христиане видят, какой властью они обладают во Имя Иисуса, их переполняют чувства, и они начинают верить, что могут изгнать беса из каждого. Они думают: «*Я не рядовой христианин. У МЕНЯ есть сила. Я МОГУ творить чудеса. Я МОГУ действовать в сверхъестественных сферах*». Нет, они не могут действовать сверхъестественной силой сами по себе! Никто не может. Дух Святой творит чудеса, а не человек. И нам нужно зависеть от Него и от Его водительства в борьбе с бесами — в мудрости, в соответствии со Словом.

Итак, в борьбе с бесами в жизни других людей наша власть имеет ограничения. Но что насчет нашей собственной жизни? Например, меня спрашивают верующие о том, сколько у них власти, чтобы изгнать бесов из того, что принадлежит им. У верующих есть власть над злыми духами, которые посягают на их имущество. На самом деле я убежден, что Церковь Господа Иисуса Христа наделена большей властью, чем верующие могут себе представить!

Позвольте мне рассказать об одном случае, который произошел с Эрни Ребом, миссионером на Филиппинах, и касался бесов и его имущества. Брат Реб приехал на один остров, который, по всей видимости, был сильной твердыней сатаны.

Брат Реб строил дом на острове, и в процессе строительства один из рабочих начал кричать. Брат Реб пошел посмотреть, что произошло. Парень катался по полу, как будто боролся с кем-то, и кричал: «Уберите его от меня! Уберите его от меня!»

Брат Реб рассказал: «Я видел, как что-то прилипло к его ноге. Появились следы зубов, и из раны потекла кровь. Все время он кричал: "Уберите его от меня!" Я понял, что это, должно быть, дьявол. Я сказал: "Я приказываю тебе во Имя Господа Иисуса Христа оставить его! Это моя собственность. У тебя нет права на то, что принадлежит мне!"»

Когда брат Реб приказал бесу уйти, тот убежал. Брат Реб не видел беса, но другой человек увидел, как тот убегал. После этого плотники боялись работать там. Пришел шаман и сказал, что хочет принести в жертву свинью и курицу; их кровь должна была умиротворить бесов.

Брат Реб сказал шаману: «Нет, вы не ступите на мою территорию. Вы не будете совершать свое жертвоприношение на моей территории! Здесь нет злых духов. Я приказал им не возвращаться, и они не осмелятся переступить порог моих владений. Пусть плотник вернется и продолжит работать. Такого больше не произойдет».

Видите ли, те бесы знали брата Реба, и они узнали, что он знал о своей власти во Христе. И если вы верующий, то бесы вас знают. Если вы примените свою власть во Христе, то они убегут от вас. Но если вы не воспользуетесь своей властью, они возьмут верх над вами, потому что они ищут, как украсть, убить и погубить (см. Иоан. 10:10).

Шаман сказал Ребу: «Если этот плотник вернется на работу, а бес снова прыгнет на него и убьет, то ответственным за это будете вы. У него жена и дети. И если он пострадает, вы должны будете заботиться о них».

Брат Реб сказал: «Скажите ему приступить к работе. Эти бесы не нападут на него больше. Я запретил им приходить на мою территорию, точно так же, как я запрещаю вам приходить на мою территорию». Плотник вернулся на работу после того, как зажила его нога, и такого больше не повторилось.

Случай с братом Ребом показывает, что у нас несомненно есть власть над бесами, когда они вторгаются на нашу территорию и посягают на наше имущество. Когда мы смело связываем дела дьявола, он должен отступить и прекратить свои действия против нас.

У дьявола нет права посягать на Божью собственность. Но какая мера власти есть у нас, когда мы находимся на его территории? Если вы находитесь на его территории по непослушанию, неведению или случайно, то у него есть право напасть на вас. Если вы на его территории, то вы не сможете воспрепятствовать его атакам на вас.

У верующих есть власть над дьяволом на своей территории, а также когда они проповедуют Евангелие на его территории по водительству Святого Духа.

Например, миссионеры всегда вступают на территорию дьявола, принося туда Благую весть, и у них есть власть над ним во Имя Иисуса Христа. Но если верующий идет на территорию дьявола потому, что находится в непослушании и вопреки свету Божьего Слова, то он дает дьяволу полное право атаковать себя.

Да, мы должны бороться с дьяволом. Он все еще правит во тьме, и мы не можем воспрепятствовать ему быть богом *этого мира*. Но мы можем связывать его в действиях *против нас*.

И мы можем проповедовать людям истину, чтобы они знали, что им не надо быть под давлением дьявола. Библейской молитвой и проповедью Божьего Слова мы можем помочь людям выйти из царства тьмы в Царство Бога. Вот как по-библейски можно изменить города и страны для Бога!

Глава 11

Является ли библейским служение освобождения?

Многие христиане сегодня обманами дьявола вовлечены в так называемое «служение освобождения». Многое из того, что происходит сегодня под вывеской «освобождение», является крайностью и ошибкой. Любого рода освобождение должно основываться и практиковаться на Божьем Слове, а не на человеческих переживаниях. Многое из того, что сегодня происходит в служениях освобождения, не может быть основано на Библии, а базируется на человеческих переживаниях и крайностях.

На самом деле враг действует через некоторых членов так называемого «служения освобождения» в Теле Христа, чтобы сбить многих с толку и отвести от того, что Бог желает сделать в мире с помощью Своей Церкви.

Освобождение принадлежит вам

Несмотря на ошибки, которые были совершены в учении об освобождении и демонологии, «освобождение» *соответствует* Писанию. Если вы христианин, исцеление и освобождение *принадлежат* вам. Но вам нужно понять, что слово «освобождение» означает не только освобождение от бесов. В действительности свобода от всего, чем мир хочет связать вас, является частью вашего искупления во Христе. Поэтому вы не должны позволять никаким уловкам сатаны брать вас в плен, потому что полное искупление от сатаны уже обеспечено вам Господом Иисусом Христом.

Иисус заплатил за наше искупление на Голгофском Кресте. Для верующего это искупление включает в себя освобождение от любого сатанинского рабства — духовного, душевного и телесного. Исцеление и освобождение — это часть нашего завета, когда мы принимаем Иисуса своим Спасителем (см. Мат. 8:17; Лук. 10:19; 1 Пет. 2:24).

Поскольку освобождение является частью нашего завета, то молиться за освобождение тех, кто болен или подавлен дьяволом, соответствует Писанию. Но в служении освобождения мы должны помогать людям, в первую очередь принося им Божье Слово, чтобы в их сердцах возросла вера. Люди могут быть исцелены или освобождены сами, если они действуют и живут по Слову. И если Бог пожелает, то мы можем служить больным и угнетенным людям с помощью сверхъестественных проявлений Духа Божьего.

Но очень важно в первую очередь учить людей тому, что говорит Божье Слово, чтобы они сами смогли принять исцеление или освобождение и знать, как удержать то, что они получили от Бога. Их собственная вера играет решающую роль в этом; иначе они не будут знать, как стоять против козней дьявольских, когда он попытается украсть у них то, что они получили от Господа.

Бог может воспользоваться сверхъестественными проявлениями Духа, чтобы освободить людей, а может и нет. Но Его Слово действует всегда, когда люди знают, что Слово говорит, и живут по Слову сами (см. Иоан. 8:32). Вот почему надо учить людей полагаться на Слово, чтобы освободиться от сатанинского гнета и рабства, — а не на духовные проявления.

Ошибки и крайности в «служении освобождения»

В так называемом «служении освобождения» есть несколько определенных сфер, которые не имеют под собой библейского основания. Например, ошибочно утверждение о том, что в большинстве христиан есть бесы, которых нужно изгонять. Вы не найдете ни одного примера в Новом Завете, где бы ранняя Церковь имела дело с бесами в христианах. Все люди, из которых апостолы и ранняя Церковь изгоняли бесов, были неверующими. Это должно нам о чем-то говорить.

Хотя для христианина невозможно быть угнетенным в его духе, бесы могут угнетать его разум или тело. И из огромного количества людей, которым я служил более пятидесяти пяти лет, только у небольшого процента верующих в разуме или теле были бесы. Но большинство так называемых «служений освобождения» провозглашают, что большинство христиан, если не все, имеют бесов, которых просто надо изгнать. Это нонсенс!

Даже когда я изгонял бесов из людей, я узнавал о присутствии беса, только если Святой Дух открывал мне это и говорил мне сделать что-то по этому поводу. В других случаях я просто служил людям верой в Слово Божье и помазанием Святого Духа. Оба способа соответствуют Писанию.

В Библии мы можем найти пример освобождения в шестнадцатой главе книги Деяния Апостолов, когда Павел изгонял беса из служанки. Он не изгнал из нее беса сразу же, несмотря на то, что бес преследовал его много дней. Только когда Дух Святой открыл ему то, что нужно сделать, он обратился к женщине и изгнал из нее беса.

Другими словами, освобождение — это не то, что мы можем сделать своими силами и по своей инициативе. Мы не должны ходить в поисках бесов, которых можно изгнать из людей, или самостоятельно решать, что кого-нибудь надо освободить. Освобождение совершается под водительством Святого Духа. Конечно, мы можем молиться за человека, угнетенного дьяволом, и вместе с ним запретить ему. Однако верующие должны научиться противостоять дьяволу сами.

Но вот что я хочу здесь сказать: невозможно просто посмотреть на человека и определить по его поведению, что в нем бес. Классифицировать бесов, исходя из собственного представления, или утверждать, что определенные бесы всегда действуют определенным образом, — не по-библейски. Бес может влиять на поведение человека, но Святой Дух должен показать вам, что в это вовлечен именно бес, потому что это может быть просто проявление плоти. Это невозможно вычислить умом, это должно быть определено духовно.

Другими словами, истинное освобождение не состоит в том, чтобы заявить, что определенная проблема или болезнь, ментальная или физическая, всегда вызвана бесом. Будьте осторожны в попытках навесить на определенные модели поведения ярлык зависимости от бесов, таких, как беса зависти, обжорства, алчности и прочих, когда это могут быть просто дела плоти.

Конечно, когда люди потворствуют делам плоти, они могут открыть двери врагу, но Библия не именует бесов этими конкретными именами. Однако она учит о том, что эти характеристики являются делами или тенденциями плоти (см. Гал. 5:19-21).

Очень легко обвинить в проблемах дьявола и сложить с себя ответственность за то, чтобы самим сделать что-нибудь по поводу своих плотских тенденций. Даже когда в ситуацию вовлечены злые духи, то вид и действие злого духа, влияющего на человека, должны быть определены и открыты Святым Духом.

Другая крайность так называемых «служений освобождения» — это идея о том, что верующие должны подвергаться повторному освобождению, чтобы освободиться до конца. В Новом Завете нет ни одного примера, где бы Иисус или ранняя Церковь повторно служили бы одержимому человеку.

Но если послушать некоторых служителей так называемых «служений освобождения», они постоянно молятся за освобождение одних и тех же людей снова и снова. А также они раз за разом обращаются за освобождением сами.

Если так происходит, то это неправильно! Это не соответствует Писанию. Заметьте, в Библии описывается, как Иисус или апостолы молились за человека, одержимого бесами: они говорили злым духам, и те уходили. Они не проводили часы, дни, недели в попытках изгнать беса из человека.

Когда люди тратят часы на то, чтобы избавиться от беса в ком-нибудь, это значит, что они молятся за освобождение по плоти. Если за освобождение молятся Святым Духом, Его силой, помазанием и водительством, то результат наступает сразу же, и человеку не надо больше проходить повторное освобождение.

Если все сегодняшние так называемые «освобождения» правильны и исходят от Бога, то почему они не действуют? Почему эти же люди приходят со своими проблемами снова и снова и нуждаются в повторном освобождении? Или почему эти люди получают «частичное освобождение» и должны приходить снова на дополнительные сеансы освобождения?

Освобождение не обеспечивает «легкий выход»

Одна из причин, почему «освобождение» не срабатывает, — это то, что люди стремятся воевать с бесами там, где проблема вовсе не вызвана бесами. Это проблемы плоти или души, а такого рода проблемы нельзя «изгнать». Как было бы удобно, если бы их *можно было* просто изгнать! Это принесло бы всем нам решение всех вопросов без усилий.

Основной причиной, почему «освобождение» стало столь популярным, является то, что все хотят легкого выхода — мгновенного средства и мгновенного ответа. Распинать плоть намного дольше и намного труднее, но в большинстве случаев — это настоящий ответ, а не изгнание бесов.

Целая глава этой книги была посвящена тому, что должен делать христианин по отношению к своей плоти и душе. Плоть должна быть принесена в жертву Богу как живая жертва (см. Рим. 12:1). Живая жертва не делает больше того, что хочет делать. Живая жертва отвергает и распинает себя, чтобы быть способной творить волю Божью.

Наука контролировать плоть не может быть постигнута с помощью «освобождения». Это продолжительный процесс освящения, и это ответственность, возложенная на христианина до конца его жизни на земле.

За многие годы своего служения я обнаружил, что большинство людских проблем исходит не от бесов, а от необновленного разума. Многие христиане не обновляют свой разум, чтобы думать в одном ключе с Божьим Словом. Они верят, думают и говорят неверно, поэтому у них появляются эмоциональные, умственные проблемы и связи, и они постоянно навлекают на себя атаки врага, потому что оставляют двери широко открытыми для него.

Когда мне удается донести до людей важность наполнения Словом Божьим и когда они просто это делают, то эти люди начинают замечать, что проблемы, с которыми они боролись годами, сами по себе начинают отпадать. Люди с израненным прошлым начинают смотреть на себя глазами Бога и учатся жить Божьей жизнью, которая включает победу над дьяволом.

Слово Божье сильно! Послание к Римлянам (1:16) говорит, что Евангелие — это сила Божья ко спасению. Слово «спасение» означает *исцеление, освобождение, защита* и *целостность*. Вся эта сила в Боге и в Его Слове, если только христианин *поверит* в нее, *приблизит* и *примет* верой, и будет *действовать* в соответствии с этим. Очень немногим христианам нужно освобождение в смысле изгнания бесов из их тел и душ. С другой стороны, все христиане должны взять на себя ответственность обновить свой разум и предоставить свое тело Богу как живую жертву, чтобы твердо стоять против врага.

Неверно выбранная цель приводит к ошибке

Другая большая проблема так называемых «служений освобождения» — это то, что люди, вовлеченные в него, становятся настолько заняты «освобождением» друг друга и проведением «собраний освобождения», что они теряют из виду главное повеление Иисуса — проповедовать Евангелие по всему миру (см. Мат. 28:19; Мар. 16:15).

В наше время можно встретить целые церкви, занятые так называемым «освобождением». Результатом становится то, что эти церкви не пожинают больше души, как раньше, до начала своих «служений освобождения»! Это доказывает, что они свернули с верного пути. Какой плод они приносят к славе Божьей? Где плод, о котором говорил Иисус в Евангелии от Иоанна (15:8): *«Тем прославится Отец Мой, если вы принесете много плода»*?

Кроме того, сегодняшние «служения освобождения» заставляют людей сосредоточиваться на дьяволе и на том, что он делает, больше, чем на *Боге* и на том, что *Он* делает. В этом учении христиане смотрят на себя как на добычу любого беса, который только пожелает наброситься на них, вместо того чтобы принять всесильную Кровь Иисуса Христа, совершенное на Кресте дело Иисуса и силу Божьего Слова как защиту от зла.

Если бы дьявол в любое время просто мог наброситься на христианина и мы все постоянно нуждались бы в освобождении, тогда Кровь Иисуса была бы бессильна и наше искупление неполноценно. Это не означает, что христиане сами не могут открыть двери дьяволу. Конечно, могут. Но христианам, ходящим во свете Слова, не нужно бояться, что злые духи будут все время прыгать на них. Если христиане ходят во свете, а сатана пытается атаковать их, то у них есть власть успешно противостать ему.

Нет, большинству христиан просто нужно проводить больше времени, изучая и поглощая Слово Божье, чтобы их мысли и плоть пришли в соответствие со Словом. Божье Слово помазано и может восполнить любую нужду в их жизни. Им нужно прекратить попытки все исправить в один миг с помощью так называемого «служения освобождения».

Как только верующий реально увидит, кто он во Христе, и силу, которую Иисус сделал доступной для всех, кто в Нем, дьявол не сможет завладеть этим человеком, если он послушен Слову.

Если христиане увязли в действиях, которые блокируют их духовную эффективность, значит они отошли от Божьих планов. Им нужно выходить, чтобы спасать и исцелять людей, но вместо этого они постоянно ищут бесов, которых нет ни в них, ни в ком-либо другом.

В действительности многие из сегодняшних «служителей освобождения» всего лишь новички в служении, они заняты в нем менее десяти или пятнадцати лет. Я в служении уже почти шестьдесят лет, и за эти годы я видел разные веяния, появляющиеся время от времени в Теле Христа.

Например, появившееся учение «освобождения» не является новаторской доктриной или особым откровением последних лет, как хотели бы вас убедить некоторые из «учителей освобождения». Я видел, как это так называемое «служение освобождения» появлялось и уходило в тридцатые и сороковые годы. Кажется, что оно возникает каждые пятнадцать-двадцать лет и увлекает некоторые слои христиан.

Когда христиане сбиваются с пути и впадают в крайности, ошибки в их учении становятся очевидными, и оно начинает спадать. Затем дьявол выводит на поверхность другой «ветер учений» и втягивает других в крайности в различных областях. Библия говорит, что мы не должны находиться в неведении о *кознях* дьявола — его *обманных методах*.

Освобождение от всего, что связывает

Да, есть истинное освобождение, но это не то освобождение, которое построено на человеческих переживаниях, как об этом учат сегодня. Это освобождение построено на написанном, помазанном Слове Бога и совершается водительством и силой Святого Духа.

Не имеет значения, о каких переживаниях рассказывают служители «освобождения». Если их переживания не укоренены в Божьем Слове, то они обманываются. Божье Слово — единственный стандарт для того, чтобы судить любое *учение* и его *практическое применение*.

На самом деле словом «освобождение» слишком злоупотребляют в Теле Христа. Поэтому у некоторых христиан создается впечатление, что «освобождение» это всего лишь освобождение от бесов.

Освобождение включает в себя свободу от бесов, но оно в действительности покрывает намного больше сфер, чем избавление от бесов, потому что наше искупление значит намного больше. Слава Богу, мы свободны от греха, болезней, плохих привычек, рабства и тому подобного. Слава Богу, с помощью Иисуса Христа, силой Слова и Святого Духа мы можем быть свободны от всего, что попытается связать нас.

Всякий раз, искажая духовные истины, мы будем иметь проблемы. Да, мы освобождены от бесов, но это не все, от чего мы освобождены. На самом деле, где бы мы ни проповедовали Евангелие и где бы люди ни спасались, они освобождаются, потому что они становятся свободными от сил тьмы и переносятся в Царство Света (см. Кол. 1:13).

Некоторые считают, что освобождение — это просто прохождение через определенный ритуал с криками на бесов и попытками освободиться, но это не так. Истинное освобождение уже принадлежит вам. И вам не нужно бегать по служителям «освобождения», чтобы его получить! Просто приблизьте к себе силу Божьего Слова.

Я верю, что люди, впавшие в крайность так называемого «служения освобождения», — люди честные и искренние. У них очень много хороших качеств. Но я думаю, что они искренне заблуждаются. Откуда я это знаю? Я был в той же самой лодке, в которой они находятся сегодня, потому и узнал то, что знаю сейчас.

Мои ранние «служения освобождения»

Я принял крещение Святым Духом в 1937 году. В 1938 году я начал служить пастором в небольшой церкви, где и встретил мою дорогую жену Орету.

После того как мы поженились, мы приняли пасторство в церкви побольше в небольшом городке. Более половины моего прихода были фермеры штата Техас. В те дни «королем» полей был хлопок.

Я был пастором той церкви около двух с половиной лет, и как баптистский начинающий проповедник я многому учился у пятидесятников. У них были все виды собраний, которые только можно себе представить. У них были служения освобождения, собрания высвобождения, служения избавления, служения с двойным помазанием и многое другое.

Итак, я стал объявлять на своих собраниях, что по субботам у нас будут собрания освобождения. Что ж, собрания начинались хорошо. Мы возлагали руки на людей, и они должны были освобождаться. У нас имели место всякого рода проявления и физические демонстрации, какие вы только видели, и некоторые из тех, какие вы даже не хотели бы видеть! Вы можете думать, что все физические проявления и демонстрации, встречающиеся сегодня, являются новыми, но это не так. У нас тогда были точно такие же проявления.

На этих собраниях освобождения мы были в таком высоком общении с Господом! Но спустя девяносто дней после начала наших служений освобождения новизна стала пропадать. Поэтому я объявил, что со следующей субботы у нас будут проходить служения избавления. Все, кто был освобожден на собраниях освобождения, стали приходить, чтобы избавиться на служениях избавления! В этих служениях у нас тоже присутствовали всякого рода проявления, какие только можно упомянуть, и некоторые из тех, которые даже не хочется упоминать.

Затем новизна и этих собраний начала постепенно сходить на нет. Итак, я объявил, что со следующей субботы у нас будут собрания высвобождения. Каждую субботу мы должны были проводить эти собрания. Все, кто в течение пяти, шести месяцев ходил освобождаться и избавляться, стали приходить на эти служения высвобождаться. Еще некоторое время мы проводили эти собрания, и их новизна также стала пропадать.

Может быть, до меня медленно доходит, но в конце концов я сказал себе: «Это не действует. Эти люди не свободны». Я знал, что эти люди не стали более свободны, чем до этих служений. Я жил среди этих людей. Я был их пастором. Я посещал их дома, я знал, что они не были свободны.

Я ходил на их фермы и помогал собирать хлопок, разговаривал с ними во время работы. Мы ходили вдоль рядов кукурузы и разговаривали, бросая кукурузные початки в тележки. И я мог сказать, что эти люди не были освобождены ни от чего. У них были те же самые проблемы, что и раньше.

По вечерам я также заходил к ним домой, и я мог видеть, что эти люди не были более освобожденными, более высвобожденными и более избавленными, чем до того, как я начал эти собрания. *А у нас ведь были все эти физические проявления!*

Я начал молиться, поститься и искать Божьего лица по этому поводу. Я говорил: «Господь, почему это не подействовало?» Я проводил все эти собрания, потому что другие делали это, но я делал это со всей искренностью и честностью. Здесь я узнал, что нельзя делать что-то только потому, что кто-то другой делает то же самое, и что нельзя строить служение на физических проявлениях и демонстрациях. Слово Божье — наш путеводитель и стандарт, а не то, что делают другие люди, не важно, насколько они популярны и насколько это является доктриной дня. Я спросил: «Господь, где я допустил ошибку?»

Помазанное Слово освобождает людей

Господь ответил мне: «Ты с помощью молитв и возложения рук попытался сделать то, *что может сделать только Мое Слово*». А затем Он показал мне Евангелие от Иоанна (8:32): *«И познаете истину, и истина сделает вас свободными»*. На самом деле, не повредив стиху, можно сказать: «Познаете *Слово*, и Слово сделает вас свободными».

В действительности познание Слова и действие по Слову освобождают вас. Когда Господь сказал мне это, я увидел, что я должен вкладывать в людей Слово, чтобы его познание смогло освободить их. И тогда я понял, что у людей возникают проблемы, когда они пытаются освободиться от того, что является делами плоти, потому что это открывает двери дьяволу.

Когда Господь сказал мне это, я начал учить людей Слову. Понимаете, Иисус сказал, что Слова, которые Он говорил, есть *дух* и *жизнь* (см. Иоан. 6:63). Писание Богодухновенно и

Боговдохновенно (см. 2 Тим. 3:16). Это означает, что Слово помазано, и это помазание разрушает иго сатанинского рабства (см. Ис. 10:27). Поэтому, когда кто-то учит и проповедует Слово под помазанием и силой Святого Духа, Слово освободит тех, кто поверит и будет действовать по Слову, которое они услышат.

Поэтому я начал ставить на первое место учение и проповедь Слова. Меня не интересовали физические проявления. За тот период, что я учил и проповедовал Слово, каждый из этих людей был освобожден от рабства и проблем. Видите ли, истина, которую они услышали и по которой начали жить, освободила их. После того как я оставил эту церковь и двинулся дальше, я приехал туда несколько лет спустя, и эти люди были по-прежнему свободны. Рабство не завладело ими, потому что они знали Слово.

Когда бы Слово ни ставилось на первое место, оно будет действовать.

Прилепитесь к Слову

В вопросах освобождения Тело Христа должно основываться на Писании и не съезжать в канаву с той или другой стороны дороги. Просто прилепитесь к тому, что Слово говорит об освобождении и исцелении. Да, бесы реальны, и мы должны расправляться с ними. И в некоторых случаях их нужно изгонять из тела и души верующего. Но, как я уже сказал, за время моего служения очень немногие христиане нуждались в освобождении посредством изгнания бесов из их тела или души, за исключением некоторых случаев болезней. Помните, что Библия называет *болезни* сатанинским *давлением* (см. Деян. 10:38).

Но, с другой стороны, вы не должны ходить и изгонять бесов из всех, кого вы посчитаете больным. Вы вообще не должны изгонять беса из больных, если сначала не получите откровение Святого Духа о том, что болезнь вызвана бесом. Нельзя изгонять из людей бесов только потому, что другие так делают, или потому, что вы *думаете*, что надо это сделать. Вам нужно быть водимыми Святым Духом. И, конечно, верующие сами за себя могут стоять против дьявола.

Иногда я рассказываю о парне, который приезжал на наши служения много лет назад, когда мой зять Бадди Харрисон работал с нами. Бадди спросил этого человека: «Ну, как дела?» И этот полноевангельский проповедник ответил: «О, прекрасно! Я сегодня утром уже изгнал из себя семнадцать бесов!»

Это заводит проблему бесов уж слишком далеко! Некоторые из этих людей все, что неправильно, напрямую связывают с бесом или с дьяволом. Они забывают о работе с плотью. Они забывают о силе Божьего Слова. Они говорят больше о дьяволе, чем о Боге, и превозносят дьявола больше, чем Иисуса и Его завершенную на Кресте работу. Вот как они попадают в канаву на обочине дороги и дают дьяволу доступ к себе.

Ни одна из этих крайностей не является новой. Я в служении уже много лет, и я наблюдал, как эти ошибки совершаются через определенные промежутки времени. В конце сороковых-пятидесятых годов, во времена «Голоса исцеления», у нас была вспышка того же самого учения освобождения, которое мы имеем сейчас. Затем был другой взрыв крайностей в служении освобождения в семидесятые годы.

И вот я вижу уже третью вспышку с тех пор, как я начал свое служение почти шестьдесят лет назад. Это учение будет появляться и умирать, потому что оно не соответствует Писанию и не действует. Я против крайностей в учении и в практических действиях в любой сфере.

«Освобождение» в дни «Голоса исцеления»

С 1947 по 1958 год в Америке происходило сильное пробуждение исцеления. Затем оно начало спадать. Но во время этого пробуждения многие впали в крайности в области освобождения.

Я даже перестал использовать слово «освобождение» на своих собраниях, из-за того что многие впали в эти крайности, и вообще прекратил молиться об освобождении и учить об этом предмете. Я просто задвинул всю эту тему в дальний ящик, потому что не хотел, чтобы меня принимали за того, кто доктринально сбился с пути и ошибался.

За последние пятьдесят шесть лет я ни разу не болел, если, конечно, что-то не прошло незамеченным. Но когда я отступил от темы бесов, я заболел. Я делал все исповедания веры и стоял за свое исцеление на Слове Божьем, но ничего не помогло.

Мы должны быть достаточно чувствительными, чтобы понять: если мы делаем все исповедания веры, стоим на Слове какое-то время и ничего не происходит, значит что-то неправильно.

Мы можем также проверить себя и найти, в чем проблема, потому что тут дело не в Боге; Он никогда не изменяется (см. Мал. 3:6; Евр. 13:8).

И вот, когда я не исцелился, стоя на Слове, я понял, что я не установил связь с Богом, и сказал Господу: «Господь, где я допустил ошибку?» В ту же самую минуту Господь начал говорить со мной. Он точно сказал мне, где я допустил ошибку.

Иисус сказал: «Твоя ошибка в том, что ты отказался от освобождения и от борьбы с дьяволом из-за тех, кто впал в крайности в этом учении.

Те, кто впал в крайности по поводу того, что в каждом есть бесы и все должны исторгнуть или выкашлять беса, свалились в канаву фанатизма и крайностей. Ты попытался отстраниться от этого, тем самым свалившись в другую канаву, поскольку не желал иметь дело с бесами вовсе. В этом причина твоих неприятностей».

Когда Иисус сказал мне это, я покаялся и был мгновенно исцелен. Затем я начал проповедовать о том, что *Слово* говорит о бесах и об освобождении.

О тех же самых крайностях, о которых учат сегодня, учили во времена «Голоса исцеления». Например, один исцеляющий евангелист повсюду носил в кувшине лягушку и объяснял: «Это бес, который выпрыгнул изо рта женщины, из которой я его изгнал». Я верю в это так же, как в то, что вы вчера высадились на Марсе! Нельзя поместить беса — духовное существо — в кувшин!

Но, с другой стороны, когда действует дар различения духов и человек видит в духовных сферах, бесы могут принимать различные формы и обличия. Вы должны понять это. Однако не стройте доктрины на том, что вы видите в духовных сферах. Просто говорите то, что Слово говорит о бесах и об освобождении. Понимаете, иногда между тем, что истинно, и фанатизмом и крайностями очень тонкая грань.

Крайности в учении причиняют ущерб Телу Христа

Крайности и чрезмерности в служении освобождения всегда производят отрицательные результаты. Часто эти учения либо сбивают людей с пути так, что они отходят от библейского взгляда, либо делают из них фанатиков, и они начинают искать «бесов» во всем и во всех. В обоих случаях Телу Христа наносится урон.

Одна крайность состоит в том, что бесы не существуют. Например, я знал пастора, который пережил однажды нечто, во что был вовлечен злой дух. Но это переживание многие христиане проигнорировали и осудили, потому что они не верили, что злые духи вообще существуют.

Пастор был подавлен, потому что его жена долгое время тяжело болела и умерла. Он решил предпринять путешествие и остановился в городе Денвере, штат Колорадо. В воскресенье он пошел прогуляться по городу.

Пастор рассказывал мне: «На фасаде театра я увидел вывеску с объявлением: "Сегодня в 7.30 служение". Я подумал, что церковь Полного Евангелия или пятидесятники могли проводить собрание в этом театре. Поэтому я решил пойти на вечернее служение. Я вернулся туда вечером и сел на последнее свободное место.

На сцене стоял рояль. Почти сразу же свет погас и прожектор высветил женщину, одетую в вечернее платье с большим вырезом. Я понял, что это не собрание пятидесятников! Она села за рояль и начала играть "Скалу веков".

Она запела, — продолжал он, — включился другой прожектор, и мужчина в смокинге и в цилиндре запел куплет из "Скалы веков". У него был прекрасный голос. Один прожектор высвечивал его, другой — женщину за роялем. Сцена была хорошо освещена.

И вдруг женщина просто исчезла! Мужчина продолжал петь, а рояль продолжал играть, несмотря на то, что пианистки уже не было. Мужчина перестал петь, сошел со сцены и прошел в конец зала, прямо туда, где я сидел. Прожектор направился за ним.

Мужчина подошел прямо ко мне и сказал: "Сэр, ваша жена умерла тридцать дней назад, и она сейчас здесь. У меня от нее послание к вам"».

Пастор рассказывал мне: «Я ответил ему: “Сэр, моя жена и вправду умерла тридцать дней назад, но она была христианкой и сейчас с Иисусом. Ее нет здесь”. Человек в смокинге вел себя так, как будто я ему ничего не сказал. То есть он вообще вел себя так, словно он в трансе или в другом мире».

Еще два раза человек в смокинге повторил: «Сэр, ваша жена умерла тридцать дней назад, и она сейчас здесь. У меня от нее послание к вам». Оба раза пастор ответил ему тем же: «Сэр, моя жена и вправду умерла тридцать дней назад, но она была христианкой и сейчас на небе с Иисусом. Ее нет здесь».

Наконец мужчина в смокинге сказал: «Значит, вы отказываетесь выслушать послание?»

Пастор ответил: «Да, конечно», — и ушел из этого здания.

Если бы пастор выслушал послание, то человек в смокинге мог сказать ему нечто такое, что могли знать только он и его жена. Видите, как люди могут быть иногда обмануты? Да, в этом случае было проявление сверхъестественного, но это было действие известного духа. И если бы пастор позволил этому духу показать силу, выслушав сообщение, он мог бы открыть дверь сатанинскому влиянию на свою жизнь.

Человек в смокинге не получал информации от жены пастора. Она была на небе, потому что в Библии сказано, что верующий, умирая, идет на небо, чтобы быть там с Иисусом (см. 2 Кор. 5:8). Эта информация была из другого источника. Это был домашний дух (домовой). Мы не должны оставаться в неведении об обманах дьявола (см. 2 Кор. 2:11).

Могущество Бога превосходит все, что может сделать дьявол. Мы не должны идти к дьяволу и слушать то, что он может сказать. Мы не должны идти к предсказателям судеб, гадалкам и астрологам или к кому-нибудь еще вроде них. У нас есть Слово Бога и Дух Святой, и Бог откроет нам все, что Он хочет, чтобы мы знали.

Этот случай произошел во времена «Голоса исцеления», и пастор лично рассказал мне об этом. Рассказ пастора обсуждался в пятидесятнических кругах, в церквях Полного Евангелия, и многие проповедники того времени говорили об этом. Но некоторые не верили, что это вообще произошло. Они впали в крайность, отрицая существование бесов и злых духов. Нам не нужно прятать голову в песок и делать вид, что бесы и злые духи не существуют. Но нам не нужно и попадать в канаву с другой стороны дороги и видеть бесов во *всем* и во *всех*.

Люди совершают ошибку, преувеличивая роль дьявола и проводя все время в борьбе с ним. Когда люди думают только о дьяволе и о его делах, они сосредоточиваются на нем и таким образом открывают ему дверь. А когда люди сосредоточиваются на дьяволе, дьявол проникает в них и проявляет себя.

Но когда прославляется Бог и превозносится Божье Слово, Дух Божий проявляет *Себя*. Если люди уступают Святому Духу, Он будет проявлять Себя, и Бог будет прославлен.

Физические проявления при освобождении необязательны

Другая крайность в служении освобождения в том, что дьявол должен проявиться, чтобы быть изгнанным. Некоторые всегда хотят видеть проявления. Кажется, что некоторые верующие больше интересуются *демоническими* проявлениями, чем проявлениями *Духа Святого!*

Некоторые учителя преподают доктрину о том, что люди должны кашлять или рвать, или испытывать какие-либо другие проявления для того, чтобы освободиться от бесов. Люди думают, что это новое веяние, но все это у нас было во времена «Голоса исцеления». И как я уже говорил, эти ошибки и заблуждения, кажется, возвращаются по спирали, потому что сатана такой же старый обманщик, как и раньше.

Не поймите меня неправильно. Могут происходить случаи, когда бесы будут проявляться, покидая человека. Например, в Библии рассказывается, как бес проявил себя, выходя из мальчика, в котором был нечистый дух: *«И вскрикнув и сильно сотрясши его, вышел...»* (Мар. 9:26).

Однако когда Иисус явился мне в видении 1952 года, Он подчеркнул: «Имея дело с дьяволом, не говори никому кашлять или рвать. Выброс беса вместе с кашлем или рвотой может произойти случайно. Если это произойдет — хорошо. Но нельзя требовать всякого рода проявлений для того, чтобы избавиться от злого духа. Если сказать людям, что должны быть какие-либо проявления, они будут пытаться их выз-

10 Зак. 1509

вать, и вместо того чтобы избавиться от беса, они могут получить его».

Видите, именно здесь люди допускают ошибки. Только потому, что однажды видели физические проявления того, как бес покидает человека, люди думают: «Очевидно, так должно происходить каждый раз». Поэтому они предлагают людям рвать или кашлять, чтобы избавиться от злых духов. Я видел, как служители это делали. Например, я был на одном собрании, где проповедник объявил всей аудитории: «На следующее служение принесите, пожалуйста, бумажные пакеты». Он хотел, чтобы люди принесли бумажные пакеты, чтобы их вырвало злыми духами!

Но нельзя выстроить доктрину на проявлениях и переживаниях и ожидать, что это будет происходить всегда. Изучая Новый Завет, вы не найдете ни единого примера, чтобы кого-то вырвало злым духом или кто-то выкашливал его. И вы не найдете библейского принципа или доктрины, чтобы подкрепить подобную практику.

Верующие, которые постоянно видят бесов в других верующих, создают беспорядок в поместных церквях. На самом деле я имел дело с людьми, которые стали настолько сосредоточенными на дьяволе из-за этого крайнего учения в этой сфере, что даже если у них и не было беса до этого, они приобретали его. Когда людей учат тому, что у верующих есть бесы, которых просто нужно изгнать, и что при этом должны происходить физические проявления, это открывает двери дьяволу.

Понимаете, сатана — бог этого мира (см. 2 Кор. 4:4), поэтому он может проявляться в физическом мире. Он может действовать в сфере плоти через явления, которые люди воспринимают своими пятью чувствами. Другими словами, сатанинские сферы влияния основаны на том, что люди могут *видеть*, *чувствовать* и *переживать* в естественном мире.

Но вера не основывается на том, что можно видеть. Вера основывается на том, что говорит Слово. Библия говорит о том, что Иисус изгонял бесов Словом (см. Мат. 3:16).

Поэтому, говоря людям, что они должны переживать какие-либо проявления, чтобы избавиться от злых духов, вы, в сущности, учите их, как уступить дьяволу, потому что он оперирует в физическом мире.

Вместо того чтобы пытаться создавать плотские демонстрации для избавления от бесов, учите людей тому, что говорит Слово, чтобы они могли учиться уступать Святому Духу. Когда люди поддаются влиянию Святого Духа, Он Сам проявляет Себя. Давайте вернемся на середину дороги в вопросе, касающемся бесов, и будем опираться на Божье Слово!

Крайняя практика: смотрите, куда вы идете

Позвольте мне рассказать вам о том, что произошло с одним человеком, чтобы показать, как опасно ходить на собрания, где преподают это крайнее учение освобождения. Мы с женой проводили собрание в одном городе, и одна женщина попросила разрешения поговорить с нами.

Она поведала нам свою историю. Она сказала: «Я пошла в одно место, где некоторые служители проводили "собрание освобождения", и мы изгоняли бесов из людей. У меня не было до этого проблем, но эти служители сказали мне: "В вас дьявол. Давайте его изгоним".

Затем они сказали мне начать кашлять и исторгнуть дьявола; они сказали мне, что именно так он выйдет из меня. Я начала пытаться кашлять и рвать. Вдруг из моего рта пошла белая пена. Они сказали мне, что это проявление злого духа. Они сказали: "Теперь дьявол вышел из вас"».

Вы видите, эти служители научили женщину делать то, что не соответствует Писанию, и то, чего Иисус сказал мне не делать. Они сказали ей попытаться произвести определенного рода физические действия, и это открыло двери бесу, чтобы войти и поселиться в ней.

Она рассказала нам: «Уже прошел месяц с тех пор, как я побывала на этом "собрании освобождения", но эта белая пена не прекращает течь из моего рта. Я была там еще несколько раз и пыталась добиться, чтобы они мне помогли. Но они только сказали мне: "Мы не можем ничего с этим сделать". Брат Хейгин, вы можете мне помочь?»

Я заметил, что на протяжении всего собрания эта женщина прикрывала рот салфеткой. Она, должно быть, извела целую коробку салфеток только на одном этом собрании. Она нам сказала, что должна прикрывать рот салфеткой, потому что эта белая пена постоянно идет из ее рта.

Когда она спросила, могу ли я ей помочь, я ответил: «Конечно, могу. Это проявления дьявола. Но сначала в вас дьявола не было. Вы его приобрели, потому что пошли в неправильное место и ступили на сатанинскую территорию, позволив людям, которые преподают небиблейское учение, служить вам. Они сказали вам делать то, что не соответствует Писанию, и, в сущности, они научили вас, как поддаться дьяволу. Сделав это, вы открыли дверь дьяволу, и он поселился в вас».

Никогда не поддавайтесь чьему-либо учению, не важно кем служители себя провозглашают, если они не могут доказать, что то, чему они *учат*, *проповедуют* и *практикуют*, есть в Библии. В Евангелии просил ли Иисус кого-нибудь пытаться иметь физические проявления, для того чтобы избавиться от бесов? И нигде в Новом Завете вы не увидите подобной практики!

Итак, я сказал этой женщине: «Конечно, я могу вам помочь. Но я ничего не буду делать, пока вы не сделаете нечто».

«Что?» — спросила она.

«Никогда не ходите ни в "школу освобождения", ни на "служение освобождения". Держитесь подальше от тех мест, где учат экстремальным доктринам. Избегайте крайнего учения и экстремальных доктрин, как яда, потому что вместо освобождения вы приобретете там беса».

Она сказала: «Я никогда больше не пойду на эти служения. — Затем она меня спросила: — Когда вы запретите этому злому духу действовать, разве не будет никаких проявлений?»

Я ответил: «Ни единого, только разве что белая пена перестанет течь из вашего рта, как только я запрещу этому бесу, который вызывает ее».

Она спросила: «Я должна что-нибудь делать?»

Я ответил: «Нет, вам ничего не нужно делать, просто сядьте здесь».

Мы с женой сидели в одном конце комнаты, а она сидела напротив нас. Мы даже не вставали. Все, что я сделал, так только указал пальцем на женщину и тихо сказал бесу: «Ты, нечистый дух, во Имя Иисуса, выйди из нее». Вы не успели и щелкнуть пальцами, как эта пена остановилась. Она текла безостановочно из ее рта три или четыре месяца, но остановилась мгновенно, как только я повелел во Имя Иисуса. У нее больше не было проблем с этим бесом.

Эта женщина не была одержима дьяволом, потому что была христианкой. Но она поддалась злому духу, и этот бес поселился в ней и стал проявлять себя посредством ее плоти. Поскольку она приняла крайнее учение о том, что все верующие имеют бесов, она сконцентрировалась на бесах и открыла двери дьяволу, чтобы проявиться через ее тело.

Освобожденная женщина испытывала огромную благодарность! Она снова приходила на наши служения и была совершенно свободна.

Я хочу, чтобы вы увидели еще кое-что. Для освобождения этой женщины мне не нужно было часами кричать на дьявола. Вы не найдете ни одного места Писания, где бы рассказывалось, что Иисус часами кричал на дьявола или Ему потребовался бы целый день, чтобы изгнать из кого-нибудь беса.

Вам нужно быть очень внимательным к тому, куда ходить на служения. Не участвуйте в собраниях, где хотят, чтобы дьявол проявлялся через физические действия. И не ходите туда, где учат, что в каждом верующем есть бес, которого нужно изгнать.

Меня не волнует, кем является служитель, но если он говорит вам, будто для того, чтобы освободиться, вам нужно производить какие-либо действия во плоти, не слушайте его! Начав осуществлять физические проявления, такие, как кашель и рвота, вы можете получить беса!

Не стройте учения на переживаниях

На самом деле за годы моего служения я всего три раза встречался с физическими проявлениями, такими, как рвота и кашель, когда бес покидает человека. Один раз я молился за людей, которые стояли, ожидая своей очереди для молитвы, и я знал словом знания, что у одной женщины в теле бес.

В случае с этой женщиной я знал, что при выходе этого беса будут физические проявления, поэтому я попросил жену увести ее в туалет. И эта женщина извергла беса во время рвоты. Но понимаете, *в этом случае* Святой Дух открыл мне, как справиться с этим бесом, и злой дух был изгнан так, чтобы не вносить в собрание смущения.

Служителю нужно проявлять мудрость, когда он публично изгоняет из кого-нибудь беса. Даже если верующий и подвержен нападкам злого духа в теле или душе, не обязательно изгонять его на виду у всех, там, где могут находиться младенцы во Христе или те, кто не понимает того, что происходит, или там, где в собрании может возникнуть паника и страх.

Еще два раза подобные ситуации в моем служении происходили, когда я знал Духом Святым, что будут физические проявления и человек избавится от беса со рвотой. Но это были *исключения*, а не *правило*.

Понимаете, мы не можем создавать железные правила по поводу этих вещей. Зачем тогда нам был бы нужен Святой Дух, если бы мы могли двигаться по правилам и формулам? *Эти вопросы должны определяться духовно*. Нужно полагаться на Святого Духа. Нельзя опираться на *человеческие доводы*.

«Слово» от Господа

Есть другая крайность в учении об освобождении в сегодняшнем Теле Христа. Некоторые верующие выдают свои личные «слова пророчества», говоря другим о том, какие у них бесы.

Пастор одной церкви рассказал мне о случае, показывающем, как опасны могут быть эти личные «слова пророчества». Его церковь посетил приезжий проповедник и вызвал некоторых людей, чтобы за них помолиться.

Пастор рассказывал: «Он увел этих людей в отдельную комнату, чтобы помолиться за них. Возложив руки на одну женщину, он сказал: “Господь показывает мне, что в вас есть дух гомосексуализма. Он показывает мне, что у вас были связи с женщинами до вашего замужества и даже в браке”. Затем он хотел изгнать из нее злого духа!»

Эта женщина была счастлива в браке много лет, и у нее было двое детей. Она никогда в жизни не была вовлечена в гомосексуализм!

Но после того, как этот заезжий проповедник сказал ей это, она стала думать: «Может быть, глубоко внутри меня есть что-то злое, о чем я не знаю. В конце концов этот муж Божий сказал: “Так говорит Господь”».

Пастор рассказывал: «Эта женщина просто потеряла рассудок из-за того, что он сказал, потому что это открыло двери дьяволу, чтобы он мучил ее. Она сказала мне: “Я ни разу в жизни не имела никаких сексуальных отношений ни с кем, кроме своего мужа. И у меня никогда не было желания иметь с кем-либо отношения, а тем более гомосексуальные!”»

Я не знаю, кем себя считает этот служитель, но если то, что он говорит, не соответствует Божьему Слову и не подкрепляется свидетельством вашего духа, забудьте это.

Видите ли, дьявол пытается мучить людей, и он может преуспеть в этом, если верующие будут находиться в неведении о своих правах и привилегиях во Христе и не будут знакомы с целостной линией Божьего Слова. Эта женщина была введена в заблуждение так называемым «словом» от Господа, думая, что она должна принять его за истину.

Те, кто недостаточно укоренен в Божьем Слове, могут неверно использовать духовные дары и создавать хаос в Теле Христа. Некоторые верующие, пытаясь действовать в духовных дарах, ведут себя, как дети, играющие с игрушками.

Заблуждающиеся люди могут неправильно использовать духовные дары и говорить только из своего разума. Или, что еще хуже, они поддаются злым духам. Это ранит людей и позволяет дьяволу завладеть ими.

Благодаря подобным этому ошибочным учениям и практике многие стали бояться злых духов и дьявола. Если верующие получат целостное библейское учение в этой сфере, такого не произойдет.

Верующие не должны бояться дьявола, потому что Иисус уже победил его на Голгофском Кресте. Тело Христа — это не побежденная Церковь, постоянно в страхе бегающая от дьявола. Мы посажены со Христом на Небесах, и нам нужно использовать свою позицию власти во Имя Иисуса. Мы — Церковь победившая.

Глава 12
Библейские способы освобождения

Что говорит Библия о служении освобождения людей? Мы знаем, что освобождение соответствует Писанию, потому что куда бы ни шел Иисус в своем земном служении, он молился за освобождение больных и подавленных. Иисус — наш Пример. Мы должны идти по Его стопам в том, как Он учил и практиковал (см. 1 Пет. 2:21; 1 Иоан. 2:6). Как же Иисус освобождал людей?

Служение освобождения Иисуса

Не нужно забывать, что даже в служении освобождения Иисус не служил здесь, на земле, как Сын Божий. В Библии говорится, что Он сложил с Себя всю силу и славу, придя в этот мир и став человеком (см. Фил. 2:7).

Это правда, что на Иисусе был Святой Дух *без* всякой меры (см. Иоан. 3:34), а у верующих есть лишь мера Духа (см. Рим. 12:3). Но в Своем хождении по земле Иисус служил, как любой другой человек, помазанный Святым Духом. Иисус Сам сказал, что для того, чтобы проповедовать пленным освобождение, Он должен был быть *помазанным* (см. Лук. 4:18, 19). Другими словами, Он не проповедовал освобождение только потому, что Он был Сыном Божьим. Он был помазан Святым Духом так же, как и нам нужно быть помазанными.

На первом месте всегда выступало Слово, даже в служении освобождения. Иисус сказал, что Он был *помазан* Святым Духом для того, чтобы проповедовать пленным освобождение и исцелять больных и угнетенных. Иисус *проповедовал* освобождение. Это значит, что Он проповедовал Евангелие. Иисус всегда ставил Слово на первое место, а также Он был помазан Святым Духом.

Так же, как Иисус, мы должны ставить Слово на первое место и полагаться на помазание Святого Духа, чтобы проповедовать исцеление и освобождение.

ДЕЯНИЯ АПОСТОЛОВ 10:38

38 Бог Духом Святым и силою помазал Иисуса из Назарета, и Он ходил, благотворя и исцеляя всех, обладаемых дьяволом...

Библия называет болезни *сатанинским* гнетом. Отсюда мы знаем, что все болезни прямо или косвенно являются сатанинским давлением.

И в соответствии с Библией иногда просматривается связь между исцелением больных и изгнанием бесов. Другими словами, Библия дает нам несколько примеров, когда, прежде чем исцелить тело человека от болезни, нужно было разобраться со злым духом.

В следующих местах Писания можно увидеть эту связь между исцелением больных и изгнанием бесов.

ЕВАНГЕЛИЕ ОТ ЛУКИ 4:40, 41

40 При захождении же солнца, все, имевшие больных различными болезнями, приводили их к Нему; и Он, возлагая на каждого руки, исцелял их.

41 Выходили также и бесы из многих с криком и говорили: Ты Христос, Сын Божий. А Он запрещал им сказывать, что они знают, что Он Христос.

ЕВАНГЕЛИЕ ОТ ЛУКИ 6:17, 18

17 И сошед с ними, стал Он на ровном месте, и множество учеников Его, и много народа из всей Иудеи и Иерусалима, и приморских мест Тирских и Сидонских,

18 Которые пришли послушать Его и исцелиться от болезней своих, также и страждущие от нечистых духов; и исцелялись.

ЕВАНГЕЛИЕ ОТ ЛУКИ 7:21

21 А в это время Он многих исцелил от болезней и недугов и от злых духов, и многим слепым даровал зрение.

Во всех этих местах Писания изгнание бесов и исцеление кажутся взаимосвязанными.

Но, исследуя служение освобождения Иисуса, также можно увидеть, что Библия разделяет понятия *исцеление больных* и *изгнание бесов.*

Иными словами, Иисус не всегда, исцеляя больных, изгонял бесов, потому что не всякая болезнь вызвана бесами.

Для нас это означает то, что здесь нет железных правил; в служении больным и одержимым людям нужно следовать за Святым Духом, как это делал Иисус.

Исследуйте Евангелие сами и посмотрите, как Иисус расправлялся со злыми духами. Вы обнаружите, что иногда для того, чтобы исцелить болезнь, Иисус должен был иметь дело со злыми духами.

В других случаях Он исцелял, используя другие способы (см. Мат. 8:16; 9:22, 29). Иисус также применял различные методы борьбы с бесами и злыми духами. Он не всегда их изгонял. Он справлялся с ними также и другими приемами.

Давайте посмотрим на один пример в служении Иисуса, где можно увидеть связь между злым духом и болезнью. Один из методов, который использовал Иисус, было возложение рук помазанием Святого Духа.

ЕВАНГЕЛИЕ ОТ ЛУКИ 13:11-13, 16

11 Там была женщина, восемнадцать лет имевшая духа немощи: она была скорчена и не могла выпрямиться.

12 Иисус, увидев ее, подозвал и сказал ей: женщина! Ты освобождаешься от недуга твоего.

13 И возложил на нее руки; и она тотчас выпрямилась и стала славить Бога...

16 Сию же дочь Авраамову, которую связал сатана вот уже восемнадцать лет, не надлежало ли освободить от уз сих в день субботний?

Библия говорит, что состояние этой женщины было вызвано злым духом — «духом немощи» (ст. 11). Иисус сказал, что ее связал сатана (ст. 16).

В этом случае дух немощи присутствовал в теле женщины и вызвал ее физическое состояние.

Но заметьте, как поступил Иисус в этой ситуации. Он не изгнал его. Он возложил на нее руки и произнес повеление веры: *«Женщина, ты освобождаешься от недуга твоего»* (ст. 12). И женщина стала свободной.

Видите, когда помазание, или сила Святого Духа, сошло на нее, она была избавлена и освобождена от злого духа немощи.

Так бесы могут напрямую быть вовлечены в физические муки. Но Иисус не изгнал этого духа немощи; Он возложил на нее руки, и помазание разрушило иго сатанинского рабства.

В других ситуациях Иисус изгонял злых духов из некоторых людей. Как Он это делал? Своим Словом!

ЕВАНГЕЛИЕ ОТ МАТФЕЯ 8:16

16 Когда же настал вечер, к Нему привели многих бесноватых, и Он изгнал духов словом и исцелил всех больных.

В некоторых случаях болезни и немощи являются результатом естественных процессов, но *косвенно* это все-таки давление дьявола. Если болезнь вызвана естественными причинами, то человек должен быть исцелен, — не нужно изгонять из него беса.

С другой стороны, иногда болезнь вызвана присутствием злого духа, и узнать об этом можно только с помощью Духа Святого.

Если Святой Дух не открывает присутствия беса, можно помочь человеку исцелиться, уча его вере в Божье Слово. Но я совершенно убежден, что с рядом недомоганий можно справиться, только разделавшись со злыми духами.

И в этих случаях, если не бороться со злыми духами с силой и руководством Святого Духа, то можно мазать людей елеем и возлагать на них руки до тех пор, пока они не облысеют, результата все равно не будет.

Эти виды заболеваний не поддаются обычным библейским методам исцеления. В этих случаях нужно бороться с бесами под водительством и помазанием Святого Духа.

Вот почему некоторые заболевания не поддаются медицинскому воздействию. Болезни, вызванные присутствием злого духа, нельзя излечить естественными средствами.

Но если злой дух действует напрямую, вызывая болезнь, а верующий стоит в вере на Слове Божьем, то он может надеяться на то, что Бог освободит его. Однако со злым духом все равно нужно будет разобраться с помощью силы Святого Духа и Божьего Слова.

В Евангелии от Марка (9:17-29) мы можем увидеть другой пример того, как Иисус расправлялся со злым духом, на этот раз в случае с мальчиком, больным лунатизмом. Как Иисус сделал это? Он *запретил* ему и *изгнал* из мальчика.

Но Иисус сделал это, находясь под тем же самым *помазанием* Святого Духа, которое было на Нем, когда Он дотронулся до женщины и избавил ее от духа немощи.

Болезни и недомогания не всегда являются результатом присутствия беса. Например, в Евангелии от Марка (7:32-37) Иисус помог человеку глухому и с затрудненной речью.

Очевидно, злой дух не был вовлечен в эту болезнь, потому что Иисус просто вложил свои пальцы в уши этого человека и сказал: «Отверзись!» — и человек стал говорить чисто. Иисус вообще не касался злого духа. Очевидно, глухота этого человека имела естественные причины, поэтому ему просто нужно было исцеление.

Но в другом случае Иисус служил человеку, который был немым, то есть не мог говорить. На этот раз, прежде чем исцелить этого человека, Ему нужно было изгнать из него злого духа.

ЕВАНГЕЛИЕ ОТ МАТФЕЯ 9:32, 33

32 ...привели к Нему человека немого бесноватого.

33 И когда бес был изгнан, немой стал говорить. И народ удивляясь говорил: никогда не бывало такого явления в Израиле.

Но главное, что я хотел здесь сказать, это то, что Иисус не действовал по образцу, имея дело с бесами и злыми духами. Даже в Своем служении освобождения Он следовал за Святым Духом и служил в Его силе и водительстве.

Освобождение помазанием

Слово, которое проповедовал Иисус, и помазание приносили освобождение тем, кто был поражен бесами. В наше время мы тоже должны будем приносить освобождение Словом и помазанием — силой Святого Духа.

ЕВАНГЕЛИЕ ОТ ЛУКИ 6:17-19

17 И сошед с ними, стал Он на ровном месте, и множество учеников Его, и много народа из всей Иудеи и Иерусалима, и приморских мест Тирских и Сидонских,

18 Которые пришли послушать Его и исцелиться от болезней своих, также и страждущие от нечистых духов; и исцелялись.

19 И весь народ искал прикоснуться к Нему, потому что из Него исходила сила и исцеляла всех.

Заметьте, что в стихе 18 говорится, что люди приходили *послушать* Иисуса и исцелиться. Помазание Слова освобождает людей. Вера приходит от слышания Слова Божьего, и именно верой мы принимаем обетования Божьи, включая освобождение от всякого рода рабства.

Вера в Слово Божье — это ключ, открывающий Небеса и активизирующий силу Божью действовать в жизни человека, невзирая на то, какого рода демоническое действие или влияние сюда вовлечено. Когда Иисус учил людей Слову Божьему — проповедовал пленным освобождение — и люди верили в Слово, они исцелялись и освобождались.

Многие, кто искал прикоснуться к Иисусу, были больными или угнетенными, или «мучимы» нечистыми духами. Слово «исцелялись», употребленное в стихе 18, означает, что люди восстанавливались и освобождались.

В этом отрывке ни один злой дух не был ни из кого изгнан. Как нам известно, ни один злой дух не был даже определен, но, несмотря на это, люди, мучимые нечистыми духами, слышали, о чем учил Иисус, и освобождались. Что их освободило? Слово, которому учил Иисус, и сила Святого Духа.

Та же сила, что исцеляет человека, изгонит и беса, какое бы демоническое влияние ни было вовлечено, — если человек будет действовать по помазанному Богом Слову в вере.

Исследуя Евангелия, можно увидеть, что Иисус исцелял и освобождал различными методами. Но не имеет значения, как освобождал Иисус, Божья освобождающая сила всегда присутствовала, чтобы исцелять и освобождать там, где была задействована вера человека. То же самое является истинным сегодня. Освобождающая сила Божья всегда доступна для того, чтобы освободить людей.

Иисус не продлевал и не повторял служения «освобождения», чтобы освободить людей от сатанинского рабства. Независимо от метода, который Он использовал, исцеление и освобождение человека всегда наступало.

Служение освобождения соответствует Писанию, но мы не можем выходить за рамки Слова и водительства Святого

Духа. Именно так люди впадают в ошибки и крайности в служении освобождения и причиняют вред Телу Христа. Давайте просто прилепимся к Слову и будем следовать примеру служения Иисуса больным и угнетенным.

В своем служении я видел много раз, как люди, имеющие одинаковые болезни, исцелялись или освобождались разными методами, как направлял Святой Дух.

Эпилепсия: исцеление в сравнении с освобождением

Из-за того что сатана является князем этого мира (см. 2 Кор. 4:4), здесь, на земле, есть необычайно досадные духи страха, нечистые духи, немые, глухие и слепые духи, духи немощи и другие злые духи.

Вы заметите, что все эти духи упоминаются в Библии. Сами по себе мы не можем сказать, вызвана ли физическая немощь злым духом или естественными причинами. Однако Дух Святой знает. Он приведет нас к истине и покажет нам, как служить человеку.

Например, я возлагал руки на больных, страдающих эпилепсией, и они были исцелены, потому что эпилепсия была вызвана физиологическими нарушениями. Ни один бес не был вовлечен в эти ситуации. Но, с другой стороны, я возлагал руки на людей, больных эпилепсией, и Святой Дух показывал мне, что эпилепсия была вызвана присутствием беса.

Однажды я проповедовал на собрании, и многие вышли вперед за исцелением, и я просто возлагал на них руки. На следующий год мы были в том же месте, и одна женщина подошла к нам, чтобы засвидетельствовать, что ее сын был исцелен на том первом собрании. Ему было двенадцать лет, и всю жизнь он страдал эпилепсией.

Она рассказала: «Когда вы молились за моего сына, исцеляющая сила Божья сошла на него, и он упал под действием этой силы. У него никогда больше не было приступов».

Вы видите, в этом случае эпилепсии мальчику нужно было только исцеление; не нужно было изгонять беса из его тела. Если бы там был злой дух, то Господь показал бы мне это с помощью Святого Духа.

Но в другом случае Дух Святой показал мне, что эта немощь вызвана именно злым духом. На одном моем собрании вперед для исцеления вышел молодой человек, страдавший приступами эпилепсии со школьных лет. Когда я возложил на него руки, я знал словом знания, что причиной этих приступов эпилепсии был злой дух и что мне сначала нужно будет изгнать его из тела этого парня, чтобы он смог освободиться. Я так и сделал. Несколько дней спустя мы закончили свои собрания и уехали оттуда.

Спустя год у меня было служение в том же самом городе, и я увидел того же самого молодого человека. Когда я взглянул на него, Дух Божий сказал мне: «Когда ты был здесь в прошлом году, ты изгнал из него злого духа, и за двенадцать месяцев у него не было ни единого приступа эпилепсии. Но за последние две недели у него было три приступа».

Святой Дух сказал: «Когда у него были приступы раньше, у него никогда их не было ночью, когда он спал. Но в последние две недели он просыпался среди ночи от приступов. И причина этих приступов в том, что, ложась спать, он боится. Перед тем как начать проповедовать, позови его вперед и снова изгони из него злого духа».

Видите, в тот момент Дух Святой не просто сказал мне о том, что злой дух является причиной приступов, но Он также сказал мне, каким образом он позволил этому злому духу вернуться. Иногда вам нужно знать, есть ли *причина* — открыл ли человек двери сатане, чтобы болезнь смогла войти, — для того чтобы эффективно служить людям.

Итак, перед тем как начать проповедь, я вызвал этого парня вперед. Я сказал ему: «Когда я был здесь в прошлом году, я молился за тебя, и ты был освобожден от эпилептических приступов. За двенадцать месяцев у тебя не было ни одного приступа».

Он ответил: «Да, это так, но...»

Я сказал: «Подожди минутку. Не говори ничего. Позволь мне сказать тебе, что случилось, чтобы ты понял, что Бог действует в твою пользу сверхъестественным образом. Если я буду не прав, просто скажи: “Нет, это не так”. В конце концов я человек. Я могу ошибиться. Любой может ошибиться. За последние две недели у тебя было три приступа, которые будили тебя посреди ночи. Когда у тебя были приступы раньше, ты никогда не просыпался от них посреди ночи».

Его глаза округлились, и он сказал: «Все в точности так. Вы, должно быть, телепат или предсказатель судьбы!»

Не странно ли, что христиане думают, будто те, кто читает мысли, или предсказатели судьбы могут говорить такие вещи, а бедный старина Бог потерял такую Свою способность.

Я спросил его: «Знаешь, почему ты стал просыпаться от приступов по ночам?»

Он ответил: «Нет, а вы?»

Я сказал: «Конечно, я знаю. Ты лег спать в страхе, и страх открыл двери дьяволу».

Он сказал мне: «Теперь я точно знаю, что вы читаете мысли. Все в точности так и происходило».

Я ответил ему: «Я не читал твоих мыслей. И я не взял это *из своей головы*. К моему разуму это вообще не имеет никакого отношения».

Движение в духовной сфере — это не *ментальный* опыт. Если бы мы могли следовать за Божьим Духом и Божьим Словом без того, чтобы наши человеческие обоснования не отошли на второй план, нам лучше бы этого не делать! Бог действует через обновленный дух человека; Он не действует через человеческий разум, потому что разум не был рожден свыше.

Этот молодой человек сказал: «Обычно я справлялся с этим страхом перед сном. Но в те ночи, когда у меня были приступы эпилепсии, я не справился со страхами, прежде чем лечь спать».

Страх может открыть двери врагу. Например, если вы ляжете спать и оставите дверь открытой, кто и что угодно может в нее войти. Может войти грабитель и ограбить вас или даже убить. Просто лучше держать дверь закрытой, а дом защищенным! Точно так же в духовном мире. Лучше закрыть двери для сатаны.

Страх — это дух. Но Бог не дал нам духа страха (см. 2 Тим. 1:7), и это значит, что у вас есть над ним власть. Поскольку он не приходит от Бога, вам не должно быть никакого дела до него. Поэтому, если вас мучает страх, избавьтесь от него во Имя Иисуса.

Я сказал этому парню: «Я снова изгоню из тебя злого духа и покажу тебе, как держать двери закрытыми для дьявола».

Во Имя Иисуса я изгнал злого духа, который был причиной эпилепсии. Затем я потратил сорок пять минут на то, чтобы научить его, как противостоять дьяволу и сохранить свое исцеление, а также как закрывать двери перед дьяволом. Уже прошло много лет с тех пор, как он был исцелен, и у него ни разу больше не было ни одного приступа.

Помазание разрушает иго рабства

Мы видим, что в служении исцеления Иисуса многие были освобождены от злых духов помазанием Святого Духа. Иными словами, бесов не всегда надо *изгонять*; помазание Святого Духа также может вывести их наружу. Я видел это в моем служении тоже. Я мог бы рассказать вам свидетельство за свидетельством о людях, которые были освобождены от демонического давления просто под действием помазания — силы Божьей, сошедшей на них.

Например, через несколько месяцев после того как мы проводили собрание в Детройте, одна женщина написала мне о своем свидетельстве: «Брат Хейгин, у меня было расстройство желудка, и я пришла на ваше собрание, чтобы получить исцеление. Вы возложили на меня руки и помолились. Помазание сошло на меня, и я упала на пол под действием силы Бога. Прошло уже несколько месяцев, а я до сих пор здорова».

Она продолжала: «Уже восемь лет, как я спасена. До моего спасения я занималась оккультизмом. Но после того как я спаслась и исполнилась Святым Духом, у меня все еще были проблемы с проявлениями бесов. По ночам я все еще слышала голоса, стук в стену и другие бесовские проявления.

Но с тех пор, как сила Божья могущественно сошла на меня, когда вы возложили на меня руки, — писала она, — я больше не слышу голосов, и в моем доме больше не было никаких других бесовских проявлений».

Рак: освобождение с помощью проявления Святого Духа

Я хочу вам показать, что у Бога есть множество методов освобождения Своего народа. Я сошлюсь на несколько примеров служения людям, больным раком, и множество способов, которыми Дух Святой вел меня в каждом отдельном случае. Я хочу, чтобы вы увидели, что вы должны быть водимыми

Святым Духом, — невозможно сформулировать железные правила служения людям.

В 1952 году у нас было пробуждение в Техасе. Один из служителей рассказал мне о своей племяннице, которая умирала от рака легких. Ей было двадцать три года, и у нее было двое маленьких детей. В течение первой недели наших служений ее привозили на собрания, и я за нее молился. На второй неделе я два раза возлагал на нее руки и молился.

В течение третьей недели ее опять привезли на собрание. Я меньше всего на свете ожидал того, что произошло потом. Когда я возложил на нее руки в этот раз, внезапно белое облако Святого Духа сошло и окутало меня. Алтарь исчез, и казалось, что в этом облаке славы остались стоять только я и эта женщина. Никто больше не мог видеть то, что видел я, слышать то, что я слышал, но они могли слышать, как я говорил.

Окутанный этим белым облаком, я видел в духовном мире, и я увидел небольшое создание — беса, висящего на теле этой женщины. Он выглядел как маленькая обезьянка, висящая на лиане. Эта женщина была спасена и не могла быть одержима бесом, но ее тело снаружи притеснялось бесом. Эта обезьяноподобная тварь висела на ее теле над левым легким, откуда начался рак.

Я просто сказал бесу: «Во Имя Иисуса, ты покинешь ее».

Это маленькое создание ответило мне, но никто, кроме меня, его не слышал, потому что я видел и слышал в духовном мире. Это был в действии дар различения духов.

Этот обезьяноподобный бес сказал мне: «Я знаю, что должен уйти, как ты мне говоришь, но я не хочу».

Я сказал ему: «Я приказываю тебе во Имя Господа Иисуса Христа». Этот бесенок упал с ее тела и приземлился на полу. Он лежал на полу, скуля и ноя, как щенок, которого отхлестали.

Я сказал: «Оставь не только ее тело, но и это помещение во Имя Иисуса». Когда я это сказал, бес подскочил, побежал по проходу и выпрыгнул в дверь.

Эта женщина была спасена с восьми лет, но она не была исполнена Святого Духа. Она мгновенно подняла руки и начала говорить на иных языках. На той же неделе она пошла в больницу, и доктор сказал ей: «Ваши легкие совершенно чистые. С ними все в порядке. Что случилось?»

Она в точности рассказала им, что случилось. Она рассказала им о том, что я видел и делал. Врач сказал: «Кто бы ни был этот парень, я снимаю перед ним шляпу! Очевидно, он нашел ответ. А мы — нет. Но мы дадим вам письменное показание о том, что в обоих легких у вас был рак, а теперь вы свободны от него».

У Бога есть ответ, а не у меня. Если Святой Дух не приходит, я всегда только учу, проповедую и служу людям Словом Божьим, потому что я не могу оперировать дарами Святого Духа по своей собственной воле (см. 1 Кор. 12:11).

Здесь я хочу, чтобы вы увидели следующее. До тех пор, пока я не был в Духе, я не знал, что тело этой женщины мучит злой дух. Вы не можете гадать о таких вещах. Конечно, я служил людям по вере в Божье Слово, и люди спасались, исцелялись и наполнялись Святым Духом. Но когда я был в Духе, Бог открыл, что причиной рака легких у этой женщины является злой дух, и Бог сверхъестественным образом снарядил меня для того, чтобы расправиться с бесом, производящим болезнь в ее теле.

И еще: если бы я просто оперировал даром различения духов, я разделался бы с этим духом еще на первом собрании, когда эту женщину привели туда первый раз. Если бы Святой Дух не действовал через меня, я был бы беспомощным. У Бога свои способы, и самое лучшее — это позволить Ему делать то, что Он хочет делать. У меня не на каждом собрании происходят сверхъестественные проявления Святого Духа, потому что никто не может произвести проявление Святого Духа. Человек не в силах сделать так, чтобы что-то случилось. Если он попытается, то сам откроется для злых духов и допустит ошибку.

И если только потому, что у меня было определенное проявление Святого Духа на одном собрании, я попытаюсь вызвать те же самые проявления на другом собрании, я сойду с правильного пути и открою дверь дьяволу.

Вы и *я* — мы не действуем в духовных дарах. Если вы попытаетесь действовать в них, дьявол поселится в вас, и вы откроете двери сатанинскому обману. Духовные дары действуют так, как того желает Дух Святой.

Видите ли, нет нужды с каждым случаем рака действовать одинаково, как и с другими болезнями не надо бороться одними и теми же способами. Но всегда говорите людям о том, что говорит Слово. Даже если у вас было одно переживание, которое принесло человеку освобождение, не стройте на этом доктрины, стараясь исцелить всех такими же методами.

Вы следуете водительству Святого Духа. И если во время служения человеку проявляется дар Святого Духа, то это хорошо. Тогда вы можете следовать за водительством Святого Духа и служить человеку силой и помазанием Духа Божьего. Если Святой Дух выберет не проявляться в духовных дарах, просто продолжайте учить их, как стоять против болезни со Словом Божьим. Слово действует всегда.

Прикованная к постели

Я помню другой момент служения женщине, больной раком. Мы с женой и с другим пастором и его женой пошли молиться за жену пастора, прикованную к постели раком на последней стадии. Рак начался в левой груди и распространился дальше, к лимфатическим узлам. Когда она обратилась к врачу, тот сказал: «Слишком поздно. Мы ничего не можем для вас сделать». Когда мы пришли молиться за нее, она лежала в постели, не вставая. Врач сказал: «Она уже должна была умереть. Мы не можем понять, как она могла держаться так долго».

Собравшись молиться вместе, мы ждали Бога и искали Его водительства. Мы провели в пасторском доме, молясь за нее, два дня и две ночи. Мы спали по четыре часа в сутки. Все остальное время мы молились и искали Бога.

Отправляющая или принимающая сторона?

Наконец в четыре часа утра третьей ночи я сказал пастору: «За пятнадцать лет своего служения я никогда не молился Богу о чем-нибудь так долго, не получая ответа. Должно быть, мы что-то не учитываем. Нам не нужно молиться так долго о чем-то, что уже было обещано нам в Слове. Я думаю, что в этом наша ошибка. Мы работаем как передатчики: "Боже, исцели эту женщину!"

Но в действительности мы никуда не пришли, потому что Бог уже исцелил ее. Он возложил все ее болезни на Крест. Когда мы будем молиться за нее утром, давайте поработаем на *прием*, а не на передачу».

Многие люди допускают эту ошибку. Они не устанавливают связи с Богом в молитве, не ищут Бога, чтобы услышать голос Святого Духа, и не находят, почему не получают. Они просто продолжают молиться, не убеждаясь в обратной связи с Богом. Часто, когда мы не устанавливаем связи в молитве, нам нужно спросить Господа и понять причину. Затем нам нужно позволить Святому Духу поправить нас там, где нужно. И если мы свернули не туда, нам нужно вернуться и пойти в правильном направлении.

Итак, мы собрались на следующий день в восемь часов утра — пастор с женой, я с женой, муж той больной женщины, который тоже был пастором, и сама женщина. Я сказал им о том, что показал мне Господь.

Мы все опустились на колени вокруг кровати, чтобы снова помолиться. Мы искали Бога, чтобы увидеть, что Дух Святой покажет нам в этой ситуации. Мы все молились на языках в Духе, ища Божьего водительства.

Вдруг что-то внутри меня сказало: «Иди и встань в ногах кровати». Я прекратил молиться на языках и вернулся в реальный мир. Я подумал: «Что хорошего произойдет, если встать в ногах кровати?» Поэтому я отбросил эту мысль. Это все было новым для меня. Я не знал тогда голоса Духа Святого, как сейчас.

Я вернулся к молитве и снова услышал эти слова: «Иди и встань в ногах!» Я опять начал рассуждать умом: «То, что я встану в ногах, не сможет исцелить эту женщину».

Но вы когда-нибудь останавливались, чтобы подумать об этом? Иисус плюнул на землю, растер ее в грязь, намазал ею глаза слепого и сказал: «Пойди, умойся в купальне Силоам» (Иоан. 9:7).

Действительно, чем грязь могла помочь исцелить слепого? Но понимаете, вера и послушание имеют значение для Бога. Самый лучший путь — следовать водительству Святого Духа и делать то, что Он говорит. Это всегда приносит результаты! Святой Дух всегда приведет вас в соответствие со Словом Божьим, и то, что Он говорит вам делать, всегда подействует.

Святой Дух сказал мне то же самое в третий раз. На этот раз я пошел и встал в ногах кровати, продолжая молиться на языках. Вдруг моя жена поднялась и, продолжая молиться на языках, подошла и встала рядом со мной. Она не открывала глаз. Позже она сказала мне, что не знала, что я стоял там.

Внезапно язык ее молитвы изменился. Она начала произносить то, что мы называем «посланием на языках». Но я слышал, о чем она говорила, так, как будто она говорила со мной по-английски.

Святой Дух сказал через нее: «Иди, встань во главе кровати и скажи: "Дух сомнения и страха, выйди во Имя Иисуса"». Я перешел к главе кровати и сказал: «Дух сомнения и страха, выйди во Имя Иисуса».

Глаза у меня были открыты, и я наблюдал. В тот момент, когда я сказал это, было похоже, как будто большая черная летучая мышь, в два раза больше, чем человеческая ладонь, поднялась из левой груди умирающей женщины и вылетела в окно. Пастор, стоящий у того края постели, позже сказал мне: «Что-то пронеслось мимо меня и вылетело в окно. Я ничего не видел, но подуло так, как будто пролетела птица».

Женщина тут же встала совершенно здоровой и начала славить Бога, танцуя по всему дому. В тот же день она вместе с нами ела арбуз в саду, полностью освобожденная.

Я хочу довести до вас нечто. Мы не «сражались» с дьяволом, чтобы исцелить эту женщину. Мы просто молились Богу с верой и ожидали, что Он укажет нам направление.

Эта женщина была исцелена проявлением духовного дара в действии. Несмотря на то что переживание Святого Духа, которое вы имели, основано на Божьем Слове, нельзя идти и строить учение, основываясь на этом переживании, даже если оно и соответствует Божьему Слову.

И вы не можете идти и учить других людей пытаться иметь такие же переживания или даже такие же проявления. Вы должны позволить Господу проявить Себя так, как Он хочет, а не так, как этого хотите вы.

Здесь люди допускают ошибку. Они стараются вызвать проявление Святого Духа или пытаются служить и делать что-то по плоти. И то и другое опасно и приведет людей к ошибкам.

Просто учите людей Слову и позвольте Богу сделать все остальное. Бог сделает Свое Слово благом в жизни людей, если они отважатся стоять на нем. Конечно, если они не будут стоять на Божьем Слове, то Ему нечего сделать для них благом.

Но подобные переживания могут больше никогда не произойти снова в служении людям. *Переживания могут приходить и уходить, но Слово действует всегда.* Если бы мы могли сделать все по заранее заготовленной формуле, нам не нужен был бы Святой Дух. Стройте свою жизнь и служение на Слове, а не на переживаниях и на проявлениях.

Я бы запутал людей и привел бы свое служение в беспорядок, если бы пошел и стал преподавать *переживания* как доктрину. Я видел такое, когда был молод и только вступал в служение. Так много служителей, которые начинали вместе со мной, потерпели поражение в служении из-за того, что у них не было основания в Слове; они построили свои служения на духовных дарах. Они были чудесными людьми, и в их жизни действовали чудесные дары Святого Духа. Но они не имели основания в Слове, и в конце концов они, один за другим, оказались в ошибках и обмане и съехали на обочину.

Я говорил некоторым из них: «Пока вы будете появляться и исчезать, я буду по-прежнему проповедовать и учить, потому что я строю свое служение на Божьем Слове, а не на духовных дарах». Вы не можете преуспеть, строя свою жизнь и служение на дарах Духа. Нет, стройте свою жизнь и служение на Слове Бога. Позвольте проявлениям и действиям приходить тогда, когда Божий Дух того захочет. Но будьте верны в том, чтобы ставить на первое место Слово, а не переживания.

Исцеленный помазанием

Я поделюсь с вами другим исцелением от рака, при котором я не сталкивался со злым духом. Молодой человек пришел на мое собрание, и у него также был рак легких.

Доктора предсказывали, что ему осталось жить шесть месяцев. Я дважды молился за него, но я знал, что наша вера не была обоюдна. Часто, возлагая руки на людей, получаешь такое ощущение, как будто дотронулся до провода под напряжением; ясно, что они в вере и верят Богу. Но можно возлагать руки на людей, и это как будто положить руку на ручку двери. Так или иначе, сила Божья всегда действует, потому что Бог всегда хочет исцелять.

На одном из служений дух молитвы сошел на нас, и все в молитве упали на пол. Этот молодой человек преклонил колени для молитвы. Я ходил, молясь, взад и вперед.

Вдруг помазание Святого Духа сошло на меня, и я подошел к этому молодому человеку. Как будто невидимая рука подняла мою руку и возложила на его голову. Но вместо молитвы я обнаружил, что говорю: «Сейчас ты исцелен от рака. Наполнись Святым Духом. У Меня есть для тебя место в служении в Моем винограднике». Сразу же после этого молодой человек начал говорить на иных языках.

После этого он пошел в больницу, и врачи попросили его: «Вы не могли бы остаться здесь на несколько дней? Мы этого не понимаем, но рак куда-то делся». Они продержали его в больнице пять дней и сделали полное обследование. Они не смогли определить, отчего рак оставил его. Но, слава Богу, мы знаем, почему он исчез! Бог исцелил его силой Духа Святого.

Понимаете, в тот раз я даже не молился за исцеление этого парня. Я ничего из него не изгонял. Я даже не имел дела со злым духом, а человек все равно совершенно освободился и исцелился от рака. Врачи сказали: «Мы бы не поверили, что у него когда-нибудь был рак, если бы у нас не было записей, доказывающих это».

Люди совершают ошибку, думая, что им нужно изгонять бесов из каждого больного только потому, что им пришлось столкнуться со злым духом в определенной ситуации. Так они создают хаос.

Несколько лет спустя пастор сказал мне, что этот молодой человек уже пять лет служит пастором церкви. Бог сказал ему: «У Меня есть для тебя место в Моем винограднике».

Исцеленная верой в Божье Слово

Я молился еще за одного человека, больного раком, и в этом случае Господь исцелил совершенно другим способом, нежели раньше.

Я проповедовал на палаточном собрании в церкви Полного Евангелия. Несколько месяцев спустя я получил письмо от пастора этой церкви, в котором говорилось о женщине из его церкви, у которой была последняя стадия рака. Она посетила одно из моих собраний, но я даже не знал об этом.

Эта женщина была в одной из самых больших в нашей стране клиник. Врач сказал ей, что ей осталось жить шесть месяцев, и отправил домой умирать. Почти все исцеляющие евангелисты того времени молились за ее исцеление. Я дважды молился за нее, но она не получила исцеления.

Пастор писал мне: «Она была так больна, что ее должны были привозить на ваши служения каждый день на машине "скорой помощи". Там была комната с громкоговорителем, и она, лежа в этой комнате, слушала Слово, которое вы проповедовали».

Никто даже не знал, что эта женщина была там. Я этого не знал и не молился за нее. Мы проводили служения в течение двух недель, и эта женщина была на десяти собраниях и слушала библейские лекции о вере. *Она применила эти уроки на практике и совершенно исцелилась.*

Пастор рассказывал мне: «Брат Хейгин, она совершенно здорова. Она поехала снова в клинику, и они провели полное обследование и не смогли найти следов рака».

В освобождении этой женщины не было задействовано никакого различения духов. За нее не молились. Она просто приняла освобождение своей верой в Божье Слово.

Вы не сможете служить людям с помощью даров Духа, если Дух не захочет проявиться таким образом. Но всегда можно служить людям, уча их тому, что говорит Слово.

Просто находясь под помазанием Святого Духа и *принимая* Слово в свою жизнь, люди могут освободиться от *любой* вражьей силы, пытающейся связать их и держать в рабстве. Услышав однажды Слово Божье, им нужно самим действовать на основании его, потому что Библия говорит, что *исполнители* Слова благословлены (см. Иак. 1:22, 25).

Однако Святой Дух, для того чтобы освободить людей, может действовать и с помощью различных даров духа, таких, как пророчество или слово знания, или различение духов. Давайте радоваться тому, что делает Бог. Это имеет значение. И пусть Бог будет Богом, и пусть Он движется там, где *Он* хочет!

Я рассказал здесь о нескольких случаях исцеления от рака. Все эти люди были освобождены различными методами под руководством Святого Духа. Но каждый из них был освобожден.

Продолжайте проповедовать Слово. Если будет проявление даров Духа, прекрасно! Если же нет — проповедуйте Слово все равно. Выпускайте Слово. Святое, нетленное семя Божьего Слова приносит плод, и он пребывает вовек (см. 1 Пет. 1:23-25).

И Слово всегда действует, потому что Библия говорит, что Бог наблюдает за Своим Словом и Слово Его не возвращается к Нему безрезультатно (см. Иер. 1:12; Ис. 55:11).

В конце концов, если вы верны в том, чтобы учить людей тому, что говорит Слово, оно произведет невиданный урожай в их жизни. Библия говорит: *«Послал Слово Свое, и исцелил их, и избавил их от могил их»* (Пс. 106:20). Не сказано: «Он послал духовные дары и исцелил их, и избавил их от могил их», хотя Бог может избрать и этот путь в некоторых случаях.

Действия с душевнобольными

Сейчас я хочу рассказать вам о нескольких случаях столкновения с психическими болезнями и показать вам, что здесь действует тот же принцип. Особенно с душевнобольными я заметил, что если они по-прежнему в своем уме и можно достучаться до них, проповедуя Слово, они могут принять его и освободиться. Но если их разум не функционирует, вам понадобятся проявления Святого Духа, иначе вы не сможете им помочь. И вы не можете произвести эти проявления сами.

Одна христианка привела на одно из моих собраний душевнобольную женщину. Власти должны были поместить эту женщину в психиатрическую лечебницу. Она сидела на служении и вела себя, как ребенок, постоянно шаркала, вертелась и ходила. Прямо посреди проповеди она вставала и громко говорила: «Мне нужно в туалет!» или «Я хочу пить!» Женщина, пришедшая с ней, постоянно ее успокаивала.

На первом служении душевнобольная женщина не обращала никакого внимания на библейское учение. На втором она начала вести себя так же. Но до того, как собрание закончилось, я заметил, что ее взгляд был прикован ко мне. Она внимательно слушала. На третье собрание она принесла с собой Библию и в течение проповеди открывала ее и читала за мной.

На четвертый день у нее был с собой маленький блокнот, в котором она делала заметки. Не прошло и десяти дней наших служений, как она была спасена, крещена Святым Духом, говорила на языках, и ее разум был полностью восстановлен. Она была совершенно свободна!

Я думаю, что иногда мы недооцениваем то, что сказал Павел. Он сказал: *«Я не стыжусь благовествования Христова, потому что оно есть сила Божия...»* (Рим. 1:16). Евангелие Господа Иисуса Христа — живое Слово Бога — это сила Бога, и это сила Божья ко спасению. Спасению от чего? Спасению от всего, от чего нужно быть свободным!

Этой женщине не нужна была психиатрическая лечебница. Пять лет спустя, когда я вернулся в ту церковь, эта женщина и ее муж посещали ту же церковь, и оба были в огне Божьем. Но я хочу сказать, что я никогда не молился за нее, не возлагал на нее рук и не изгонял из нее бесов. Что освободило эту женщину? Евангелие нашего Господа Иисуса Христа. Слово Божье есть сила Божья ко спасению, освобождению, исцелению и победе! Все это сделало Слово Божье.

Я также видел людей, чей разум был совершенно несостоятелен из-за действия наркотиков. Но Слово Божье, проникнув в них, нашло отклик в их духе, и их разум был полностью восстановлен. Сейчас эти люди так же нормальны, как все остальные.

В Слове есть сила. А проповедь Слова — это один из способов, которым вы можете помочь душевнобольным и ментально несостоятельным людям. Не имеет значения, вызвано ли психическое заболевание бесами или нет, — Слово действенно.

Я получил письмо от одной женщины, которая писала: «Брат Хейгин, мне тридцать восемь лет. Более половины своей жизни я провела в психиатрической клинике. Затем кто-то дал мне Вашу книжку "Правильное и неправильное мышление". Я начала заказывать другие Ваши книги и читать их, и мой разум совершенно восстановился».

Из этой женщины никогда не изгоняли бесов. Тот же самый доктор, который сказал, что она всегда будет в психиатрической лечебнице, признал ее здоровой и выписал. Она посвятила свою жизнь помощи другим психически больным.

Если люди соединят веру со Словом Божьим и будут верить в него, Слово Божье будет действовать в их пользу, невзирая на то, от чего им нужно освободиться. В случае с психическим заболеванием проповедуйте Слово тем, чей разум связан. Вкладывайте Слово в них. Если они встанут на позицию победы в Слове, они освободятся. Как они встанут в позицию победы? Верой. Верой в Слово. Слово — это сила Божья. Учите их заставлять Слово работать на них верой в Божье Слово и действием в соответствии с ним.

Если разум совершенно одержим злым духом и больные полностью несостоятельны и неспособны сидеть и слушать учение Слова Божьего, тогда вам нужно будет попросить Святого Духа показать вам, что делать. Но в каждом случае в Господе Иисусе Христе есть освобождение.

Дар особой веры

Я приведу вам пример душевнобольной женщины, чей разум не был ясен, но она была освобождена проявлением дара Духа.

Эта женщина не была рождена свыше. Она потеряла рассудок, но это было вызвано физическими причинами. Она не была стара, но не знала Бога. Иногда кажется, что без Божьей жизни, действующей в них, люди быстрее стареют (см. Рим. 8:11). Она впала в старческий маразм в молодом возрасте. Один доктор сказал, что у нее разум двухлетнего ребенка.

Мы с женой молились за эту женщину два часа. Мы не сражались с дьяволом и не выступали против сатанинских сил или твердынь. Мы говорили *Богу*. Мы молились и поклонялись Богу и ждали, проявится ли Святой Дух, чтобы показать нам, что с этой женщиной не так и как действовать в этой ситуации.

Дух Святой не показал нам ничего, поэтому наконец дочь этой женщины сказала: «Давай, мама, нам пора идти». Она подняла свою мать, надела на нее пальто. Моя жена Орета стала говорить с дочерью, и душевнобольная женщина села обратно на кушетку. Она забормотала и издавала странные звуки. Ее взгляд был диким, как будто на ней были чарующие силы.

Пока я сидел и смотрел на нее, такое сострадание поднялось во мне, что я сказал со слезами: «Господь, почему Ты не можешь помочь этой драгоценной душе? Почему Ты не можешь помочь ей? Я не могу пробиться к ней и помочь ей принять Тебя, она идет в ад!»

К тому времени моя жена закончила разговор с дочерью женщины. Дочь развернулась и, взяв мать за плечи, потрясла ее, чтобы вывести ее из тех чар, в которые она впала.

Дочь сказала: «Пойдем, мама, нам пора идти». Вдруг женщина моргнула, повернула голову и посмотрела прямо на меня. За все время, которое она провела в нашем доме, возможно, два или три часа, она не узнавала никого и не сказала ни одного осмысленного слова. Но вдруг она повернулась и совершенно внятно спросила: «Мне будет лучше?»

Когда она сказала это, как будто электрический заряд ударил меня в макушку и прошел сквозь меня. Я точно знал, что это было; это было проявление дара особой веры. Дух Святой заронил в мой дух дар особой веры для того, чтобы я смог помочь этой душевнобольной женщине (см. 1 Кор. 12:9). Это не была обычная вера, или великая вера, вера, которая знакома всем нам (см. Рим. 10:17). Это было проявление одного из даров Духа, дара веры.

Здесь мы много раз допускаем ошибки. В подобных случаях можно кричать, вопить и орать на дьявола весь день с помощью обычной веры, и ничего не произойдет. Или, крича и вопя на дьявола физически, можно на самом деле дать ему доступ, и он поселится в вас.

В некоторых случаях для того, чтобы принести освобождение, нужна особая вера — действие Святого Духа. В противном случае можно говорить душевнобольному человеку: «Исцелись! Исцелись! Разум, работай нормально!» — все, что хочется, но человек будет так же болен, как и раньше.

Но в ту минуту, когда Дух Святой бросил в меня этот дар веры, я ответил женщине под помазанием Святого Духа: «Да! Будет, во Имя Иисуса!» Я не мог сомневаться, что она будет освобождена, если я попытаюсь. Я знал это так хорошо, как будто это было сделано. Я сказал только это, так спокойно и так просто, как только было возможно. Больше не было других проявлений. Дочь подняла мать и забрала ее домой.

Спустя два года дочь этой женщины приехала к нам в гости. Первое, о чем мы ее спросили, было: «Что произошло дальше с твоей матерью?»

Она сказала: «Я привезла маму домой, и на следующий день, и на день позже так ничего и не произошло. Но на третий день, в три часа дня, как будто по щелчку, она была совершенно восстановлена».

Дочь объяснила: «Я говорила с ней об Иисусе до того, как она потеряла рассудок, и она всегда отвечала мне: “Я не верю в такие вещи. Если ты хочешь в них верить, пожалуйста. Но больше не говори со мной и с папой об Иисусе и о Библии”.

Поэтому я просто молилась о них, но я больше не сказала им ни единого слова об Иисусе. Но в тот день, в ту самую минуту, когда ее разум был восстановлен, она упала на колени и отдала свою жизнь Господу. Папа, войдя в комнату, увидел, как мама кается и принимает Иисуса, и, встав на колени, сказал: “Помолись за меня тоже. Я тоже хочу быть спасенным”. И он отдал свое сердце Иисусу!»

Я не изгонял беса из этой женщины. Я не возлагал на нее рук. Все, что я сделал, это последовал водительству Святого Духа и сказал под помазанием Духа Божьего. На самом деле это действовал дар особой веры. Я послушался Бога. Я не пытался сделать что-нибудь сам по плоти.

Я привел эти примеры из своего служения для того, чтобы показать, что Бог исцеляет и освобождает людей различными методами, и все они соответствуют Его Слову. Я использовал эти примеры из своего служения и для того, чтобы показать вам, что сами мы не можем действовать в дарах Святого Духа. Мы должны полностью зависеть от Святого Духа во всем, что мы делаем. Если мы попытаемся служить, устанавливая формулы, мы будем во плоти. Мы не только потерпим неудачу, но и можем открыть двери для дьявола.

Служением во плоти в конце концов можно тоже впасть в обман, потому что дьявол действует в сфере плоти — в осязаемом мире. Просто оставайтесь со Словом Божьим и будьте водимыми Святым Духом. Дух Святой всегда будет вести вас в соответствии с Божьим Словом.

Все, что вы делаете, основывайте на Слове, а не на сверхъестественных проявлениях. Если вы будете действовать в соответствии с Божьими принципами, — в соответствии с Писанием, — может наступить великое освобождение, потому что только познание истины Божьего Слова делает нас свободными.

Мы — победоносная Церковь

И где бы вы ни молились за освобождение, за больных или просто стояли против дьявола в своей собственной жизни, — помните, что сатана поражен. Если вы верующий, вы *сейчас* посажены со Христом в Небесах. Победа *Иисуса* над дьяволом — это *ваша* победа, потому что вы в Нем.

Где находится власть тьмы? В сатане. Но мы свободны от власти сатаны! И нам нужно помнить, что он поражен и низложен!

Вот почему я не буду сражаться с дьяволом! Я просто переступлю через него и поставлю его на место, потому что я — часть победоносной Церкви!

В конце концов просто остановитесь и подумайте об этом. Может ли что-нибудь завладеть вашим телом, не завладев головой? Нет, не может. То, что принадлежит вашей голове, принадлежит также и всему телу.

Поскольку Иисус Христос, Глава Церкви, одержал победу над бесами, злыми духами и над самим сатаной, мы также это сделали, потому что мы — Его Тело. Его триумф — это наш триумф! Вот почему нам следует называть себя победоносной Церковью. Вот кто мы сейчас — не тогда, когда придем на небо, — а прямо *сейчас*.

Поскольку мы свободны от власти сатаны, у него нет власти над Телом Христа ни в каком виде, форме или методе. Но у нас есть над *ним* власть во Христе! Иисус устроил для сатаны открытый показ и поместил его поражение на всеобщее обозрение, победив его на Кресте!

Да, мы вынуждены сталкиваться со злыми силами, но у нас есть власть над ними. Они низвергнуты! Мы, победоносная Церковь, радуемся победе, которую Иисус уже обеспечил для нас. Нам не нужно вести войну против дьявола. Все, что нам нужно, — стоять в своей позиции против него и Словом заставлять его бежать.

Вместо того чтобы эти низвергнутые силы правили вами — правьте ими сами! На самом деле, если вы имеете дело с дьяволом, не смотрите на него сверху вниз, вы недостаточно высоки! Поднимайтесь выше и садитесь во Христе в Небесах, где ваше место, — как победоносная Церковь!

Оглавление